地藏干 2

時空論

시공론

시공 命理
時空

序 論

　이 책은 四柱八字를 감명할 때 사용하는 기교를 다룬 책은 아니다. 시공간부호 地藏干에서 포괄적으로 다루었던 내용 중에서 十干과 十二地支의 쓰임을 時空間 개념으로 설명하였다. 명리의 대부분을 차지하는 格局과 强弱 혹은 조후개념을 확장하여 時空間이라는 상부개념으로 天干, 地支의 의미를 파악한 것이다.

　예로 丙火 丑月은 傷官格이고, 日干을 설하는 十神이니 다른 사주조합을 감안하지 않는다면 身弱하며, 조후로 丑月의 丙火가 寅午戌 三合운동을 끝내고 亥子丑을 지나면서 응축을 벗어나 봄을 향하니 火氣를 조후용신으로 사용한다. 다만 신기한 점은 丙火 丑月도 傷官이요, 丙火 未月도 傷官이다. 따라서 格局 명칭은 동일한데 丙火가 맞이한 공간은 정반대다.

　丙火입장에서 巳午未月을 만나면 활동하기 좋으나, 丙火가 丑月을 만나면 할 일이 없는 공간에서 제약이 따른다. 동일한 傷官임에도 살아가는 방식은 전혀 다르다. 未月은 분산에너지를 적극적으로 활용하여 열매를 익혀 가지만, 丑月에는 임수에너지에 휘둘려 적극적으로 분산하지 못하고 봄을 기다린다. 格局 논리에 오류가 있음이 분명하다.

　傷官은 正官을 상하게 한다. 正官은 완벽한 틀인데 깨서 새로운 세상을 만들어보려는 것이다. 丙火에게 癸水가 正官인 이유는 癸水가 얼마나 많은 온기를 올려주느냐에 따라서 丙火의 분산 강도가 결정되기 때문이다.

丙火 未月과, 丑月의 상황을 비교해보자. 未土와 丑土는 모두 地藏干에 己土가 있는데 癸水 正官을 극하기에 傷官이라 부른다. 未土 공간은 巳火 六陽에서 四陽二陰으로 음기가 두 번째까지 나가고, 丑土는 亥水 六陰에서 四陰二陽으로 陽氣가 두 번째까지 나간 것이다.

未土에서 癸水의 발산에너지를 찾기 어렵다. 癸水는 세상을 따뜻하게 만들어 乙을 키우는 에너지로 巳月에 이르면 丙火가 癸水를 대신하여 庚을 키우니, 未月에 쓰임을 잃는다. 丙火가 丑月을 만나면, 丑속의 癸水 正官이 발산작용으로 봄을 향한다. 따라서 丑속의 己土는 癸水를 극하는 힘이 강하지 못하다. 未月과 丑月중 어느 것이 더 傷官見官의 폐해를 가지고 있는가? 丙火 未月의 성향이 훨씬 강하다.

時空論에 입각하여 살펴보자. 未月은 巳午未를 지나면서 꽃피고 열매 맺는 공간이고, 丑月은 亥子丑을 지나면서 가을에 거두어들인 열매가 싹으로 나올 준비하면서 봄을 기다린다. 따라서 未月에는 열매 맺어야 하고, 丑月에는 생명체 甲을 내놔야 한다. 이러한 時空間에서 과연 년주와 월주는 어떤 구조여야 하는가를 살피는 것이 時空論이다.

未月은 丙丁의 氣勢가 강하여 열매를 익혀가니 굉장히 조열한 시점이라 水氣를 적절하게 공급해야 한다. 만약 木氣가 무력하면 木氣를 채워야 가을에 열매가 풍성해진다. 中年에 辰卯寅을 만나는 구조는 木氣를 보충하고 생기와 활력을 제공하는데, 申酉戌로 흐르면 열매를 수확한다.

즉, 火木으로 흐르면 木의 성장을 활용하여 교육, 정치, 혹은 공직, 직장인이지만, 申酉戌로 흐르면 무역, 유통, 중개, 금융업으로 方向을 잡는다. 丑月에 大運이 寅卯辰으로 가면 생명체를 내놓고 키우지만, 大運이 水金으로 흐르면 金氣로 더 많은 열매를 추구한다. 따라서 검경, 의료, 금융, 단체, 금속을 직업으로 취할 것이다.

이렇게 丑月과 未月에 대해서 격국, 억부, 조후관점에서 살펴보고 時空間으로도 풀이해보았다.

　정리하면, 時空論은 12개의 月支 공간에서 자연은 어떤 행위를 하는가에 초점을 맞추어 살핀다. 또 그 행위를 위해서 년주와 월주는 어떤 구조로 짜여야 좋은가를 살피는 것이다.

　끝으로 時空論을 출판하는 과정에 물심양면으로 도움을 주신 분들께 감사드린다.

　　　　　　　　　　　　　　　　　甲午年 夏

　　　　　　　　　　　　　　　　　　紫雲

제1부 時空間의 槪念

제1장 日干의 時空間   3

1. 日干의 時空間 ··· 4
2. 乙木과 癸水의 時空間 ······································· 15
3. 丙火, 戊土, 庚金의 時空間 ································· 19
4. 辛金의 時空間 ·· 34
5. 丁火의 時空間 ·· 39
6. 己土의 時空間 ·· 42
7. 壬水의 時空間 ·· 46
8. 甲木의 時空間 ·· 49

제2장 天干의 時空間   52

1. 乙木의 時空間 ·· 52
2. 癸水의 時空間 ·· 54
3. 戊土의 時空間 ·· 56
4. 丙火의 時空間 ·· 58
5. 庚金의 時空間 ·· 60
6. 辛金의 時空間 ·· 63
7. 壬水의 時空間 ·· 65
8. 甲木의 時空間 ·· 66
9. 己土의 時空間 ·· 67
10. 丁火의 時空間 ··· 69

제3장 四柱方向 이해 　　　　　　　　　　　　71

1. 四柱구조와 方向개념 ··· 71
2. 가난하거나 평범한 구조의 四柱方向 ························· 78
3. 수십억 재산가의 四柱方向 ··· 90
4. 수백억 재산가의 四柱方向 ··· 96

제2부 月支의 時空

제1장 月支와 十二地支 개념확장 　　　　　　　　104

1. 月支 궁위 ·· 104
2. 月支 조후 ·· 105
3. 月支 時空間 ·· 107
4. 十二地支의 개념확장 ·· 108
   (1) 寅巳申亥 ··· 108

壬寅干支	119
庚寅干支	122
癸巳干支	123
乙巳干支	125

   (2) 子午卯酉 ··· 126
   (3) 辰戌丑未 ··· 143

제2장 月支의 時空間 　　　　　　　　　　　　　176

1. 子月의 時空間 ·· 183
2. 子午沖 이해하기 ·· 195
   (1) 글자의 의미와 계절의 중요성 ···························· 195
   (2) 子午沖의 時空間 변화 ·· 205
3. 丑月의 時空間 ·· 208
4. 寅月의 時空間 ·· 220
5. 卯月의 時空間 ·· 233
6. 辰月의 時空間 ·· 244
7. 巳月의 時空間 ·· 253

8. 午月의 時空間 ·· 266
9. 未月의 時空間 ·· 276
10. 申月의 時空間 ··· 295
11. 酉月의 時空間 ··· 306
12. 戌月의 時空間 ··· 323
13. 亥月의 時空間 ··· 335

제1부 時空間의 개념

제1장

日干의 時空間

時空間 부호 地藏干에서 시공간이 순환하는 방식에 대해 살펴보았고 이 책 時空論에서는 "時空間" 개념을 세부적으로 살펴보려고 한다. 현존하는 명리 이론에는 불행하게도 "時空間" 개념이 없지만 일상에서는 매우 중요한 의미를 갖는다. 더불어 살아가는 인간에게는 자신에게 어울리는 時空間에서 원하는 일을 하면서 만족스런 삶을 사는가, 적절하지 못한 時空間에서 원하지 않는 일을 하면서 살 수 밖에 없는가를 결정하는 중요한 기준이기 때문이다.

예로, 사업하고 싶은데 직장생활 할 수밖에 없거나, 공직을 원하는데 노동을 하거나, 직장생활에 어울리는 성격인데 장사할 수밖에 없는 이유는 모두 적절한 時空間을 만났는가에 따라 달라진다. 時空間의 동태를 살피는 방법은 간단하게는 月支와 日干을 비교하여 살피지만 일간과 월지의 기준점은 상이하다. 日干은 태어난 月支를 대비하여 적합한 時空間을 만났나를 살펴야하지만, 月支는 日干을 대비하여 살피는 것이 아니고 月支에 적합한 時空間이 무엇인가를 살펴야 한다.

예로, 乙 日干이 子月을 만나면 좌우로 확산하는 에너지를 가진 乙은 적절하게 활용하기 어려운 시공간을 만났다. 月支의 時空間을 살피는 방법은 예로, 申月은 여름에 庚 열매를 익히는 時空間이기에 조건에 적합한 구조가 무엇인가를 이해하려면 자연의 이치를 살펴야 한다. 여름 과일은 뜨거운 햇살이 필수적이라는 것은 명확한 이치다. 두 관점의 차이를 세분하여 살펴보자.

1 日干의 時空間

　地藏干 1에서 四季圖를 陽界와 陰界로 나누어 설명했는데 다시 살펴보자.

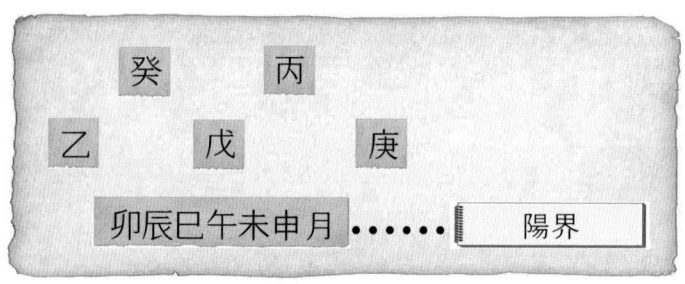

　陽界의 天干이 만나야 할 時空間은 卯辰巳, 午未申月이다. 陽界는 인간의 눈으로 명백하게 확인가능한 시공간이다. 봄과 여름이며 乙癸戊丙庚 에너지들이 활발하게 활동한다. 일 년을 시작하는 봄을 맞아 분주하게 움직이고, 성장을 확장하는 여름의 時空間을 지난다. 봄에는 한해를 계획하고, 논에 나가 가을에 수확할 곡물을 심는 행위를 하며, 여름에는 성장하는 작물들이 잘 크도록 보살피는 행위를 한다. 또 성장과정에 결실물을 거래하는 행위도 함께 이루어진다.

따라서 이런 시공간에 어울리는 물상을 추리하면, 卯辰巳月에는 한해의 계획을 세우고, 심는 행위, 키우는 행위를 뜻하는 농사, 교육, 장기적인 계획, 장기투자, 새로운 건설, 혹은 生氣를 공급하고 보호하는 한의, 의약, 약재 물상이며 단기적이 아니라 장기적 관점으로 진행하는 행위다. 또 많은 사람들에게 희망을 주는 레크리에이션 활동이나, 행복한 미래를 설계하는 웨딩 플래너 등의 물상도 포함된다.

특히, 辰月에는 많은 사람들과 일자리를 나누고 거래하므로 물건을 사고파는 시장과 동일하며, 또 겨울에 보이지 않았던 문제들을 치료하는 의료물상도 포함된다. 여름에는 성장하는 물질들을 거래하는 시기니 홈쇼핑, 광고, 운송, 유통, 무역, 중개, 화려한 직업, 연예계, 여행업 물상에 어울린다. 위 그림을 더욱 세분해서 살펴보자.

癸水는 봄에 사용하는 에너지요, 丙火는 여름에 사용하는 에너지다. 丙火를 만드는 에너지는 癸水로 子月부터 巳月까지 지속적으로 발산작용을 통하여 온기를 올려주면 巳月에 이르러 丙火가 분산작용을 시작하면서 庚 열매를 키우기 때문이다. 따라서 癸水가 陽氣를 올리고, 丙火가 뒤를 이어 분산작용을 확장하여 봄과 여름을 이끌어갈 때, 乙은 戊癸 合을 통하여 戊土위에서 성장하는 생명체요 活力이며 巳月을 지나면서 꽃 피고 午月에 열매 맺으면 丙火가 巳月의 지장간에 있는 庚 열매를 키우기 시작한다. 이렇듯 陽界에서는 戊癸 合과 乙庚 合으로 봄, 여름과 초가을을 이끌어 간다. 따라서 乙癸戊丙庚는 서로 어울리는 에너지 조합이기에 사주구조가 이런 조합들로 이루어졌다면 특별한 경우를 제외하고는 적절한 시공간을 얻은 것이다. 사주팔자 天干 4개 글자가 어우러져 수많은 물상을 만들어내는데 이것을 天干조합이라 부르며 어떻게 구성되는가에 따라 운명에 지대한 영향을 미치며 삶의 方向이 달라진다. 天干은 밖으로 드러난 日干이 추구하는 삶의 方向이며, 사회적으로 드러나는 물형을 파악하는 주요한 수단이다. 이 내용은 시간의 方向 개념으로 다루기로 하겠다.

참고로 天干 조합을 다룬 甲甲은 무엇이고 등은 계절을 감안하지 않고 天干만을 설명한 것이기에 쓰임이 제한적이다. 天干조합만으로는 길흉을 명확하게 판단하지 못하기 때문이다. 중요한 것은 地支에서 무엇을 하며, 天干조합이 필요한 행위를 할 수 있는가, 그렇지 않은가에 따라서 의미가 달라질 수밖에 없다. 時空間을 무시한 天干조합을 학습하는 것은 분명 한계가 있다.

본론으로 돌아와서, 상기 글자들은 봄, 여름에 서로 짝을 이루면 매우 적절한 天干組合이다. 한 가지 고려할 것은 癸水와 丙火의 관계인데, 丙火는 癸水의 발산작용으로 만들어낸 분산에너지며, 癸水의 온기를 이어받아 강하게 분산하면서 성장을 주도하는 역할이기에 사주구조에 따라서 癸水와 丙火가 바로 옆에서 만나면 좋지 않은 작용을 한다.

壬과 丙 사이에서 중간역할 하는 것이 癸水로 온기를 올려주니 巳月에 丙火가 에너지를 명확하게 드러낸다. 癸水와 丙火는 時空만 다를 뿐 유사한 작용하기에 癸水와 丙火가 바로 옆에서 만나면, 癸水는 丙火의 기세 때문에 존재가치를 상실한다. 이 때 드러나는 물상은 맹인이 되거나, 눈에 이상이 생기거나, 전립선, 신장, 방광에 문제가 생기거나, 물질의 욕심으로 재산을 탕진하는 문제가 생긴다. 따라서 癸水와 丙火는 八字 내에서 떨어져서 조합을 이루는 것이 좋다. 예문을 살펴보자.

乾命

時	日	月	年
戊	丙	癸	丙
戌	戌	巳	午

陰/平 : 1966년 4월 8일 20시

23	13	03
丙	乙	甲
申	未	午

월간의 癸水가 丙巳, 丙戌 주위의 火土 때문에 심하게 증발되는 상황이다. 大運도 甲午, 乙未로 증발현상이 더욱 가중된다. 1983年 乙未大運 癸亥年 수많은 丙火 때문에 발산하는 본성을 잃어버린 癸水가 갑자기 운에서 들어온 癸亥 때문에 자신의 에너지를 강하게 사용하면서 水火가 싸우니 교통사고로 사망하였다. 즉, 원래는 무력하여 자신의 정체성을 드러내지 못하다가 세운에서 갑자기 강하게 들어오니 계수는 자신의 본성을 강하게 드러낼 수 있다는 착각에 빠지고 강한 화토기에 대항하다 문제가 생겼다. 이렇게 사주팔자 원국에 극히 미약한 글자가 운에서 강해지면 문제가 생긴다.

坤命　　　　　陰/平 : 1963년 3월 23일 2시

時	日	月	年
乙	己	丙	癸
丑	丑	辰	卯

27	17	07
己	戊	丁
未	午	巳

　　癸水와 丙火가 가까이서 만난 구조며, 大運도 강한 火氣로 흐른다. 1994년 己未大運 甲戌年 己巳月 火氣가 더욱 강하게 癸水를 분산시키지만, 상기 사주와 다른 점은 癸水를 품은 丑丑과 辰土가 있어, 癸水가 심할 정도로는 분산되지 않기에 오토바이 교통사고가 발생하였어도 목숨을 잃지는 않았다. 이 사주는 丙癸조합 외에도 辰戌丑未가 모두 만나는 運이었고 원국에 있는 丑辰조합 때문에 교통사고가 난 것이다.

坤命　　　　　陰/平 : 1996년 3월 22일 18시

時	日	月	年
丁	丙	癸	丙
酉	午	巳	子

26	16	06
庚	辛	壬
寅	卯	辰

　　丙巳午, 丙丁으로 강한 火氣가 삼각형 형태로 癸水를 포위하여 분산시켜 버리는 문제가 심각하기에 선천적으로 농아다. 癸水는 乙生氣를 양육하는 에너지인데 많은 丙火에 상하기에 乙의 언어능력에 문제가 생겼다.

乾命　　　　　　陰/平 : 2003년 3월 29일 4시

時	日	月	年
甲	癸	丙	癸
寅	酉	辰	未

28	18	08
癸	甲	乙
丑	寅	卯

이 사주는 癸水가 癸未로 약한데, 丙辰이 바로 붙어서 분산시킨다. 辰土는 水氣가 마른 땅이고 일지와 辰酉 합하여 辰土 속 乙의 활동이 자유롭지 못해 丙火로 가는 피의 흐름이 답답해졌다. 유전적으로 근시가 심한 사람이다.

乾命　　　　　　陰/平 : 1986년 4월 6일 16시

時	日	月	年
庚	戊	癸	丙
申	午	巳	寅

27	17	07
丙	乙	甲
申	未	午

丙, 巳戊로 癸水를 삼각형 형태로 심하게 분산시켜버린다. 따라서 분산의 기세가 너무 강해지면서 生氣를 양육하는 癸水에너지가 고갈되었다. 또 寅巳 刑으로 인목 생기가 상하기에 2001년 辛巳年 수영 도중에 사망하였다.

坤命　　　　　　陰/平 : 1943년 3월 13일 6시

時	日	月	年
己	乙	丙	癸
卯	巳	辰	未

46	36	26	16	06
辛	庚	己	戊	丁
酉	申	未	午	巳

癸水가 심하게 분산된다. 庚申大運 戊午年, 己未年 급성간염으로

고생했으며, 庚申年에는 급성신장염을 앓았고 辛酉大運 丁丑年에는 만성간염을 치료하였다. 癸水의 작용에 문제가 생기면서 乙로 향하는 계수의 에너지에 문제가 생겨 급성간염과 신장염으로 고생하였다. 간에 문제가 생긴 근본 원인은 癸水가 적절한 작용을 하지 못하기 때문이다.

봄의 癸水는 乙의 성장을 위해서 필수적으로 필요한 온기를 올려주는 작용을 한다. 이런 작용으로 겨울을 벗어나고 온도가 올라가 따뜻해지니 乙이 성장할 수 있다. 다만 이 구조처럼 계수가 심하게 분산되면 정신에 문제가 생기거나 집중력이 떨어져 매우 산만해지거나 불안정하게 방황하며 이곳저곳으로 이동한다. 또 상응하는 육체 부위에 문제가 생긴다.

乾命

時	日	月	年
丁	辛	甲	癸
酉	巳	寅	卯

陰/平 : 1963년 1월 14일 18시

61	51	41	31	21	11	01
丁	戊	己	庚	辛	壬	癸
未	申	酉	戌	亥	子	丑

甲寅 월주에 癸卯年이니 癸乙조합으로, 癸水가 甲寅 月에 온기를 올려 卯木을 자라게 하고, 日支 巳火이니 火氣는 충분한 구조다. 따라서 初年에는 水氣를 공급하면서 木을 키우다 中年에는 申酉戌로 木을 수확하여 열매로 바꾸니 재산이 200억에 이르는 부자다. 이 사주를 財格에 財多身弱이라 판단하고 水氣가 오면 財星을 더욱 생하여 좋지 않다고 판단하거나, 寅月이니 丙火로 甲寅을 키워야 한다고 생각하기 쉽다. 甲寅 月에 丙火가 寅에서 長生하니 丙火의 기세가 있는가? 이것은 時空을 이해하지 못한 것이다.

寅月이나 寅時에는 丙火의 기세가 없다. 丙火로 보충한다지만 존재하지 않은 丙火를 보충할 수도 없다. 자연에서 寅月에 원하는 時空間은 水氣를 공급하여 寅의 뿌리내림을 촉진하는 것이다. 水氣를 충분하게 머금은 寅은 온기가 충분히 오르면 땅밖으로 올라갈 수 있는 추진력을 얻는다. 이 구조의 좋은 점은 辛이 甲寅 月을 만난 것으로, 辛 열매가 얻어야할 결과물 甲寅을 月柱에 두었으니, 좋은 조상과 부모를 만나 조상음덕이 좋은 사람이다.

지금부터는 陽界에 존재하는 5개의 天干 글자를 논해보자. 먼저 사계의 운행방식을 地藏干의 原理에 입각하여 살펴보자.

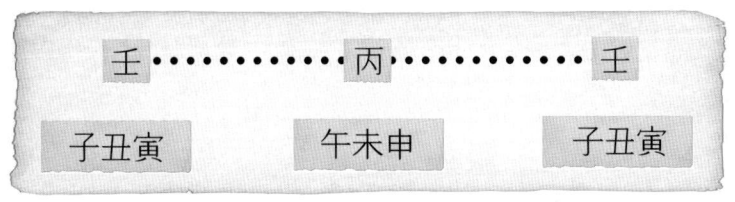

이 흐름은 水火가 사계를 어떻게 순환하는가를 설명하는 그림이다. 壬水가 亥에서 에너지가 강해져 六陰의 氣運으로 응축하고 子에서 응축에너지가 극에 이르면 하나의 陽氣가 생겨 陽으로 전환한 후 확장하기 시작한다.

陽氣가 巳月에 이르면 六陽으로 무한분산하고 氣運이 극에 이르면 하나의 陰氣가 생긴 후 세력이 강해지다가 亥에 이르면 또 陰氣가 가득해진다. 이렇게 사계는 壬水와 丙火의 時空間 변화에 따라 陰氣와 陽氣가 순환한다.

```
壬……癸……丙……丁……壬
子丑寅  卯辰巳  午未申  酉戌亥  子丑寅
```

사계를 순환시켜주는 壬水와 丙火는 陽氣로 氣運을 일으키는 역할이다. 陽氣가 극에 이르면 반드시 음기를 만들고 음기가 극에 이르면 반드시 새로운 陽氣가 동한다. 이렇게 陽氣와 陰氣의 순환작용은 계절을 따라 끊임없이 반복한다.

자세히 설명하면, 壬水는 申月에 에너지를 처음으로 드러내 酉戌亥子月까지 지속적으로 陰氣를 수렴, 응축하다가 子에서 陰氣가 극에 이르면 반발력으로 하나의 陽氣가 동하는데 그것이 癸水다. 이렇게 六陰에서 一陽이 생겨날 수 있었던 것은 바로 癸水 때문이다. 따라서 癸水는 陰氣를 풀고 陽氣로의 전환을 시도하는 유일한 존재다. 우주창조 과정에서 빅뱅과 같은 에너지다.

壬水와 癸水는 동일하게 水氣이지만 운동의 방향은 상이하다. 壬水는 응축에너지로 만물을 수축시키지만 癸水는 응축에너지를 풀어헤친다. 따라서 壬水와 丙火 사이에서 응축을 분산으로 전환시켜 주는 작용을 해줄 수 있는 것은 유일하게 癸水뿐이다.

亥水, 壬水는 六陰이기에 스스로 陽氣를 만들어내지 못하니 巳火, 丙火 六陽과의 사이에서 陰과 陽을 연결해주는 대행자가 바로 癸水며, 어둠을 풀어 陽界로 나가게 만드는 에너지다.

다만, 子水에서 막 생겨난 癸水는 힘이 무력하니 子丑寅을 지나는 과정에서 壬水의 도움으로 기세를 키우다가 卯月에 壬水보다 훨씬 강한 힘을 발휘하여 乙을 키운다. 巳月에 이르면 온기를 올려주던 癸水 역할은 끝나고, 丙火가 분산을 시작한다. 꽃 피고 열매 맺는 시절이 도래한 것으로 가장 화려한 陽界에 이른다.

丙火 또한 분산 역할만을 담당하고 스스로는 陽氣를 陰氣로 바꾸지 못한다. 午月에 이르러 분산이 극에 달하여 반발작용으로 하나의 음기가 생겨나는데 그것이 丁火다. 丙火를 대신하여 丁火가 열기를 모으기 시작하니 분산이 수렴으로 전환되는 것이다.

丁火는 午月에 기운이 생겨나 힘이 미약하니 丙火의 도움으로 기세를 키우다가 酉월에 이르러 丙火의 역할이 마감되면, 강력해진 丁火가 강하게 수렴작용 해주기에 水氣가 땅속으로 모이고 辛이 열매로 완성되어 땅으로 떨어진다. 소위 만유인력의 법칙이 실현된다.

丁火가 酉戌亥 月을 지나면서 수렴작용을 지속하고 계속 熱을 축적해주기에 亥月에 응축에너지 壬水로 변한다. 이것이 壬水와 丙火가 1년 동안 반복하는 행위인데, 스스로 응축을 풀거나 분산을 응축으로 바꿀 수 없기에 癸水와 丁火가 壬水와 丙火를 대신하여 癸水는 陰에서 陽으로, 丁火는 陽에서 陰으로 전환을 유도하니 사계의 변화를 주도하는 것은 癸水와 丁火가 분명하다. 지금부터 水火에 의해 이루어지는 木, 金 物質에 대해 살펴보자.

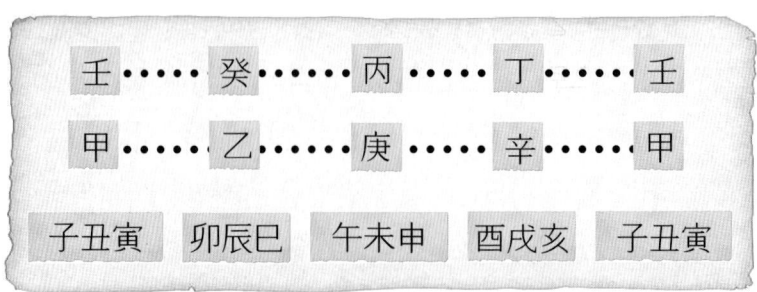

사계를 운용하는 壬丙癸丁의 흐름에 따라 物質을 상징하는 甲乙庚辛의 변화과정을 표현한 것이다. 사계를 운용하는 주재자 水火는 壬水가 癸水 대행자를 내세워 陰에서 陽으로 전환하며 丙火에 이르면, 丙火는 대행자 丁火를 내세워 陽에서 陰으로 전환한다. 壬水에서 癸水로 변화하고 다시 丙火로 변화하고 丁火로 변화하는 이유는 무엇이고, 또 그렇게 변화하면 무슨 일이 일어나는지 살펴보자.

위 그림에서 보듯, 壬水가 亥에서 甲 생명체를 품었다. 亥水의 시공간에서 甲의 기운이 동하였으나 六陰의 壬水, 亥水는 스스로 동할 방법이 없는데, 六陰이 극에 이르러 癸水가 빅뱅작용으로 一陽을 만들어 낸다. 이렇게 癸水가 陽氣를 지속해주면 甲은 卯에 이르러 乙을 세상 밖으로 드러낸다. 따라서 甲이 乙로 변할 수 있었던 것은 壬水가 癸化 되기 때문이고, 壬水와 癸水가 陰에서 陽으로 전환하면서 하는 일이 甲 生氣를 생명체 乙로 전환시켜주는 것이다. 壬水가 癸化되어 陽氣가 陰氣로 바뀌듯, 甲의 氣運이 乙의 物質로 전환된다.

癸水는 乙이 지속적으로 좌우확산 하도록 돕고 氣運이 가장 강한 巳月에 이르면 온기를 올리는 작용은 끝나고, 에너지가 강해진 丙火

는 뚜렷한 기세로 乙이 庚으로 변하도록 유도한다. 즉, 甲이 乙로 변하고, 乙이 庚으로 변하는 과정을 거친다. 이렇게 丙火의 분산작용이 극에 이르면 丁火가 一陰으로 수렴을 시작한다. 丙火가 丁火로 바뀌는 곳이 午月이고, 그 이유는 분산을 수렴으로 돌려서 열매 맺기 위한 것이다. 그렇다면 이 과정에 물질 木, 金에 어떤 변화가 생기는 것일까?

甲이 乙로 변했고, 다시 乙이 庚으로 몸을 바꾸어 딱딱해지기 시작하여 결국에 辛 열매를 완성한다. 즉, 丙火에서 丁火로 변화하는 일련의 과정은 열매 辛을 완성하겠다는 자연의 의지다. 그렇게 丁火의 熱을 모으는 작용이 극에 이르면 壬水로 변한다. 마찬가지로 丁에서 壬에 이르는 일련의 변화과정은 辛 열매를 甲 생명체로 내놓는 과정이다.

이렇게 水火의 기운이 壬癸丙丁壬으로 변하는 동안 물질은 甲乙庚辛甲으로 변하며, 水火木金의 행위는 매년, 매월 순환한다. 이 모든 과정은 戊己 지구에서 발현된다. 우리가 매일 발바닥을 붙이고 살아가는 땅에서 氣와 質은 멈추지 않고 끊임없이 변화하는 것이다. 이런 변화를 고대인들은 易라 불렀다.

2 乙과 癸의 時空間

陰界에서 甲으로 존재하다 陽界로 나온 생명체가 乙이다. 따라서 乙의 역할은 자연에 생기를 퍼트려 확장하는 것으로, 봄에는 자라고 여름에는 열매 맺고 가을에는 결실로 거두어진다. 따라서 봄에 반드시 이루어야할 일은 乙의 성장이다. 天干 중에서 그 역할을 수행할 수 있는 글자가 어떤 것인지 찾아보자.

火氣만이 木氣를 생한다는 고정관념에 빠지면 丙火나 丁火를 고려하는데 丁火는 열매를 완성하기 위해 필요한 에너지다. 乙은 좌우 확산을 원하기에 수렴에너지 丁火를 반기지 않는다. 丙火는 분산하니 乙의 성장에 필요하다고 느끼겠지만, 寅과 巳의 地藏干을 살펴보면 丙火는 巳月에 가서야 기운을 명확하게 드러내고 寅月에는 무력한 상황이니 丙火가 乙을 키울 상황이 아니다.

봄에 乙의 성장을 돕는 것은 유일하게 癸水 뿐이다. 즉, 寅卯辰月에 乙이 癸水를 만나는 것은, 乙이 성장할 발판을 마련했다는 뜻이다. 癸水가 우로수라는 고정된 관념만 버리면 새로운 세상이 보일 것이다. 癸水는 乙을 키우는 온기다. 봄에 날씨가 따뜻해지면서 드러나는 아지랑이를 상상해보라.

반대로 癸水입장에서 乙을 만나면 자신의 에너지를 밖으로 드러낼 수 있는 수단, 도구가 생긴 것이기에 봄에 이루어지는 乙癸조합은 아름답다. 또 성장무대인 戊土를 만나면 더욱 아름다운 조합인데 乙의 성장을 돕는 안정적인 터전이기 때문이다.

乾命

時	日	月	年
庚	癸	乙	戊
申	未	卯	子

조화원약 816페이지 예문으로 설명을 보면, 유년기에 유럽 17개국을 유람하고 귀국한 후에 육군소장이 되었다. 乙卯는 癸水입장에서 자신의 철학을 드러내는 창구이고, 戊土는 강한 乙卯가 성장할수 있도록 돕는 터전이다. 子水는 卯木이 성장할 수 있도록 水氣를 공급한다. 乙卯가 성장하면 시주에 이르러 乙庚 합으로 결실 맺는다. 따라서 年에서 時까지 흐름이 매우 좋은 구조다. 癸水의 철학, 사상, 아이디어 등을 乙을 통하여 戊土 터전에 드러내 키우는 구조요 戊土가 年干에 있으니 국가 그릇이 분명하다.

乾命 陰/平 : 1978년 12월 20일 2시

時	日	月	年	65	55	45	35	25	15	0
丁	乙	乙	戊	壬	辛	庚	己	戊	丁	丙
丑	酉	丑	午	申	未	午	巳	辰	卯	寅

홍콩 영화배우 주 걸룬 四柱다. 乙이 비록 丑月에 태어나 시절을 잃었으나, 태어난 해가 戊午年으로 火氣를 강하게 머금은 땅이요, 乙의 성장을 받아줄 터전이 국가자리에 있으며 丑中 癸水 또한 지속적으로 온기를 올려준다. 大運도 木火로 흐르니 乙癸戊 조합이 적절하게 배합되어 영화배우가 되었다. 丑月에 태어나 丑의 癸水 창작능력을 활용하니 창작활동은 물론이고 가수, 영화배우 등 여러 방면에 두각을 나타낸다.

乾命　　　　　陰/平 : 1918년 2월 6일 16시

時	日	月	年	76	66	56	46	36	26	16	06
癸	甲	乙	戊	癸	壬	辛	庚	己	戊	丁	丙
酉	子	卯	午	亥	戌	酉	申	未	午	巳	辰

　　天干에서 戊乙癸 삼자조합이고 癸水가 乙卯를 키워 戊午땅에 장식하는 구조다. 문제는 乙卯, 戊午로 水氣가 몹시 부족하니 日支의 子水를 간절히 원한다. 공부를 오래도록 하여 국학대사, 시인, 종교, 철학가로 이름을 날린 대만의 가장 영향력 있는 十人에 뽑힌 남씨 사주다.

　　다시 정리해보자. 天干 乙丙조합을 판단하기를 丙火가 乙을 키우는 것으로 간주하지만 중요한 것은 時空間이다. 丙火는 寅月에 분산에너지를 활용하지 못한다. 寅月 地藏干에 甲이 丙火를 키우니 火가 木을 키우는 것이 아니라 木이 火를 키운다. 또 卯月 乙은 좌우확산으로 성장하는 시기이지만 丙火는 꽃 피고 열매 맺는 행위를 하는 에너지다.

　　寅卯辰月은 성장이 필요한 때인가? 열매 맺을 때인가? 寅卯辰月은 丙火 분산에너지가 필요한 것이 아니라 성장에 필요한 癸水의 온기가 필요하다. 따라서 乙이 丙火를 볼 때, 어느 계절인가를 살펴야 하는데 寅卯辰, 巳午未, 申酉戌, 亥子丑 月에 따라 乙丙 조합 의미는 전혀 다르게 발현된다.

　　봄에 乙에게 가장 필요한 것은 癸水니, 寅卯辰 月에 癸水와 乙을 만난 구조들은 특별한 경우를 제외하고는 사주가 아름답다.

乾命

時	日	月	年
癸	癸	癸	丁
丑	亥	卯	未

조화원약 승상에 오른 팔자로, 癸 日干이 卯月에 태어나 자신의 꿈을 뚜렷하게 실현할 수 있는 적절한 시절을 얻었다.

乾命

時	日	月	年
己	癸	乙	癸
卯	卯	卯	未

조화원약 궁장에 오른 팔자로, 癸水가 乙卯에게 온기를 제공하여 성장을 촉진하면서 자신의 의지를 마음껏 드러낼 수 있다.

3 丙火, 戊土, 庚金의 時空間

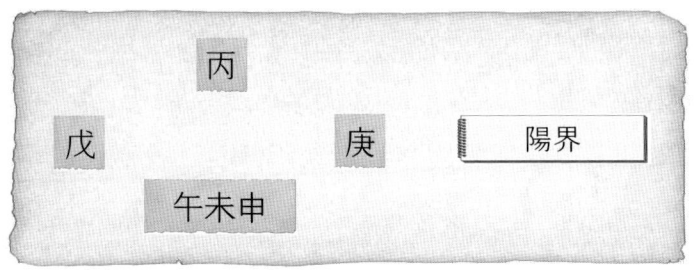

위 구조는 卯辰巳 月을 지나며 戊癸 合으로 乙을 키운 후에 이루

어지는 과정으로 봄에서 여름으로 時空間이 바뀌었다. 丙火는 庚 열매를 키워서 지구에 물질을 제공하기에 매우 중요한 역할을 한다. 이런 근거를 地藏干에서 찾아보자.

巳火의 地藏干에는 丙火와 庚이 있는데, 에너지가 강해진 丙火가 巳중에 미약하게 드러난 庚을 火生金으로 키운다. 丙火가 天干에서 庚을 만나면 丙火의 財星으로 삶의 터전과 같으니 丙火는 반드시 庚을 통하여 삶의 목적을 이루고자 한다. 즉, 할일이 생기는 것이며 丙火가 만들어낸 庚의 크기에 따라서 재물의 크기가 결정된다. 다만, 고려할 것은, 丙火가 庚을 年, 月이나 日時에서 직접 만나는 구조는 계절이 巳午未라면, 丙火에너지가 너무 강하기에 庚은 丙火를 감당하지 못한다. 따라서 庚이 팽창하는 과정에 상하며 심하면 타죽을 수도 있다.

사주팔자에서 발현되는 물상은 庚이 강한 火氣를 감당하고자 도를 닦거나, 통제를 견디지 못하고 반항심이 강해져 깡패, 조폭으로 흐르거나, 스스로 육체를 학대하거나, 범죄자로 전락한다. 또, 丙火의 작용으로 庚이 심하게 부풀려지면 경솔하며 성실하지 못하고 허풍이 심해진다. 이때는 반드시 水氣로 丙火를 조절해야 좋은 구조로 바뀐다. 丙庚조합에서 丙火가 庚을 잘 키워도 열매를 드러낼 터전이 없다면 가치가 떨어진다. 따라서 丙火와 庚은 戊土 위에서 안정적인 터전을 얻어야한다. 丙火에게 戊土는 꿈을 실현하는 무대요, 庚에게 자신을 품어줄 터전과 같다. 자연에 비유하면, 丙火 太陽을 戊土위에 비추니 庚 열매가 무럭무럭 커가는 모습이다.

坤命　　　陰/平 : 1969년 2월 15일 8시

時	日	月	年
壬	丙	丁	己
辰	午	卯	酉

81	71	61	51	41	31	21	11	01
丙	乙	甲	癸	壬	辛	庚	己	戊
子	亥	戌	酉	申	未	午	巳	辰

丙火가 卯月에 태어났으니, 丙火가 卯를 키우는 것이 아니라, 卯가 丙火를 키운다. 또 丁火, 午火도 있으니 丙火의 기세가 충분하다. 그러나 庚이 年支 酉에만 있으니, 天干 丙, 丁은 庚열매를 키울 방법이 없다. 時空변화로 庚 大運에 열매를 키울 기회가 생기니 丙 丁으로 庚을 익히며 壬水로 열매의 당도를 채우니 일이 많아져 바쁘게 생활한다. 아쉬운 점은 庚午로 강한 화기에 庚이 상할 수 있으니 무리하게 물질을 탐하면 재산을 탕진하니 조심해야한다.

乾命　　　陰/平 : 1947년 9월 1일 6시

時	日	月	年
辛	丙	庚	丁
卯	寅	戌	亥

62	52	42	32	22	12	02
癸	甲	乙	丙	丁	戊	己
卯	辰	巳	午	未	申	酉

丙, 丁 火氣가 강하고 庚戌 월주로 庚이 사회 궁에 있으니 火氣가 적절한 쓰임을 얻었고, 時間의 辛은 탱천하는 화기를 조절하는 역할이다. 大運도 월지 시공간에 적절하게 火氣로 흘러 庚 열매를 크게 확장한 후, 丁火로 기물을 만드는 과정에 年支 亥水로 담금질까지 해주니 열매의 가치가 매우 높아졌다. 재산이 수천억에 이르렀다.

乾命　　　陰/平 : 1918년 2월 28일 8시

時	日	月	年
壬	丙	丙	戊
辰	戌	辰	午

89	79	69	59	49	39	29	19	09
乙	甲	癸	壬	辛	庚	己	戊	丁
丑	子	亥	戌	酉	申	未	午	巳

　　중국 출생 싱가폴 사업가 임오동 사주다. 丙火가 辰月에 태어나 戊午까지 있어 火氣가 탱천하였으니 庚이 있어야 강한 화기들이 할 일이 있는데 없으니 쓰임이 적절하기 않다. 12세에 형을 잃고 16세에 부친을 잃은 후, 공부도 못하고 집안을 돌보아야 하는 상황이었다. 중년에 金 大運으로 강하게 흐르니 싱가폴에서 사업하여 자산이 43억 달러에 이르는 거부가 되었다.

　　庚申大運에 丙火가 넓은 땅 戊土위에서 庚 열매를 크게 확장하여 재물 복이 두터워졌다. 만약 丙火가 庚 열매를 키우는 것이 아니고 乙을 만나 乙丙 조합을 이루면 사주구조에 따라 의미가 달라진다. 寅卯辰月이면 乙이 丙火 분산에너지를 확장시켜주며 乙의 도움을 받을 수 있기에 부모나 윗사람들의 德이 있다.

　　巳午未 月이면 丙火가 충분하여 乙은 丙火를 도와주어도 적절한 덕을 얻지 못할 뿐만 아니라 乙의 기세만 고갈된다. 巳午未 月에 丙火의 활동은 庚을 키우는 것이지 乙의 生을 바라는 것이 아니기에 時空이 적절하지 않다. 즉, 丙火가 할 일을 못하고 힘만 강해져 그 에너지를 사용할 수 없는 상태이니 무용지물이다.

坤命　　　陰/平 : 1971년 2월 16일 8시

時	日	月	年
壬	丙	辛	辛
辰	申	卯	亥

68	58	48	38	28	18	08
戊	丁	丙	乙	甲	癸	壬
戌	酉	申	未	午	巳	辰

이 구조를 살펴보자. 丙火가 卯月에 태어나 生을 받을 여건이 되는가를 따져야 한다. 卯木 모친의 입장에서 주위에 辛申을 세 개나 만났으니 십신으로 正, 偏官 혼잡인데, 다행하게 卯木을 지속적으로 성장시켜 줄 亥水가 있어 금기의 날카로움을 해소하면서 卯木이 마르지 않도록 하며, 大運이 巳午未로 흘러 壬甲丙 조합으로 卯木도 성장의 발판을 마련했다. 丙火 딸도 卯의 에너지로 도움을 받아 분산작용을 이어간다. 모친의 지극한 도움을 받으며 힘들 때 마다 모친이 수억 원 씩 지원해주며 최근에도 5억 원의 도움을 받았다.

이렇게 寅卯辰 月에는 乙이 癸와 적절하게 조합을 이루어야 하고 乙이 丙火를 만나면 자신의 에너지로 丙火 분산작용을 확장해주기에 時空이 적절하지만 丙火가 巳午未 월에 庚과 조합하지 못하고 乙만 많다면 다 큰 아이가 엄마의 도움 받고 살면서 할 일 없이 빈둥거린다. 이렇게 時空개념은 사주팔자 구조를 이해하는데 매우 중요한 관점을 제공한다.

조화원약 사주예문

時	日	月	年
壬	丙	丁	己
辰	午	卯	巳

이 구조는 卯月에 癸水가 없으니 丙火를 생하는 卯木은 시간이 흐름에 따라 점점 마른다. 말년에 이르러야 비로소 壬辰으로 水氣를 보충할 수 있다. 卯月 時空間에서 丙火는 卯의 도움을 반드시 필요로 하지만 卯입장은 전혀 다르다. 水氣가 부족한 상태에서 지속적으로 확산하면 에너지가 고갈될 수밖에 없다.

만약 乙丙庚 구조라면, 乙이 丙에너지를 확장해주고 丙火가 庚을 키우며 乙庚 합하니 時空間이 적절하지만 乙丙 두 글자만 조합하는 경우는 구조를 잘 살펴서 판단해야 한다. 만약, 乙丙申 조합이면, 天干의 乙丙庚 조합과 유사하며 쓰임이 좋다.

乾命				陰/平 : 1946년 7월 23일 8시						
時	日	月	年	67	57	47	37	27	17	07
庚	乙	丙	丙	癸	壬	辛	庚	己	戊	丁
辰	丑	申	戌	卯	寅	丑	子	亥	戌	酉

前 미국 대통령 빌 클린턴 사주다. 이 구조는 쓰임이 없어 보이지만 구조를 꼼꼼히 살펴보면 그렇지 않다. 乙 日干이 申月을 만나 년, 월의 丙火가 庚 열매를 크게 확장한다. 즉, 乙 입장에서는 丙火가 申을 잘 키워주니 물질과 명예가 상승한다. 丙火는 언변이나 기술, 생각을 드러내는 재주와 같다. 이 때 庚으로 乙의 행위를 적절하게 조절하여 결과를 만들어야 하는데 庚申이 있으니 그 행위가 말로만 그치지 않고 실질적인 결과물을 얻어낸다.

또 戌土, 丑土, 辰土로 庚을 드러내고 품는 땅도 많다. 또 申月의 金을 일지 丑土에 거두니 庚申 명예와 재물을 자신이 크게 취하며 그런 행위가 모두 일지에서 이루어지기에 부인복이 좋은 것이다. 辛丑大運 壬申年에 미국 대통령에 당선되었으며, 時支에 辰土가 있어 酉丑辰과 유사한 申丑辰 조합으로, 金을 키워 丑土에 저장한 후 다시 辰土로 확장하니 時空間 흐름이 아름답다.

조화원약 예문

時	日	月	年
癸	乙	癸	丙
未	亥	巳	戌

이 구조는 乙이 巳月을 만나 丙火까지 있음에도 庚은 드러나지 않았다. 또한, 丙火와 癸水가 직접 만났고 강한 화토에 둘러싸여 계수의 궁위가 좋지 않다. 아울러 사주의 方向이 애매하다. 丙火의 기세가 강하니 庚이 있어야 강한 화기들의 쓰임을 얻는데 없다. 운에서 금을 만나면 일시적으로 활용하지만 그 운이 끝나면 더 이상 활용하지 못한다. 戊戌大運 사업에 실패한 후 재기하지 못했다.

이렇게 天干조합은 月支 時空간을 함께 이해해야 한다. 乙丙조합이 寅卯辰 월이면 乙은 반드시 癸水가 있어야 丙火를 생한다. 寅卯辰 월에는 乙도 아직 완벽하게 성장한 상태가 아니기 때문이다. 丙火도 氣運이 약하니 乙의 도움을 필요로 하는데 이 때 만약 癸水가 없다면 乙은 丙火를 생하느라 피곤해진다.

요약하면, 乙丙조합이 巳午未 월을 만나면 반드시 庚을 보아야 乙의 生을 받은 丙火가 庚을 키우니 쓰임을 얻는다. 乙丙 조합이 寅卯辰 月을 만나면 癸水가 있어서 乙을 생하고, 乙이 丙火를 돕는 구조여야 하며 癸水와 丙火는 멀리 떨어져 있는 것이 좋다.

만약, 乙丙조합이 地支에서 亥子丑月을 만나면, 乙과 丙 모두 時空間을 잃은 것이다. 乙은 亥子丑에서 나오기 전이고, 丙도 亥子丑에서 무력하다. 따라서 서로 도움을 필요로 하지만 모두 시절을 잃어 공부만 하는 팔자거나 乙은 온기가 필요하기에 대부분 고향 떠나 밖으로 돌아다닌다. 태어난 공간에서는 활동하기 어렵기 때문이다.

물론 선택은 가능하다. 공부를 원하는 사람이면 깊은 공부를 할 수는 있으나 물질의 발전은 어렵고, 사업하는 사람이면 그 공간에서 사업 확장이 어렵기에 고향을 떠나거나 海外로 나가야 개운할 수 있다.

乾命

時	日	月	年
丙	乙	戊	壬
子	未	申	辰

陰/平 : 1952년 6월 27일 1시

77	67	57	47	37	27	17	07
丙	乙	甲	癸	壬	辛	庚	己
辰	卯	寅	丑	子	亥	戌	酉

이 구조는 乙丙戊 조합이다. 申月에 丙火가 申을 키우고 싶으나 天干조합이 틀어져 있다. 月支 申을 키워야 할 丙火가 時干 子水에 좌하니 쓰임을 잃었다. 즉 언변, 재주, 기술을 상징하는 병화가 申에서 쓰이지 못하고 子水에서 쓰이기에 적절하지 않다.

또한, 申月에는 丙火의 뜨거운 태양빛이 그리운데, 丙火는 子水로 가버리고, 地支에 申子辰 강한 水氣를 가졌는데 天干에 壬水까지 있으니 계속 커야할 열매에 물이 차서 썩어가는 형상이다. 이렇게

天干조합과 地支조합이 어떻게 짜여있는가는 매우 중요하며, 구조에 따라 전혀 다른 인생으로 발현된다.

이 사주 당사자는 어려서 조폭으로 악명을 떨쳤으나 30대부터 불경공부를 시작하여 불교와 깊은 인연을 맺었다. 庚 열매가 크지 못하고 상하니 개인공부에 그치는 사주다. 丙火로 드러내려 해도 子水 공간에 있으니 어찌 좋은 쓰임을 얻을 것인가?

乾命

時	日	月	年
戊	乙	丙	壬
子	未	申	辰

위의 사주가 만약 이런 구조였다면 상황은 달라진다. 乙이 丙火를 통하여 申을 키운다. 이에 따라 명예가 상승하고 庚 열매를 득한다. 年干 壬水 때문에 申을 적절하게 키우는 구조는 아니지만, 丙子 時와 비교하면 훨씬 좋으며 申子辰 三合의 철학을 병화를 통하여 적절하게 드러낸다. 이렇게 天干조합과 地支 時空間이 어떻게 짜여 있느냐에 따라서 전혀 다른 인생사를 만들어낸다.

지금부터 庚을 이해해보자.

庚은 완벽한 열매는 아니지만 결실을 주도하는 역할이며 세상에 존재하는 물질을 의미한다. 庚의 입장에서 가장 좋은 시기는 巳午未申月에 해당한다. 巳月에 에너지가 생겨나 申月에 열매로 완성되었다가 酉月에 완벽한 열매로 떨어진다.

庚은 丙火의 부피를 키우는 에너지와 午月부터 드러나는 丁火의 수렴작용이 동시에 필요하다. 다만 부피를 키우고 수렴으로 열매를 익히면 강한 火氣에 상하니 반드시 水氣의 도움이 필요하다.

이런 구조도 아름다운 天干조합이며 丙庚이 만나면 丙火의 분산 작용으로 庚의 부피를 확장하고, 丁庚이 만나면 키워진 庚의 내실을 다지는 역할을 한다. 이때 庚이 丙 혹은 丁火를 보았을 때, 반드시 水氣를 배합하는 조합이어야 비로소 아름다운 구조다.

또 陽界에서 乙庚 合은 乙이 庚化 되는 과정에서 乙의 생명체를 庚金 열매로 물형을 바꾸는 것으로 庚이 乙을 품어야 새로운 種子를 내놓기 때문이다.

乙庚 合은 사주 내에서 가능한 멀리 떨어져야 좋다. 봄과 여름의 만남이니 時空 차이가 넓을수록 오래도록 키운 열매와 같아 사주에서 乙庚 合이 年時에서 이루어지면 재물 복이 두텁다. 만약 가까이 붙어 있다면, 봄과 여름이 바로 옆에 붙어 충분히 자라지 못한 乙이 열매로 바뀌는 이치와 같아서 재물 복이 크지 않다.

乾命				陰/平 : 1928년 6월 13일 22시					
時	日	月	年	63	53	43	33	23	13	03
丁	庚	己	戊	丙	乙	甲	癸	壬	辛	庚
亥	午	未	辰	寅	丑	子	亥	戌	酉	申

홍콩의 재벌 기업가 이 가성 사주팔자인데 庚이 未月에 태어나 未中 乙과 乙庚 合하고 丁火로 잘 익혀지는 열매다. 時支 亥水가 지속적으로 水氣를 공급하고 大運도 마른 땅에 水氣를 채우니, 庚 열매의 부피가 계속 확장하기에 재물 복이 두텁다. 이것을 日干이

아닌 土 입장에서 살펴보면 未月이니 庚을 잘 익혀야하는 시절이다. 庚을 품어줄 땅도 戊辰, 己未로 매우 넓다. 이렇게 日干만 살피지 말고 전체 구조도 함께 살펴야 한다.

天干구조는 戊庚丁 조합에 水氣를 채운다. 다만, 戊庚丁에 己未로 土가 중간에 끼어 탁한 모습이지만 大運이 庚申, 辛酉를 만나 부피를 키우고 열매 내부에 水氣를 채우니 흐름이 좋다.

乾命

時	日	月	年
戊	庚	丁	壬
寅	戌	未	寅

陰/平 : 1962년 6월 10일 4시

73	63	53	43	33	23	13	03
乙	甲	癸	壬	辛	庚	己	戊
卯	寅	丑	子	亥	戌	酉	申

대기업을 그만두고 사업을 시작하여 현재는 백억 넘는 재산가다. 해외 무역업에 종사한다. 이 사주도 未月이니 乙庚 合으로 과일이 잘 익은 상태에서 壬水로 水氣를 보충하지만, 팔자 원국에서 水氣가 부족한데 大運이 金水로 흘러 재물 복이 두텁다. 이 가성 사주는 亥水가 地支에서 水氣를 공급하는 반면 이 구조는 壬水로 드러나 水氣의 공급이 원활하지는 않다. 또 성장과정이 金이긴 하지만 열매의 크기가 이 가성 사주와 다르다.

陽界 중에서 戊土를 살펴보자. 戊土는 지구 표면에 드러난 무대

로 지구 위에서 이루어지는 모든 거래를 담당하는 공간이다.

戊土는 癸水와 戊癸 合하여 乙 생명체를 키워서 여름으로 넘겨 戊土 위에서 丙火의 분산작용으로 庚 열매를 키운다. 즉, 봄에는 乙의 성장을 돕는 터전이고 여름에는 庚 열매를 품어서 乙庚 合해야 한다. 따라서 戊土가 乙과 癸水를 만나고 寅卯辰 월이면 乙을 키우는 것이니 주로 교육, 공직에 종사하고, 戊土가 庚을 드러내고 巳午未 月에 태어난 구조라면, 戊土가 庚 열매를 품은 것이니 물질에 흥미가 지대하여 주로 사업, 장사를 추구한다.

물론 이때는 庚이 마른 상황인지 水氣가 채워지는 상황인지를 따져야 한다. 戊土가 巳午未 月에 태어나고 庚을 표면에 드러내면 자신을 알리는데 흥미가 많고 물질위주의 삶을 추구한다.

巳午未 월은 庚 열매의 부피를 키우니 물질의 확장, 팽창을 원하며 물질로 자신을 드러내는 행위에 흥미를 느끼는데 이때는 水氣의 상황을 살펴야 한다. 만약 水氣가 부족하면 허세에 불과하다. 庚의 크기는 팽창 되었으나 水氣가 채워지지 않았으니 속빈강정처럼 돈도 없으면서 허풍떨며 명품가방을 좋아하는 물상이다.

따라서 戊土가 乙을 보면 癸水를 만나는 조합이 어울리고, 戊土가 丙을 보면 庚 열매를 키워야 한다. 이때 계절이 어떤 흐름인가를 살펴야 하는데, 戊土가 乙을 보고 申酉戌로 흐르면 乙을 키우는 것이 아니라 수확하고, 戊土가 庚을 보았는데 寅卯辰 월로 흐르면 庚 열매를 얻고 싶지만 乙을 키우는 시절을 만나니 이 또한 시절이 적절하지 않은 것이다. 이런 구조들은 겉과 속이 다르기에 겉으로 보이는 것으로만 판단하면 오류를 범한다.

乾命　　　陰/平 : 1955년 2월 24일 22시

時	日	月	年
癸	戊	己	乙
亥	寅	卯	未

74	64	54	44	34	24	14	04
辛	壬	癸	甲	乙	丙	丁	戊
未	申	酉	戌	亥	子	丑	寅

亥 大運에 발복하여, 甲戌大運에 크게 발전하고 癸酉大運에도 발전하였다. 천억 대의 부자로 어린 시절에는 지독한 가난 속에서 살았다. 이 팔자의 특징은, 卯月에 戊土가 水氣가 부족하니 乙卯가 자라지 못하고 말랐다. 또 다른 관점으로 乙卯가 자랄 땅이 초년에는 己土를 만나 수많은 乙을 받아주기에 역부족이다. 水氣를 만나면 마른 땅에 水氣가 채워지며, 목말랐던 寅卯들이 水氣를 강하게 빨아올린다. 이것이 이 사주에서는 재물이기에 큰 재물을 축적했다.

乾命　　　陰/平 : 1955년 3월 5일 시 모름

時	日	月	年
모	戊	己	乙
름	子	卯	未

74	64	54	44	34	24	14	04
辛	壬	癸	甲	乙	丙	丁	戊
未	申	酉	戌	亥	子	丑	寅

戊子일주로 40세 가까이 고생하며 가전제품 공장을 운영하였는데, 40세 이후부터 日本에 가전제품을 수출하여 단숨에 수십억 재산을 모았다. 이 구조도 상기와 유사하다. 위 사주는 재성이 寅의 보호를 받지만, 아래 사주는 子卯 刑, 子未 조합으로 子水가 상하는 문제를 가졌다. 子卯 刑의 영향으로 색욕이 강하면서도 우울증에 시달린다.

乾命			
時	日	月	年
甲	戊	戊	乙
寅	寅	寅	亥

陰/平 : 1935년 1월 28일 4시

79	69	59	49	39	29	19	09
庚	辛	壬	癸	甲	乙	丙	丁
午	未	申	酉	戌	亥	子	丑

20代부터 40代에 크게 발전하여 300억 재산을 보유하였다. 癸酉大運 戊辰年 위암으로 사망했다. 이 구조는 戊戌로 나무를 받아줄 땅이 넓다. 木이 많아 水氣를 빨아들일 힘이 좋아 재물 복이 크다. 十神으로 보면 偏官에 從하는 것으로 보일 것이나, 자연의 이치로 살피면 재물이 많을 수밖에 없다.

상기 두 사주를 판단할 때 水運으로 흘러 관살이 강해지니 종격이라 판단하지만, 두 사주 공히 戊土가 나무를 많이 심을 수 있는 땅이니 水氣를 당겨와 나무를 잘 자라게 한다. 아래 사주는 시주가 甲寅으로 나무가 너무 많아 건강에 문제가 생겼다. 감당하지 못할 재물을 많이 취해서 건강에 문제가 생기고 단명했다.

지금부터는 陰界의 구조를 살펴보자.

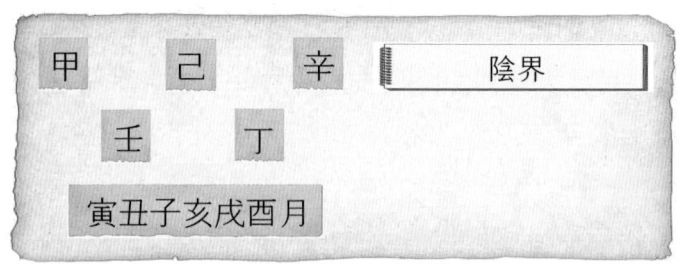

陰界, 계절로 가을과 겨울을 지나는 시공간이다. 가을과 겨울을 지난다는 뜻은 봄의 성장과 여름의 확장, 가을의 열매를 완성하고

결실물을 얻은 후의 상황이다. 태양은 약해지고 날씨는 추워지며, 결실을 완성한 상태이니 할일이 없다. 그래서 申酉戌 계절을 지날 때는 수확하는 과정에 숙살의 기운이 생길 수밖에 없어 生氣가 상한다.

따라서 이에 상응하는 물상을 직업으로 활용할 수밖에 없다. 수확하는 물상으로 은행, 아픈 자를 치료하는 병원, 의사, 간호사, 한의사 등이 있고, 숙살하는 물상으로 법조, 경찰, 군대, 조직에서의 직장생활, 또 물질을 의미하기에 사업, 장사 물상이다.

亥子丑月을 지날 때의 상황을 상상해보자. 申酉戌에서 결실을 이룬 상태니, 亥子丑을 지나면서 씨종자를 새로운 생명체로 전환하는데 이것이 윤회과정이다. 생명체 甲을 키우는 과정으로 보이지 않는 곳에서 탄생을 기다리니 물질, 육체는 소유하기 어려운 時空間이다.

따라서 이곳에서의 직업물상은 生命의 탄생과 관계되는 生命工學이나 육체는 움직이지 못하고 정신만을 추구하는 철학, 종교, 명리, 창작, 작곡, 소설가, 작가 또는 亥子丑 어두운 밤에 어울리는 범죄를 통제하는 경찰, 검찰, 세무 관련, 깊게 파고드는 연구소, 교육, 깊은 내면을 살피는 공부, 병원, 음식점, 보온을 필요로 하는 내의, 섬유업, 난방기구 등이다.

4 辛金의 時空間

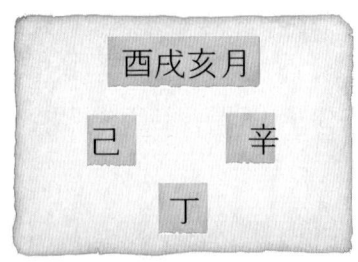

辛은 庚 열매가 완성되어 독립적으로 떨어져 나온 상황이다. 비유하면 나무에 매달린 열매가 庚이며 그 과일이 다 익어서 가을에 만유인력으로 떨어져 戊土 땅에 자리 잡은 상태가 辛이다. 따라서 辛은 일정한 공간에 홀로 정착한다. 그것이 辛의 상황이지만 홀로 정착하기에 고독과 외로움은 피하기 어렵다.

酉戌月에 辛戌조합을 이루면, 戊土 땅에 정착한 열매로 戌는 辛을 품기에 戊土에 드러난 보석과 같다. 다만 이 時空間은 酉戌月에 국한한다. 午月에 수렴을 시작한 丁火 작용으로 申月에 水氣 의 물탱크를 만들어 陰界로 스며들어 하강하다가 戌月을 지날 때 건조해진 나뭇잎은 戊土에 있는 辛金의 위에 쌓이는데, 이것이 卯戌 合이다.

봄의 卯木은 생명체로 쓰이기에 약손, 약초, 신선한 산소와 같은 개념이라면, 未月에는 성장을 마감하여 맛이 들어간 열매요, 戌月의 乙은 열매를 덮는 낙엽으로 변하여 戊土 위의 辛에게 떨어져 보호하며 열기를 만드니 이런 작용이 卯戌 合이다. 이렇게 동일한 乙도 계절에 따라 쓰임이 달라진다.

　기온이 점점 하강하여 서리 내리는 시기에 辛의 상황은 卯의 도움으로 따뜻함을 유지하면서, 밖에서는 차가워진다. 戊土가 己化 되는 과정이다. 원래 辛이 떨어진 곳은 戊인데 卯戌 合으로 덮이니 己化 되고 干支로 표현하면 己酉다. 己土가 酉金을 품은 상황으로 바뀐 것이다.

　戌月에는 辛이 낙엽으로 변한 乙을 덮었기에 내부에서는 열기가, 외부에서는 추위 때문에 습기가 생겨난다. 이런 상황은 天干 合으로 丙辛 合인데 辛이 丙火를 당겨와 水氣를 만들어낸다. 丙辛 合도 卯戌 合처럼 온기를 유지하고 있다. 이 따뜻함은 戌中 丁火로 비유할 수 있는데 따뜻함을 유지해야 亥月에 丁壬 合하여 辛이 새로운 생명체로 발아된다. 만약 戌中 丁火가 없다면 온기가 없어 辛의 발아가 이루어질 수 없기에 명리 관점에서도 매우 중요한 의미를 갖는다.

　戌月 상황을 辛입장에서 살피면, 辛의 地支 酉金이 戌土 안으로 들어가는 상황으로 명리용어로 酉戌 穿이라 부른다. 자연현상으로 이해하면 辛 결실물이 戌土위에 떨어진 상태에서 卯戌 合으로 나뭇잎이 덮이니 드러나야 존재가치를 인정받는데 보이지 않는 상태로 바뀐다.

　따라서 酉金이 戌土를 만나면, 씨종자의 가치가 상실된다. 이렇게 酉戌 月에는 辛이 낙하하여 저장되는 시절이니 이때의 天干조합은 辛이 안정적으로 정착할 戊土 땅이 반드시 필요하다.

乾命

時	日	月	年
壬	辛	戊	丙
辰	未	戌	戌

　조화원약 상서에 오른 팔자다. 辛이 戌月에 태어나 戊土 위에 자신의 존재를 드러냈다. 따라서 마치 戌月 戊土위에 떨어진 보석과 같은데 丙火로 가치를 환하게 비추니 국가로부터 그 존재를 인정받는다.

　이렇게 辛입장에서 戊土는 존재를 드러내는 무대라면 戊土에게 辛은 자신의 땅에 존재하는 가치 높은 씨종자와 같다. 이 구조는 辛이 월지 시공간을 적절하게 만났다. 매우 적절한 시공간에 정확하게 떨어진 가치 높은 씨종자다.

　만약 동일한 辛戊조합이라도 辛未 月 戊土라면 상황이 전혀 다르다. 未月에는 辛이 아직 독립된 열매로 분리된 공간이 아니다. 未月의 辛을 받아준 戊土는 완벽하지 않은 辛을 품었고 성숙하지 못한 辛이 떨어져 나온 상황이니 時空이 적절하지 않다. 이런 문제로 辛의 내면에 존재하는 고독을 느껴야 한다.

乾命

時	日	月	年
己	辛	戊	丙
丑	未	戌	戌

　조화원약 예문으로 교유에 오른 팔자인데, 戊土로 辛을 받아준다.

상기 사주와 다른 점은 시주가 己丑이다. 壬水로 새롭게 태어날 준비된 구조와 달리 己丑에 저장된 辛으로 가치가 변질되는 말년의 모습이다.

辛이 亥子丑의 時空間을 지날 때 상황을 살펴보자. 辛이 亥子丑에서 甲으로 바뀌어가는 과정이다. 亥子丑을 지나면서 甲이 기운이 동하여 점점 자라기 시작하는데, 이 역시 각 계절별로 상황이 다르다. 亥月에는 戌月 丁火가 亥月로 넘어와 丁壬 合해야 온기로 辛이 亥에서 발아를 시작한다. 天干조합으로 辛丁壬 三字조합이다. 즉, 亥月에 辛丁壬 조합을 이루면 매우 아름다운 구조다.

이것을 干支로 표현하면, 辛亥가 丁火를 보거나 辛일주가 丁亥月을 보는 구조다. 혹은 辛일주가 天干에서 丁壬 合해도 좋은 구인데 辛이 丁壬 合으로 木氣을 만들어내기 때문이다.

반대로 辛亥일주가 丁火가 없는 상황을 상상해보자. 온기가 없기에 亥 속의 甲이 발아되기 어렵다. 그렇다면 亥속의 甲은 男子입장에서는 재성이고 드러날 수 없으니 재물과 여자도 얻기 어렵고 亥속의 壬水를 사용하여 기술자로 활용할 수밖에 없다.

또, 辛丁 조합에 亥는 없고 巳午未 계절을 만나면 이 또한 매우 괴로운 상황이다. 辛은 壬과 亥를 통하여 자신을 드러내는데 亥, 壬이 없고 丁火가 강하게 辛을 달구면 날카로워지고 자신의 존재를 드러내지 못한다. 겉으로는 매우 수다스럽고 활발한 모습이지만 사회에서의 발전은 쉽지 않다. 만약 공직, 관직에 종사한다면 질병 등의 문제가 발생할 수 있다.

乾命 : 조화원약 사주

時	日	月	年
丁	辛	辛	丁
酉	亥	亥	丑

　총령사간이 되었다. 辛이 亥月에 태어나고 丁火가 年, 時에 드러나 辛丁壬 조합으로 공직에 오른다. 다만 丁火 두 개가 天干에 드러났는데 亥가 天干으로 드러나지 않고 地支에만 있으니 天干에서 辛丁壬 조합을 이룬 것은 아니다.

乾命 : 조화원약 사주

時	日	月	年
庚	辛	癸	戊
寅	酉	亥	午

　이 구조는 辛이 亥月에 태어나 戊癸 合으로 火氣를 만들고 年支에 午火가 丁壬 合한다. 湖南省長과 내무부 총장을 역임했다. 丁辛壬 조합이 변형된 구조로 丁火가 地支 午火로 午亥 暗合하니 丁壬 合과 동일하다.

坤命

時	日	月	年
壬	辛	丁	甲
辰	亥	卯	寅

陰/平 : 1974년 2월 18일 8시

62	52	42	32	22	12	02
庚	辛	壬	癸	甲	乙	丙
申	酉	戌	亥	子	丑	寅

　가수 자우림 사주다. 辛, 丁壬 조합으로 좋은 구조인데 辛의 根이

전혀 없다고 보지만, 丁火를 壬水가 합하여 木을 생하는 구조다. 丁 壬 合은 일정 분야의 전문가로 가수물상으로 활용한다. 일지 亥水가 水氣를 공급하여 卯를 키우니 남편의 역할이 매우 좋다.

5 丁火의 時空間

陽界에서 癸水가 나온 후 丙火가 나온 것과는 반대로 陰界에서는 丁火가 午月부터 수렴작용을 이끌어 戌月까지 가는데 이것이 寅午戌 三合운동의 시공간 흐름이다. 이때 丁火의 수렴작용으로 얻어지는 결과물이 辛 열매다.

戌月에서 亥月로 넘어가면 丁火가 丁壬 合으로 壬水에게 熱을 공급하여 辛 열매가 木氣로 바뀌기에 亥속의 甲이 존재를 드러내면 丁火의 역할은 끝난다. 辛이 戌月에 내부에 열기를 저장할 수밖에 없는 이유는 亥月에 甲으로 물형을 바꾸려면 반드시 열기가 필요하기 때문이다. 다만, 辛입장에서 戌에 들어가 丁火로부터 열기를 받아내는 상황을 좋아하지 않는다. 이렇게 자연의 이치는 오묘하다.

乾命　　　　　陰/平 : 1925년 9월 23일 4시

時	日	月	年
壬	丁	丁	乙
寅	酉	亥	丑

81	71	61	51	41	31	21	11	01
戊	己	庚	辛	壬	癸	甲	乙	丙
寅	卯	辰	巳	午	未	申	酉	戌

중국 정치가 중화민족주 주석 손 중산 사주로, 丁火가 亥月에 태어나니 酉金을 품고 丁壬 合을 통해 木을 드러내는 흐름이다. 酉金

이 日支에 있고 時支에 寅이 있으니, 未年에 木의 결과물을 만들어 낸다. 사주구조가 좋으나 年支에 酉가 있고 亥月을 만나 丁卯 일주로 이어지는 흐름이었다면 매우 아름다운데 酉金이 일지에 끼어서 시공간 흐름이 좋지 못하니, 59세에 癌으로 사망하였다.

乾命 陰/平 : 1957년 9월 30일 16시

時	日	月	年	65	55	45	35	25	15	05
戊	丁	辛	丁	甲	乙	丙	丁	戊	己	庚
申	酉	亥	酉	辰	巳	午	未	申	酉	戌

공직자로 근무하다 그만두고 사업을 시작하였는데, 희귀금속 가공업체를 운영하며 철강업체에 금속을 공급, 현재 재산이 100억에 이른다. 이 구조는 亥月이니 辛이 亥에서 丁壬 합하여 木을 만들어낸다. 丁火로 金氣를 다루니 甲을 버리고 사업을 택한 구조로 甲 大運에 이르면 건강에 문제가 생길 수 있다.

조화원약 사주

時	日	月	年
丙	丁	辛	丁
午	未	亥	卯

月에 있는 辛이 亥水에 풀어져 丁壬 합한다. 大運이 南으로 흘러 교육총장에 올랐으며 부귀한 사람이었다. 상기 사주와 다른 점은 위 사주는 재물을 추구하였고 이 구조는 亥卯未 삼합으로 성장을 위주로 하는 삶을 살았다.

조화원약 사주

時	日	月	年
辛	丁	癸	癸
亥	亥	亥	亥

시간에 辛이 있어 時空間 흐름이 맞지 않지만 辛이 丁火 열기로 亥에 풀어져 丁壬 合하는 구조로 시랑에 올랐다. 이 구조를 官殺混雜이니 흉하고, 단명할 가능성이 높다고 보지만 유일한 화기 丁火는 자신의 에너지를 사용하여 사주팔자의 모든 글자들의 가치를 높여주니 자신을 희생, 봉사하여 사회적으로 쓰임이 좋고 많은 사람들이 이 사람의 도움을 필요로 한다.

乾命

時	日	月	年
戊	己	辛	丁
辰	丑	亥	巳

陰/平 : 1977년 10월 18일 8시

67	57	47	37	27	17	07
甲	乙	丙	丁	戊	己	庚
辰	巳	午	未	申	酉	戌

辛亥月에 태어난 己로 辛亥丁 즉, 辛丁壬 조합으로 己土가 亥月에 甲을 품어 내놓고 日, 時支가 丑辰으로 흐름이 좋다. 재산이 100억 이상이다. 년일시에 巳丑辰 조합을 이루어 큰돈을 일순간 벌어들일 수 있는 에너지를 가졌다.

6 己土의 時空間

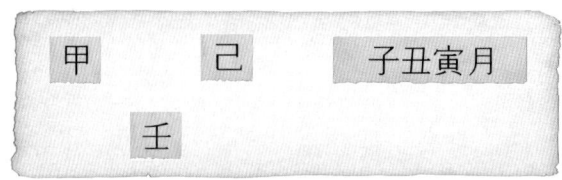

　己土는 子丑寅 月을 지나면서 亥月에 丁壬 合으로 甲의 기운을 저장하고, 甲이 뿌리 내리도록 터전역할을 수행한다. 상기의 표에서 보듯 己가 壬水 생명수와 관계되는 己壬 조합으로 만나면 - 소위 己土濁壬 조합이라면 - 반드시 계절을 살펴야 한다.

　亥月이면 반드시 丁火 열기가 필요하다. 이미 亥月을 지났다면 甲이 드러난 상태로 간절하게 丁火가 필요한 상황은 아니다. 이렇게 己도 시공간에 따라 天干組合 의미가 달라진다.

　만약, 己와 甲이 甲己 合하면 시공간 상황을 살펴야 한다. 甲己 合은 己土 땅위에 甲 새로운 생명체를 품어 壬水로 키운다. 만약 申酉戌 공간이면 甲己 合개념은 갑을 키우는 것이 아니라, 甲을 수확하는 것이다. 亥子丑을 지날 때의 甲己 合은 己土가 甲의 터전역할 하면서 갑을 성장시킨다.

　이렇게 시공간에 따라 己의 쓰임이 달라진다. 己는 생명체를 품는 땅이니 반드시 壬水가 있어야 땅의 가치를 발휘하지만 강한 水木의 기세를 감당하기 어려워 힘들어진다. 己土가 辛을 보면 물질, 열매를 품은 것이고, 己가 甲을 품었다면 생명체를 품은 것이다.

따라서 己辛조합은 巳酉丑 삼합운동과 어울리고, 己甲조합은 亥卯未 삼합과 어울린다. 己土가 癸水를 만나면 木을 키우고, 己土가 丙火를 보면 庚을 키운다. 이렇게 구조에서 己가 원하는 方向에 따라 삶이 달라진다.

乾命

時	日	月	年
己	己	丙	甲
巳	巳	寅	子

陰/平 : 1984년 1월 4일 10시

40	30	20	10
庚午	己巳	戊辰	丁卯

寅月의 己이니 甲을 키우려는 의지를 가졌다. 寅月에 甲이 年에서 丙火의 분산작용을 도우며 年支에서 子水가 水氣를 공급하니 壬甲丙 三字조합으로 구조가 좋다. 부모가 모두 국가 고위공직자요, 사주당사자도 후덕한 인물로 고위공직자다.

坤命

時	日	月	年
甲	己	丙	己
子	卯	寅	亥

陰/平 : 1959년 1월 19일 0시

63	53	43	33	23	13	03
癸酉	壬申	辛未	庚午	己巳	戊辰	丁卯

己가 寅을 품어 키운다. 年支에서 亥가 寅의 성장에 水氣를 공급하고 寅이 丙의 분산을 확장하는 흐름이니 고위공직자다. 이런 구조를 판단할 때, 丙火가 좋아 고위공직자라 볼 것이나 水氣가 충분하지 않으면 고위공직자에 오를 수 없다. 水氣가 없다면 생기가 살기 어려운 땅이고 그 성정은 급하기에 학업에 열중하지 못해 일찍 사회

에 나가 물질을 추구하기 때문이다.

乾命

時	日	月	年
丁	己	丁	丙
卯	亥	酉	申

陰/平 : 1956년 8월 25일 6시

53	43	33	23	13	03
癸	壬	辛	庚	己	戊
卯	寅	丑	子	亥	戌

酉月에 태어나 酉金을 木으로 바꾸는 흐름이다. 金이 강하니 金 관련 직업을 원하는데, 丙丁으로 金을 다스리는 물상의 직업을 써서 군대에서 근무하다 공직으로 자리를 바꾸고, 평생 큰 문제없이 순탄하게 살아간다. 酉金이 亥를 만나서 辛丁壬 조합을 이루고, 그곳에서 나온 木氣가 時支에 드러났으며 大運도 월지 구조와 적절하게 배합하여 흐른다.

乾命

時	日	月	年
癸	己	甲	庚
酉	丑	申	申

己土가 申月에 태어나고, 甲申으로 甲을 수확하는 구조는 물질을 추구하는 삶을 살아간다. 甲을 벌목하여 재물을 추구하기에 甲과 인연이 박하다. 金氣가 강하니 매우 현실적이고, 癸가 時에 있어 傷官生財로 대부대귀격이라 설명된 사주다.

乾命 陰/平 : 1963년 1월 12일 14시

時	日	月	年
辛	己	甲	癸
未	亥	寅	卯

70	60	50	40	30	20	10	0
丙	丁	戊	己	庚	辛	壬	癸
午	未	申	酉	戌	亥	子	丑

이 사주의 흐름을 살펴보자. 초년에는 甲寅이니 水氣로 木을 키우고, 辛未의 시기에 이르면 수확하려는 의도를 가졌다. 大運이 水金으로 흐르니, 키우고 수확하는 흐름이다.

다만 癸卯, 甲寅 年月의 癸, 甲寅 구조는 시공간이 적절하지 않으니 초년에 매우 힘들게 살았으며 부모도 모두 한미했다. 大運이 水氣로 흘러 甲의 난동이 두렵지 않지만 丙火의 분산작용이 강하지 않으니 甲의 성장에 한계가 있다. 時에 辛未로 가을로 들어가면 木을 벌목한다. 대기업 부장이다.

乾命 陰/平 : 1962년 5월 9일 4시

時	日	月	年
丙	己	丙	壬
寅	卯	午	寅

79	69	59	49	39	29	19	09
甲	癸	壬	辛	庚	己	戊	丁
寅	丑	子	亥	戌	酉	申	未

전체가 木으로 구성되었다. 따라서 수확하려는 의지가 약하다. 수확의 개념은 물질을 추구하는 것이지만 時柱도 丙寅이니 말년까지도 키우는 것을 위주로 하는 삶이다. 大運이 亥子丑으로 흐르는 중년 이후에는 木을 키워야한다. 예로, 교육과 같은 물상이다.

7 壬水의 時空間

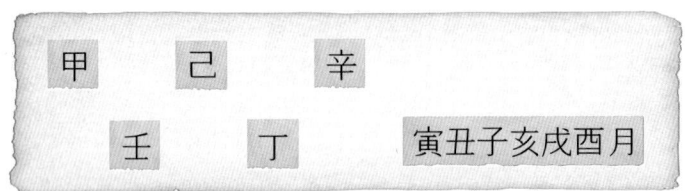

壬水는 陰界의 주재자요, 모든 생명체의 근원이다. 壬水도 계절에 따라 상이한 물상을 만들어낸다. 위 표에서 보듯 壬水는 丁火 열기를 받아들여 辛을 품어 亥子丑을 지나면서 甲 생명체를 만들어내야 한다. 壬水는 겉으로는 보이지 않는 사상, 깊은 내면의 철학, 종교를 의미하고 새로운 정신세계를 창조하는 에너지다.

이것이 己壬조합으로 己위에 甲을 키우려는 의지고, 壬辛조합은 辛 種子를 품은 것이며, 壬甲조합은 壬의 사상을 甲에게 전달하여 자신이 품은 의도를 명확하게 드러낸다. 이때 조합을 이루는 구조들은 추구하는 方向이 동일해야 목적이 단일하고 안정적인 흐름을 보인다. 따라서 天干조합이 어떤 구조인가에 따라서 삶의 方向이 전혀 다르게 전개된다.

乾命

時	日	月	年
庚	壬	己	庚
子	辰	卯	申

陰/平 : 1980년 2월 4일 1시

85	75	65	55	45	35	25	15	05
戊	丁	丙	乙	甲	癸	壬	辛	庚
子	亥	戌	酉	申	未	午	巳	辰

甲이 天干으로 드러나지 않아 평시에는 자신의 생각이나 의견을 드러내기 꺼려하는데, 甲午年에 壬水가 甲을 만나니 자신을 드러내

려는 성향이 강해지지만 戊土가 없다면 생각으로 그칠 뿐 현실화시키지는 못한다. 만약 甲의 생각을 담는 戊土를 만난다면 그 때서야 비로소 의지를 뚜렷하게 드러낸다. 甲午年 戊辰月에 자신의 생각을 현실화시키면서 좋은 일이 많이 생긴다.

乾命　　　　　陰/平 : 1964년 6월 20일 1시

時	日	月	年
壬	戊	辛	甲
子	寅	未	辰

73	63	53	43	33	23	13	03
己	戊	丁	丙	乙	甲	癸	壬
卯	寅	丑	子	亥	戌	酉	申

壬水는 십신으로 財星이지만 에너지로 살피면 전혀 다른 의미가 도출된다. 甲午年에 壬水가 甲을 만나 조합을 이루면 겉으로는 전혀 드러나지 않던 자신의 생각을 甲에게 전달하려는 욕망이 생긴다. 이렇게 壬水는 물질계에서는 존재를 드러내지 못하다가 甲乙을 만날 때 비로소 그 존재가치를 알린다. 甲午年 戊辰 月에 책을 출판했다.

乾命　　　　　陰/平 : 1975년 10월 16일 18시

時	日	月	年
辛	戊	丁	乙
酉	辰	亥	卯

73	63	53	43	33	23	13	03
己	庚	辛	壬	癸	甲	乙	丙
卯	辰	巳	午	未	申	酉	戌

甲午年 甲이 亥水를 타고 드러난다. 正官, 偏官이 섞으면서 직업에 변화가 생긴다. 단순하게 십신으로만 판단하면 세세한 부분까지 살피지 못한다. 戊土가 亥月에 시공간이 적절하지 않은데 甲午年 亥水가 甲을 타고 오르면 亥水에 숨겨져 있던 생각을 무토에 드러

내고 활용하기를 원한다. 하던 일을 중단하고 丁卯 月에 절에 들어가 수도한다. 辛酉의 씨종자 업보를 풀어내려는 욕망이 생긴 것이다.

乾命

時	日	月	年
甲	己	乙	壬
戌	亥	巳	申

陰/平 : 1992년 4월 21일 20시

74	64	54	44	34	24	14	04
癸	壬	辛	庚	己	戊	丁	丙
丑	子	亥	戌	酉	申	未	午

壬水가 甲午年을 만나면 壬水가 甲을 타고 흐른다. 壬水가 年干에 있으니, 甲午年에 年이 동하고 국가, 해외를 의미하니 군대를 제대하고 중국으로 유학 갔다.

坤命

時	日	月	年
辛	庚	己	壬
巳	午	酉	子

陰/平 : 1972년 8월 29일 10시

60	50	40	30	20	10
癸	甲	乙	丙	丁	戊
卯	辰	巳	午	未	申

庚日干이 酉月에 태어나 壬子年이니 日干은 적절한 時空을 만나지 못했다. 다만 大運이 巳午未로 흐르니 항상 경쟁우위에 있다. 이 구조는 方向이 두 갈래다. 국문과를 졸업하고 학원을 운영하는데, 甲午年에 壬水가 동하여 甲을 타고 오르니, 자신의 생각을 甲으로 현실화시키고픈 욕망을 느낀다. 상가에 투자하고 싶은데 가능한가를 상담하였다. 이렇게 壬亥가 있는데 甲이 운에서 드러날 경우 壬亥가 甲을 타고 속에 감추었던 욕망을 드러낸다.

8 甲木의 時空間

마지막으로 甲의 시공간을 살펴보자. 辛이 丁壬 合으로 己에 품어 탄생시킨 생명체가 甲으로 반드시 己土 습한 땅에서 터전을 잡고, 안정적으로 뿌리내려야한다. 甲이 壬水와 조합을 이루면 성장할 기본여건이 충족된 상태다. 만약, 甲己 合하는 조합이 巳午未 계절을 만나면 성장하기 어려운 땅의 뿌리와 같다.

甲이 辛을 만나면, 辛 씨종자가 甲 생명체로 바뀌니 甲입장에서는 자신의 과거를 만나는 것이기에 辛을 만나는 것을 꺼린다. 甲과 辛의 성향은 전혀 다르다. 甲은 수직으로 상승하려는 욕망이고 辛은 최대한 수렴하려는 것이니 甲의 입장에서 辛은 자신의 활동을 막는 에너지다. 十神으로 正官이라 할지라도 辛을 좋아할 수 없는 이유다.

반대로 辛이 甲을 만나면 丁壬 合을 통하여 만들어낸 자신의 자식과 같은 것이며 양생, 터전, 삶의 목적을 상징한다. 辛이 甲을 만나면 좋아할 수밖에 없는 이유다.

甲이 丁火를 만나면 丁壬 合을 통하여 甲을 드러낼 때 필요하기 때문에 이미 겨울에 뿌리로 안착한 甲입장에서 丁火의 열기가 더 이상 필요한 것이 아니라 壬水와 己土로 안정적으로 성장함을 기뻐한다. 각 계절에 따라서 天干조합도 의미는 매우 상이하기에 반드시 월지 공간을 참조해서 분석해야 한다.

坤命				陰/平 : 1982년 1월 7일 12시			
時	日	月	年	31	23	11	01
庚	甲	辛	辛	乙	甲	癸	壬
午	寅	丑	酉	巳	辰	卯	寅

　甲寅일주가 年月에 자신의 과거를 상징하는 수많은 辛을 만났으니 나를 만들어준 조상들이 많고 시간에 庚午까지 있어 다양한 金들을 상대해야만 한다. 癸卯大運 己卯年에 기녀가 되었다. 丑土는 巳酉丑 三合의 마감 점으로 수많은 금들이 담긴다. 다양한 金氣들은 자신이 만들어낸 결과물 甲寅을 예뻐할 수밖에 없으니 뭇 남성들이 甲寅을 사랑한다.

乾命				陰/閏 : 1968년 7월 19일 6시				
時	日	月	年	49	39	29	19	09
丁	甲	辛	戊	丙	乙	甲	癸	壬
卯	申	酉	申	寅	丑	子	亥	戌

　甲이 월간에 辛을 만나고 월지가 酉月이니 가난한 집안 출신으로 癸亥大運 癸酉年 사기죄로 6년형을 받고 감옥에 갔다. 십신으로 辛酉 정관을 월주에서 만났으니 공직팔자라 판단하겠지만 실상은 정반대다.

乾命　　　　陰/平 : 1908년 8월 21일 20시

時	日	月	年
甲	甲	辛	戊
戌	戌	酉	申

36	26	16	06
乙	甲	癸	壬
丑	子	亥	戌

甲 日干이 辛酉 月을 만났다. 4번이나 감옥에 다녀온 사람이다. 이렇게 正官이라고 무조건 좋다는 판단은 옳지 않다. 十神의 의미보다는 글자가 가진 에너지 파동을 읽어내는 것이 훨씬 더 정확한 판단을 내릴 수 있다. 글자가 가진 독특한 에너지 특징은 절대로 변하지 않기 때문이다. 계절이 바뀌면 기본의미에 변화가 발생하지만 본질적인 특징이 바뀌는 것이 아니다. 이런 개념을 이해하고 각 日干이 원하는 시공간을 구체적으로 살펴보자.

天干의 時空間

1 乙의 時空間

　陽界의 乙은 卯辰巳, 午未申 시공간에서 적절한 쓰임을 얻는다. 卯辰巳 월을 만나면 성장하여 꽃피는 시공간이고 午未申 月을 만나면 물형이 열매로 바뀐다.

乾命

時	日	月	年
丙	乙	己	甲
子	丑	巳	午

陰/平 : 1954년 4월 7일 0시

71	61	51	41	31	21	11	01
丁	丙	乙	甲	癸	壬	辛	庚
丑	子	亥	戌	酉	申	未	午

　乙이 巳月에 태어나 적절한 時空間을 얻었다. 다만 年, 月이 甲午, 己巳로 乙이 성장하는데 水氣가 부족하여 제약이 따르는데 時支에 子水, 일지에 丑土가 있으며, 壬申大運부터 계속 金水로 흘러 거부가 되었다. 홍콩 영화배우 성룡의 사주라고 한다.

坤命　　　　　陰/平 : 1955년 6월 25일 18시

時	日	月	年
乙	乙	甲	乙
酉	巳	申	未

69	59	49	39	29	19	09
辛	庚	己	戊	丁	丙	乙
卯	寅	丑	子	亥	戌	酉

　乙 日干이 申月에 태어나 巳申 합하고 甲申 月이니 甲은 적절하지 않은 시공간이고 그에 반하여 乙은 경쟁우위의 구조다. 부동산으로 재물을 축적했고 나중에 정치에 입문하여 구의원을 역임했다.

坤命 : 古書 팔자

時	日	月	年
丙	乙	辛	辛
戌	丑	丑	丑

　乙이 丑月에 태어나 쓰임을 잃은 時空間에 드러났다. 초년에 매우 힘들게 살다가 乙巳, 丙午, 丁未에서 발전하였으나, 戊申大運에 비명횡사 하였다. 수많은 금기들을 감당하지 못하고 생기를 잃었기 때문이다.

坤命　　　　　陰/平 : 1932년 12월 14일 8시

時	日	月	年
庚	乙	癸	壬
辰	亥	丑	申

61	51	41	31	21	11	01
丙	丁	戊	己	庚	辛	壬
午	未	申	酉	戌	亥	子

　乙 日干이 癸丑 月에 태어나니 時空間이 적절하지 못한 상태로 어려서 매우 힘들게 살았고, 大運이 金水로 흐르니 초등학교 교사로 청빈하게 살았다. 태어난 시공간이 적절하지 않으니 큰 발전은 어렵

다. 상기 여명과 다른 점은 수기가 날카로운 금기를 풀어내 육체가 상하지는 않지만 乙의 활동이 극도로 응결되고 위축되니 가난한 서생으로 살아간다.

② 癸水의 時空間

四季圖에서 보듯 癸乙은 봄에 활용하는 에너지이기에 癸水도 卯辰巳, 午未申 月의 時空間을 기뻐한다. 卯辰巳 시공간에서는 乙을 키우고, 午未申 시공간에서는 庚의 부피를 확장하여 水氣를 채우는 역할이다.

坤命

時	日	月	年
甲	癸	乙	癸
寅	未	卯	未

陰/平 : 1943년 2월 21일 4시

73	63	53	43	23	13	03
壬	辛	庚	己	戊	丁	丙
戌	酉	申	未	午	巳	辰

癸水가 卯月을 만나 癸水의 사상을 乙卯를 통해 자연스럽게 드러낸다. 다만 大運에서 水氣가 부족하고 乙을 담을 안정적인 터전이 부족한 것이 흠이다. 대만 유명 여류 작가다.

乾命

時	日	月	年
庚	癸	乙	戊
申	卯	丑	辰

陰/平 : 1688년 11월 30일 16시

67	57	47	37	27	17	07
壬	辛	庚	己	戊	丁	丙
申	未	午	巳	辰	卯	寅

天干의 상황을 이해하고, 地支의 時空間을 살펴보자. 이 구조에서

가장 뚜렷하게 보이는 것은 戊乙癸 조합으로 戊癸 합으로 乙을 키우는 구조다. 다만, 丑月이니 아직 乙이 적극적으로 자신의 에너지를 확장하기 어렵지만 戊癸 합으로 온기를 끌어올린다. 이때 丑月이니 戊癸 합火가 된다, 안된다의 관점에서 살피는 것은 적절하지 않다. 丑月에 이미 癸水가 온기를 올려 봄을 향하고 戊癸 합하기에 온기가 충분히 오르는 상황이다.

또, 年支에서 辰土가 온기를 올리도록 유도한다. 辰丑 破 작용으로 乙의 성장을 촉진한다. 戊乙癸 조합의 의미는 격국 식으로 이해하면 식신제살이라 판단하지만 十神生剋으로는 깊은 의미까지 추론하기 어렵다. 자연의 이치로 살피면 癸水가 乙을 키워 자신의 생각을 戊土위에 드러낸다. 꿈을 현실화 시킬 戊辰의 땅이 크고 넓으며 년주의 궁위에 있으니 국가를 위해서 자신의 철학을 드러낼 수 있다.

日支에 卯木이 있는데 丑土에서 성장한 乙이 卯木으로 드러난 것으로 時空間 흐름이 바르다. 庚申 時에 이르면 木氣를 수렴하여 수확이 가능해진다. 大運도 木火金으로 時空間 흐름이 매끄럽다.

이 구조에서 時空間이 적절하지 않은 곳은 癸水가 丑月을 만났고 年支에 辰土가, 月支에 丑土가 있어 시간흐름이 거꾸로다. 무언가 시작했다 접었다 다시 시작하는 모습이다. 중국의 민주혁명가, 고문연구가, 사상가다.

乾命　　　　　陰/平 : 1985년 8월 17일 14시

時	日	月	年
己	癸	乙	乙
未	酉	酉	丑

28	18	08
壬	癸	甲
午	未	申

　癸水가 酉月에 태어나 적절한 時空間이 아니다. 또 계수의 꿈을 실현해줄 년과 월의 乙木 두 개는 酉丑에 좌하여 자신의 에너지를 적극적으로 활용할 수 없다. 달리 표현하면 자신의 맡은 바 역할을 제대로 하지 못한다. 따라서 조상의 음덕이 없다. 모친은 눈을 다쳐 실명했고, 부친은 질병으로 신음하니 평생 부모를 모셔야 하는 상황이다.

③ 戊土의 時空間

　戊土는 卯辰巳, 午未申의 時空間을 만나야 쓰임을 얻는다. 戊土의 역할은 卯辰巳에서 乙 생명체가 성장하는 터전이며 午未申에서는 庚 열매를 드러내는 터전이다. 무토에서 수확된 열매는 亥月에 己土에서 새로운 생명체로 태어난다.

乾命　　　　　陰/平 : 1973년 3월 20일 18시

時	日	月	年
辛	戊	丙	癸
酉	子	辰	丑

66	56	46	36	26	16	06
己	庚	辛	壬	癸	甲	乙
酉	戌	亥	子	丑	寅	卯

戊土가 辰月을 만나고, 月柱가 丙辰이니 木을 키운다. 위에서 설명한 것처럼 辰月은 水氣가 부족하니 반드시 수기를 보충해줘야 하는데 丑土와 子水가 水氣를 지속적으로 공급하고 大運도 水로 흐른다. 酉丑辰 三字조합으로 현재 200억 재산가다.

乾命				陰/平 : 1964년 2월 17일 16시						
時	日	月	年	62	52	42	32	22	12	02
庚	戊	丁	甲	甲	癸	壬	辛	庚	己	戊
申	寅	卯	辰	戌	酉	申	未	午	巳	辰

戊 日干이 卯月의 시공간이고 寅卯辰 강한 木氣를 가졌으며 년에서 시까지 時空間 흐름이 아름답다. 卯月에 키워 庚申에서 수확한다. 이런 판단은 격국, 왕쇠 와는 전혀 상관없이 시공간흐름과 자연의 이치를 살핀 것이다. 木을 수확하는 구조로 현재 200억 재산가다.

乾命				陰/平 : 1964년 2월 7일 0시						
時	日	月	年	62	52	42	32	22	12	02
壬	戊	丁	甲	甲	癸	壬	辛	庚	己	戊
子	辰	卯	辰	戌	酉	申	未	午	巳	辰

상기 구조와 大運도 同一한데 시주에 水氣도 갖추어 재산이 200억에 이른다. 위 구조와 차이점을 분석해보자. 위 구조는 키워서 물질을 수확하는 구조이고, 이 구조는 목기를 키우는 것에 목적을 둔다.

乾命				陰/平 : 1952년 12월 13일 20시						
時	日	月	年	53	43	33	23	13	03	
壬	戊	癸	壬	己	戊	丁	丙	乙	甲	
戌	寅	丑	辰	未	午	巳	辰	卯	寅	

戊 日干이 丑月에 태어나니 적절한 時空間이 아니다. 아울러 목기를 확장하여 드러낼 火氣가 전혀 없다. 농사짓는 가난한 집안에서 태어나고, 평생 힘들게 살아간다.

乾命				陰/平 : 1944년 12월 6일 2시
時	日	月	年	05
癸	戊	丁	甲	戊
丑	子	丑	申	寅

戊 일주가 丑月에 태어나 쓰임을 잃었다. 시주도 癸丑으로 춥고 습한 공간이니 戊土가 할일이 없어 가난한 가정에서 태어나 공부도 못하고, 어려서 모친을 잃었으며 戊寅大運 癸巳年 교통사고로 사망하였다.

4 丙火의 時空間

丙火는 卯辰巳, 午未申 시공간을 만나야 쓰임을 얻는다. 丙火의 존재가치는 庚 열매를 키우기에 卯辰巳月을 만나면 자신의 에너지를 강하게 드러낼 수 없으니 丙火의 특성이 뚜렷하게 드러나지 않는다. 午未申月에 이르면 庚 열매를 확장하는 역할을 적절하게 할수 있다. 따라서 丙火도 卯辰巳와 午未申에서 에너지의 쓰임이 전혀 다르다.

卯辰巳月에는 木氣를 받아들여 수동적으로 에너지를 확장하면서 성장위주로 살아가지만 午未申에서는 강해진 자신의 에너지를 방사하여 庚의 부피를 확장하기에 물질에 지대한 흥미를 갖는다.

乾命 　　　　　陰/平 : 1958년 6월 2일 12시

時	日	月	年
甲	丙	己	戊
午	申	未	戌

77	67	57	47	37	27	17	07
丁	丙	乙	甲	癸	壬	辛	庚
卯	寅	丑	子	亥	戌	酉	申

丙 日干이 未月에 태어나 時空間이 적절하다. 丙火가 未月에 庚 열매를 확장하는 것에 지대한 흥미를 느낀다. 어려서부터 열심히 재물을 축적하여 70억 재산을 모았다가 현재는 줄어든 상태다. 未申의 지장간에서 乙庚 합하고 丙火로 열매를 확장한다.

乾命 　　　　　陰/平 : 1927년 3월 21일 12시

時	日	月	年
甲	丙	甲	丁
午	戌	辰	卯

66	56	46	36	26	16	06
丁	戊	己	庚	辛	壬	癸
酉	戌	亥	子	丑	寅	卯

丙일주가 辰月에 태어나 時空間은 적절하지만 水氣가 부족하다. 중년이후 大運이 金水로 흘러 부족한 金水를 채워주는 흐름이다. 재산이 200억 이상의 부자다.

乾命				陰/平 : 1947년 9월 1일 6시						
時	日	月	年	62	52	42	32	22	12	02
辛	丙	庚	丁	癸	甲	乙	丙	丁	戊	己
卯	寅	戌	亥	卯	辰	巳	午	未	申	酉

丙일주가 戌月에 태어나 時空間을 잃었다. 다만, 원국에 寅戌 合과 卯戌 合으로 火氣를 만들며 丁火가 年에 있으니 화기가 부족한 상태는 아니다.

또, 丁未大運부터 계속 강한 火氣로 흐르니 부동산 재산이 수천억에 이른다. 이 사람의 재물을 상징하는 財星을 살펴보자. 庚이 大運에 따라 己酉, 戊申을 지나는 동안 金의 크기를 확장하다가 火運에 들어가면 크기와 부피를 더욱 확장한다. 이 과정에 매우 중요한 역할을 하는 것은 年支의 亥水로, 庚이 상하지 않도록 하면서 戌土 난로에 적절한 수기를 배합하여 열기를 높인다. 사우나에서 물을 약간 뿌리면 열기가 더욱 오르는 이치와 같다.

5 庚金의 時空間

庚金은 巳午未申月의 시공간을 만나야 적절한 쓰임을 얻는다. 庚은 巳月에 生을 시작으로 酉月에 완벽한 결실을 만들어낸다. 巳午未에서는 열매의 성장을 위주로 하고 申酉戌에서는 결실 맺고, 활용하는 時空間이다.

乾命　　　　　陰/平 : 1967년 9월 10일 16시

時	日	月	年
甲	庚	庚	丁
申	戌	戌	未

62	52	42	32	22	12	02
癸	甲	乙	丙	丁	戊	己
卯	辰	巳	午	未	申	酉

　이 구조는 庚이 戌月에 태어났으나, 年에 丁未이고, 大運이 계속 火로 흘러 8,000천억 재산을 보유했다. 초년에 金 열매의 부피를 키우고 火運에서 열매를 확장했다.

乾命　　　　　陰/平 : 1974년 5월 19일 16시

時	日	月	年
甲	庚	辛	甲
申	戌	未	寅

60	50	40	30	20	10
丁	丙	乙	甲	癸	壬
丑	子	亥	戌	酉	申

　庚 日干이 未月에 태어나 적절한 時空間을 얻었다. 부친은 민영기업 회장으로 수십억 재산가며, 사주 당사자도 대학원을 졸업하고 해외에서 대기업에 근무한다.

　未月에 庚이 乙庚 합하여 재물을 추구하는데 아쉬운 것은 水氣가 전혀 없기에 환경을 바꿔주는 것이 좋으며 더욱이 月支 未土는 해외무역에 매우 적합하기에 해외에서 근무한다. 大運이 중년부터 계속 水氣로 흐르니 마른 미토의 땅에 시원한 소낙비가 내려 갈증을 해소한다.

乾命　　　　　陰/平：1969년 6월 21일 8시

時	日	月	年
庚	庚	辛	己
辰	戌	未	酉

49	39	29	19	09
丙	丁	戊	己	庚
寅	卯	辰	巳	午

　상기와 동일하게 庚戌일주가 未月에 태어났으나 大運은 火運으로 흐른다. 너무 건조하면서 날카로워진 금기들이 未土와 辰土 속의 乙 생기를 자극하니 선천적으로 오른쪽 다리에 문제가 있으며, 생활에 불편함이 많다. 가난하고 결혼도 못하여 안타깝다.

　년주 두 글자는 매우 중요한 의미를 갖는데 보통 격국, 억부로 사주를 감명함에 년주의 중요성을 인식하지 못하거나 무시하거나 혹은 격국의 성패를 따지거나, 억부의 강약 판단에만 집중해서 극히 일부의 의미만을 살피지만 년주는 사주당사자의 조상의 핏줄과 음덕을 보여주는 궁위다.

　예로, 甲寅의 경우, 조상이 甲寅의 像을 가졌으니 사회에서 활동하는 과정에 간부 이상의 지위로 활동한다. 己酉年이면 조상이 현달하지 못했거나 사주당사자가 태어나면서 가정이 발전하기 어려운 상황으로 전환되었음을 암시한다.

　따라서 어느 해에 아이를 가지느냐에 따라 사주당사자는 물론이고 부모에게도 지대한 영향을 미친다. 부모가 자식의 운명을 결정하지만 자식도 부모의 운명을 결정할 수 있는 것이다.

6 辛金의 時空間

辛은 酉戌亥, 子丑寅의 時空間을 만나야 쓰임을 얻는다. 辛은 酉月에 열매로 완성되어 戌土에서 열기를 공급받고, 亥에서 丁壬 合하여 子月에 새로운 생명체로 드러나며, 그 역할이 완성되는 寅月에 자신의 존재가치를 상실한다.

乾命

時	日	月	年
辛	辛	戊	丁
卯	亥	申	未

陰/平 : 1967년 7월 10일 6시

62	52	42	32	22	12	02
辛	壬	癸	甲	乙	丙	丁
丑	寅	卯	辰	巳	午	未

이 구조를 살펴보자. 辛입장에서 時空間을 잃었다. 申月은 아직 辛이 열매로 완성되기 전이며 申 열매의 부피를 키워야하고 딱딱하게 만들어야 한다. 아래에서 별도로 日干과 月支 時空間의 차이에 대해 살펴보겠지만, 月支 時空間과 日干이 약간 벗어났다. 즉, 月支는 巳午未 흐름을 원하고, 日干은 유술해의 흐름을 원하기에 時空間이 적절하지 않다. 좋은 점은 일지 亥水가 未申亥로 흐름이 적절하고 火氣로 확장하는 申 내부에 水氣를 채워서 과일의 당도를 높이는 작용을 한다.

즉, 大運에서 火氣로 申열매의 부피를 확장했고, 열매의 가치를 戊土에 드러냈으며 亥水가 열매의 당도를 높여 가치를 높이니 재복이 크다. 시주까지 감안하면 년에서 시까지 未申亥卯로 시공간 흐름이 바르니 일생동안 순탄하다. 수백억 재산가다.

乾命 　　　　　陰/平 : 1966년 7월 25일 16시

時	日	月	年
丙	辛	丁	丙
申	未	酉	午

70	60	50	40	30	20	10
甲	癸	壬	辛	庚	己	戊
辰	卯	寅	丑	子	亥	戌

辛이 酉月에 태어나 丙午丁으로 酉를 가열하고 원국에는 없지만 大運에서 水氣를 채우니 아름다우며 辛일주가 계속 적절한 時空間을 만난다. 수백억 재산가다.

乾命 　　　　　陰/平 : 1969년 5월 11일 2시

時	日	月	年
己	辛	庚	己
丑	未	午	酉

67	57	47	37	27	17	07
癸	甲	乙	丙	丁	戊	己
亥	子	丑	寅	卯	辰	巳

辛이 午月에 태어나 時空間이 적절하지 않다. 좋은 점은 庚午 月로 辛 입장에서 좋지 않으나 庚입장에서 적절한 時空間을 만나니 辛은 庚의 지지자를 얻고 大運이 月干의 庚을 잘 이용하는 흐름이요, 중년이후 辛이 좋아하는 亥子丑 時空間을 얻는다. 또 年時가 酉丑 조합이요, 월일이 午未로 큰 재물을 한순간 모을 수 있는 에너지를 가졌다. 재산이 수백억에 이르는 부동산 개발자다.

7 壬水의 時空間

壬水는 酉戌亥, 子丑寅 時空間을 만나야 적절한 쓰임을 얻는다. 壬水는 申月에 기운이 동하고 寅月에는 뿌리에 水氣를 공급하여 성장하게 해준다. 申酉戌 공간에서 기운을 키우고 亥子丑 공간에서는 모체의 양수역할로 새로운 생명체를 품는다. 寅月에 이르러 생명체를 외부에 드러내면 壬水의 역할은 마감되기 시작한다.

乾命   陰/平 : 1958년 8월 20일 12시

時	日	月	年
丙	壬	辛	戊
午	子	酉	戌

62	52	42	32	22	12	02
戊	丁	丙	乙	甲	癸	壬
辰	卯	寅	丑	子	亥	戌

辛酉 月의 시공간이고 大運 흐름이 좋다. 대형호텔을 운영하며 대형광고회사를 경영하는데 재산이 1400억에 이른다. 辛酉가 午戌과 丙午에 달구어지면 자동적으로 壬子 일주를 향하여 온다. 돈이 스스로 나를 찾아 들어오는 것과 같아서 큰 재물을 축적했다.

乾命   陰/平 : 1921년 10월 26일 22시

時	日	月	年
辛	壬	己	辛
亥	辰	亥	酉

61	51	41	31	21	11	01
壬	癸	甲	乙	丙	丁	戊
辰	巳	午	未	申	酉	戌

亥月 壬水일간인데, 辛酉를 亥月에 품어 발아된 甲을 己土에 품

는다. 마치 辛酉 투자 원금을 亥에서 부풀려 일지에 있는 辰土에 재물을 담는다. 이 구조의 재물은 木氣인데 辛酉종자돈을 亥에서 풀어내기 때문이다. 비록, 酉丑辰 조합은 아니지만 酉辰이 있고 亥月에 태어났기에 마카오에 카지노를 설립한 엄청난 재벌이다.

8 甲木의 時空間

甲은 亥子丑寅의 時空間을 만나야 쓰임을 얻는다. 亥에서 기운이 동하고 子丑에서 새로운 생명체로 성장하는 과정이라면 寅에서 에너지를 강하게 발산하고 卯辰에서는 乙로 물형을 바꾸어 陽界에 드러난다.

乾命

時	日	月	年
辛	甲	癸	壬
未	辰	卯	寅

陰/平 : 1962년 2월 2일 14시

70	60	50	40	30	20	10
庚	己	戊	丁	丙	乙	甲
戌	酉	申	未	午	巳	辰

경찰이었는데, 丙午大運 丁丑年에 그만두고 사업에 뛰어들어 丁未大運까지 회사를 운영하여 주식시장에 상장하였다. 회사의 순 자산은 200억대로 자신도 수십억 재산가다. 이 구조의 특징은 卯月에 壬癸로 水氣가 충분하고, 大運이 火氣로 흘러간다. 또 寅卯辰未로 시공간 흐름이 바르다.

乾命　　　陰/平 : 1948년 3월 1일 12시

時	日	月	年	69	59	49	39	29	19	09
庚	甲	丙	戊	癸	壬	辛	庚	己	戊	丁
午	子	辰	子	亥	戌	酉	申	未	午	巳

辰月의 甲이니 時空間이 적절하지는 않지만 子子로 水氣를 보충하며 辰土 속의 乙이 時間의 庚과 乙庚 合하고 丙火로 열매를 키우고 그 가치를 년간의 戊土에 드러낸다. 200억대 재산가다.

9 己土의 時空間

己土는 亥子丑 時空間에서는 드러나지 않는 생명체의 성장터전역할을 하며 寅卯辰 時空間에서는 甲乙을 품는 터전역할을 해야 한다. 다만, 己土는 濕土여야 하기에 巳午未 時空間에서는 己土의 가치를 잃어버리기 쉽다. 巳酉丑 三合의 경우는 열매를 품고, 亥卯未 三合의 경우는 木氣의 성장터전으로 쓰인다.

이에 따라 직업성향도 전혀 다르다. 巳酉丑은 물질을 추구하는 직업을 원하며, 亥卯未는 木氣의 성장터전 역할하기에 인본주의로 교육, 공직, 정치에 어울린다.

乾命　　　陰/平 : 1898년 10월 9일 4시

時	日	月	年
丙	己	癸	戊
寅	丑	亥	戌

50	40	30	20	10
戊	丁	丙	乙	甲
辰	卯	寅	丑	子

　　己土가 亥月에 태어나고 어두운 구조라 火氣의 배합이 필요한데 時干에 丙火가 있어 壬甲丙 조합을 이루니 장기교육에 적합하다. 또 癸亥 월이니 水氣의 가치를 높이려면 반드시 金氣가 있어야 하는데 술토 속에 丁火와 辛이 亥水에 풀어지고 년, 월에서 戊癸 합으로 온기를 올려 甲의 성장을 유도한다. 大運도 亥속의 甲을 잘 키우도록 흐른다.

　　대학에서 문학을 전공한 시인이자, 산문집을 쓰는 작가로 문장이 매우 참신하다. 구조적인 문제는 己가 강한 木氣를 품기에는 박하기에 50세에 胃病으로 사망하였다. 즉, 己土는 두터워야 거목을 품는데, 己土는 박하고 木氣가 너무 강하면 토를 뚫어 상하니 상응하는 육체에 질병이 생긴다.

乾命　　　陰/平 : 1967년 10월 10일 0시

時	日	月	年
甲	己	辛	丁
子	卯	亥	未

61	51	41	31	21	11	01
甲	乙	丙	丁	戊	己	庚
辰	巳	午	未	申	酉	戌

　　己 日干이 亥月에 태어나 時空間이 적절하다. 亥水 위에 辛을 두고 丁火가 年에서 丁辛壬 조합을 이룬다. 따라서 정화가 열기를 辛에게 전달하면 亥水에서 풀어져 새로운 목기로 바뀌는 흐름이다. 이

구조도 亥속의 甲이 재물이다. 日支가 卯로 亥속의 甲이 자라서 卯로 드러나니 아름다운 흐름이다. 丙午大運 사업이 번창하여 전력 공장을 운영하며 재산이 수백억이다. 다만, 단점은 일주와 시주가 甲己 合, 子卯 刑으로 자식에 문제가 있거나, 색욕으로 문제가 발생하거나 未年에 관재에 휘말릴 가능성을 가진 구조다.

10 丁火의 時空間

丁火는 午未申, 酉戌亥 시공간을 지나면서 수렴과 열을 공급하는 역할이다. 午未申酉까지는 열매의 수렴작용을 돕고 亥月에 이르면 熱氣를 공급해주며 子月에 이르러 발산에너지를 활용하는 공간에서는 쓰임을 잃는다.

비록 子丑에서 열기나 등촉으로 쓰인다 해도 丁火가 원하는 것은 아니다. 丁火의 가치는 수렴 작용하여 열매를 단단하게 만들고 열기를 열매에 전달하여 木氣를 만들어내는 것을 근본으로 하기에 子丑月에 태어난 丁火는 본성을 잃고 희생당하는 삶을 살아야만 한다. 남들에게 필요한 존재이지만 자신이 좋은 것은 아니다.

乾命　　　　　陰/平 : 1971년 9월 11일 8시

時	日	月	年	67	57	47	37	27	17	07
甲	丁	戊	辛	辛	壬	癸	甲	乙	丙	丁
辰	亥	戌	亥	卯	辰	巳	午	未	申	酉

丁火日干이 戌月에 태어나니 적절한 時空間을 얻었고 大運도 丁

火가 원하는 강한 火氣로 흐른다. 대학졸업 후, 甲午大運에 전자회사를 설립하였다. 2012년 기준으로 재산이 조 단위에 이른다.

이런 구조는 時空間을 살피지 않고 격국, 억부, 용신으로 분석하면 이해하지 못한다.

乾命　　　　　　　陰/平 : 1964년 9월 10일 12시

時	日	月	年
丙	丁	甲	甲
午	酉	戌	辰

68	58	48	38	28	18	08
辛	庚	己	戊	丁	丙	乙
巳	辰	卯	寅	丑	子	亥

丁火가 戌月에 적절한 時空間을 얻고 火氣도 충분하며 丁火가 가장 좋아하는 甲도 年, 月에서 얻었다. 戊寅大運에 타오바오를 건립하였다. 수천억의 재산가다.

第3장

四柱方向 이해

1 四柱구조와 方向개념

시공간부호 地藏干에서 설명한 것처럼, 天干은 에너지요 地支는 물질이다. 氣運은 수시로 동하여 변하는 시간과 같고 물질은 空間으로 時間흐름이 없다면 스스로 변화하지 못한다.

이렇게 時間이 空間에 스며들어 물형에 변화가 생기는데 그 흐름을 설명한 것이 地藏干이다. 따라서 日干은 변하는 기운을 밖으로 드러내기 쉬우며 地支는 天干으로 드러날 때서야 비로소 드러내지 못했던 물형의 실체를 밖으로 드러낸다.

乾命　　　　　　陰/平 : 1980년 2월 4일 1시

時	日	月	年
庚	壬	己	庚
子	辰	卯	申

85	75	65	55	45	35	25	15	05
戊	丁	丙	乙	甲	癸	壬	辛	庚
子	亥	戌	酉	申	未	午	巳	辰

이 구조에서 卯는 地支에만 있으니 존재하더라도 동하지 않으면

성향을 드러내기 어렵다. 겉으로는 庚己壬庚으로 官印相生의 구조이 니 외형과 행동은 위엄이 있다. 傷官은 감추어진 내면의 능력을 외부로 드러내기 좋아하지만 地支에만 있으니, 드러내기 싫거나 드러 낼 수 없다.

언제 드러낼 수 있는가? 時空間의 변화에 따라 地支에서 天干으로 드러날 때 氣運으로 활용할 수 있다. 甲午年이 오면 卯의 甲이 天干으로 드러나 그 성향이 발현된다. 이것이 質의 氣化다. 地支의 質이 天干의 氣로 바뀌는 것이다. 氣는 質보다 가볍고 빠르며 수시로 변한다.

원국에서 月支에 卯木이 있더라도 地支에만 있기에 사람들과 대화를 오래하는 것도, 자세히 말하는 것도 싫어하며 자신의 생각을 밖으로 실천하는 의지가 약하다.

甲午年이 오면, 壬水日干이 甲을 만나 壬水가 甲을 타고 오르려는 욕망이 강해진다. 甲은 동량목이라는 단편적인 물상으로 이해하면 안 된다. 天干, 地支 글자를 이해할 때는 반드시 움직임으로 기억해야 한다. 甲은 수직으로 상하 운동하는 에너지다.

또, 甲은 세상에 처음 나온 생명체로 꿈에 부풀다, 장기계획 세우다. 등의 뜻을 가졌다. 甲이 어디에 있건 간부역할 한다는 의미 또한 변함이 없다. 時空間만 다를 뿐 글자 자체의 의미는 달라질 수 없기 때문이다. 물론 時空間이 적절하면 지도자로, 時空間이 적절하지 않으면 간부급정도에 멈추지만 運에서 만나면 반드시 甲의 에너지를 발산한다.

壬水가 甲을 타고 오른다는 의미는 壬水의 깊은 사상을 甲을 통하여 자신의 생각을 전달하고 실행하려는 욕망을 갖는다. 이 때 甲이 壬水의 사상을 표현하고자 해도 甲을 받아줄 戊土가 없다면 꿈을 실행할 무대가 없는 것과 같다. 따라서 壬水가 甲을 만나고 戊土를 만날 때 壬水의 꿈이 실현된다. 이것이 壬甲戊 조합이다

甲의 입장에서는 壬水 思想을 戊土땅에 드러내는 것이다. 교육, 철학, 건설, 상담 물상에 어울린다. 甲과 戊가 만난 구조는, 甲이 戊土를 뚫어버리기에 흉한 조합인데 만약 壬水가 중간에 개입하면 水氣가 충분한 木이기에 戊의 땅은 甲을 키우는 터전으로 바뀐다.

戊土, 己土 입장에서 양생의 터전은 癸水와 壬水다. 땅은 반드시 水氣가 있을 때에서야 비로소 존재가치를 갖는다. 戊土에 壬水나 癸水가 없다면 마른 땅이니 甲이 뿌리내리는 과정에 戊도 힘들고 甲도 생존하기 어렵다.

이렇게 地支에 있는 것은 드러내기 어렵지만 天干 글자들은 수시로 그 본성을 드러낼 수 있다. 天干의 4개 글자는 日干이 살아가는 과정에 겉으로 표출하는 性情이나 行動, 方向을 의미한다. 즉, 日干이 살고 싶은, 혹은 살아갈 수밖에 없는 삶의 方向을 표현해주는 부호다.

天干구조는 삶의 方向을 결정하기에 사주를 판단할 때 天干구조와 方向을 자세히 살펴야한다. 만약 方向이 일정하면 삶의 方向도 일정하지만, 方向이 산만하면 삶의 方向도 불안정할 수밖에 없다.

상기 내용을 정리해보자.

> 1) 天干구조 위주로 方向을 판단한다.
> 2) 天干의 方向을 地支에서 유지해주는가를 살핀다.
> 3) 大運 흐름이 方向을 유지해주는가를 살핀다.

사주 예문을 살펴보도록 하자. 다만, 천간구조와 방향에 대한 설명은 十神生剋 논리로 표현하기로 하자. 그 이유는 아직 십간 에너지의 특징을 논하지 못했기에 에너지의 파동으로 설명하면 이해하기 어렵기 때문이다.

乾命 : 운전 하시는 분

時	日	月	年
辛	丁	己	癸
丑	亥	未	巳

乾命 : 교장선생님 甲申年에 교장승진

時	日	月	年
癸	丁	己	癸
卯	卯	未	巳

2013년까지 인터넷 상에서 풀기 어렵다던 사주다. 두 사주를 方向 관점으로 살펴보자.

乾命

時	日	月	年
辛	丁	己	癸
丑	亥	未	巳

이 구조의 方向을 十神으로 살피면 己未 食神이 辛丑 財星을 生하는데, 癸水 偏官이 年에서 食神에 대적한다. 따라서 이 사주의 方向은 두 가지로 하나는 식신생재요, 하나는 식신대살 구조다.

乾命

時	日	月	年
癸	丁	己	癸
卯	卯	未	巳

天干구조를 살펴보면, 식신 제살하는 구조다. 위 사주와 비교하면 이 사주의 方向은 단일하다. 즉, 식신제살의 삶을 추구한다. 財星이 드러나지 않았으니 기본적으로 사업에 인연이 없다.

大運

69	59	49	39	29	19	09
壬	癸	甲	乙	丙	丁	戊
子	丑	寅	卯	辰	巳	午

大運 數는 다르지만 흐름은 同一하다. 아래 사주는 乙卯 大運에 교장으로 승진하고, 위 사주는 乙卯大運에 사업하다 망해서 운전하며 살아간다. 동일하게 乙卯 大運에 生剋으로 살피면 己未 식신이 도식당하는 문제가 발생하였지만 두 사람의 상황은 상반된다.

그 이유는 사업하던 사주는 方向이 食神生財의 삶이지만 大運의 흐름은 食神生財를 방해하는 도식운으로 흘러버렸으니 方向이 틀어졌다. 즉, 식신이 가장 기피하는 도식문제가 발생하였다. 식신제살을 추구하는 교장선생의 경우는 도식구조가 아니고 식신제살에서 살인상생 구조로 바뀌니 승진한 것이다.

이렇게 사주를 감명함에 사주구조가 어떤 方向을 원하며 大運흐름이 方向에 맞게 흘러주느냐를 살펴야한다. 식신이니 도식은 무조건 나쁘다는 편견은 버려야 하며 사주方向에 따라 좋게도 흉하게도 작용할 수 있다.

다음 예문은 자평진전에 나오는 사주로 유사한 구조이다.

乾命

時	日	月	年
己	癸	辛	辛
未	酉	卯	卯

해석 : 食神을 버리고 살인상생을 쓰는 예다. 인수가 왕한데 신약하니 재운이 가장 나쁘다. 식상운 역시 나쁘다. 인수운과 비겁 운이 제일 좋고 관살운 역시 인수가 화살하니 무방하다. 己丑, 戊子, 丁亥運이 모두 좋다. 丙戌運은 卯戌合하고 未土를 刑하는데, 이 10年이 모두 財運이니 좋지 않다.

이 사주의 方向은 살인상생 구조다. 天干에 드러난 구조를 보고 方向을 파악한다. 月支가 食神임에도 天干에 드러나지 못했다면 살인상생의 方向으로 나가야 태어날 때 받은 삶의 方向에 순응한다. 살인상생 구조니 比劫 運이 나쁠 이유가 없다. 또, 자연의 순환원리로 살피면 卯月에 水氣가 부족한데 大運이 亥子丑으로 흘러 卯木을 키운다고 읽어도 무방하고 木金이 싸우니 水氣가 통관해주었다고 이해해도 무방하다.

다음 예문을 보자.

乾命　　　陰/平 : 1964년 6월 20일 1시

時	日	月	年
壬	戊	辛	甲
子	寅	未	辰

83	73	63	53	43	33	23	13	03
庚	己	戊	丁	丙	乙	甲	癸	壬
辰	卯	寅	丑	子	亥	戌	酉	申

辛金이 壬水 財星을 生하는 상관생재의 方向을 가졌는데 年에 甲까지 있으니 상관제살과 상관생재로 두 개의 방향을 가져 삶이 혼란스럽다. 傷官生財를 향하면 甲이 두렵고, 상관제살하면 壬子 財星이 傷官의 生을 원한다. 이렇게 단일하지 못한 方向 때문에 삶이 혼란스럽다. 다만 초년부터 大運이 傷官生財의 삶으로 흐르니 사업하면서 살아가지만 방향이 산만하여 큰 그릇은 어렵다.

坤命　　　陰/平 : 1955년 11월 29일 6시

時	日	月	年
癸	丁	己	乙
卯	丑	丑	未

68	58	48	38	28	18	08
丙	乙	甲	癸	壬	辛	庚
申	未	午	巳	辰	卯	寅

丁火가 丑月에 태어나 적절하지 않은 시공간이기에 초년에 부친을 잃고 40넘도록 결혼하지 못했다. 년간 乙이 己丑 을 통제하면서 日干을 향하지만 乙의 좌우로 확산하려는 에너지와 정화의 수렴에너지가 상이하다. 다만 大運이 東南方으로 흘러 정화의 본성인 열기를 축적하여 활용하니 행정직에 종사하며 중상층의 생활을 유지한다. 이 구조의 方向을 격국 관점에서 살펴보면

1) 食神格에 財星이 암장되어 있다.
2) 食神格에 癸水를 제살하고 싶은데,

> 乙木이 제살하지 못하게 방해한다.
> 3) 食神格에 食神을 버리고 살인을 택하려는데 食神이 너무 강한 것이 문제다.

② 가난하거나 평범한 구조의 四柱方向.

乾命

時	日	月	年
壬	乙	辛	庚
午	巳	巳	寅

陰/平 : 1950년 3월 24일 12시

69	59	49	39	29	19	09
戊	丁	丙	乙	甲	癸	壬
子	亥	戌	酉	申	未	午

최근 집을 옮기고 돈을 벌고자 동분서주하지만 돈도 벌지 못하고 여러 지인으로부터 돈 빌리고, 사기를 쳐서 감옥에 갔으며 출소 후 이혼 당했다. 현재도 큰돈을 벌고자 여러 가지 일을 하지만, 어떻게 살아갈지 方向을 못 잡는다.

이 구조는 天干이 官殺혼잡이면서 方向은 金水의 살인상생 구조이지만 地支에서 천간의 구조를 유지하지 못하게 한다. 地支는 食傷이 巳巳午로 正偏官을 통제하고 印星 壬水는 地支와의 조합이 전혀 어울리지 않다. 따라서 겉으로는 살인상생 구조지만 내면에서는 강하게 상관생재를 원한다. 地支에서 食傷이 강하니 正偏官을 원할 수 없고 壬水는 증발되어 인성의 특징이 변질되었고, 적절하게 강한 食傷을 통제하지 못한다. 임수는 인간의 사고방식과 같은데 이렇게 火氣에 심하게 증발되면 정신이 산만해져 집중하지 못한다. 이런 이유로 이곳저곳을 떠돌며 살아간다. 이 사주의 方向은 살인상생으로 겉으로 드러난 모습은 차분해보이지만 감춰진 내면의 사고방식은 傷官의 욕구가 강하니 傷官生財를 원하며 食傷이 혼잡이기에 생각과 말에 안정감이 없고 수시로 바뀐다.

　食傷이 강하니 일은 잘 벌리지만 財星도 뚜렷하지 않고 食傷을 사용하면 正偏官을 극하는 구조를 가졌으니 송사문제까지 발생하였다. 이런 구조는 살인상생으로 직장생활하면 좋은데 전체 구조의 방향 때문에 어렵고, 사업하기에는 財星이 없어 傷官生財도 어렵다. 이렇게 뒤죽박죽 구조는 혼란스런 삶을 살아간다.

乾命　　　　　　陰/平 : 1958년 6월 23일 6시

時	日	月	年
癸	丁	己	戊
卯	巳	未	戌

65	55	45	35	25	15	05
丙	乙	甲	癸	壬	辛	庚
寅	丑	子	亥	戌	酉	申

　天干方向이 식신제살 구조임에도 공직에서 일하지 못하는 이유를 살펴보자. 이 사주의 方向은 食神이 偏官을 다루는 구조지만 財星은 드러나지 못했기에 食神生財의 흐름은 아니다. 식신제살 하거나, 살인상생 해야 方向이 단일해지는데 印星 卯木이 時支에만 있고 초년부터 大運이 卯木을 상하게 하며 食神生財 흐름이다.

　大運이 印星으로 흘렀다면 살인상생의 方向을 잡지만 초년 大運이 食神生財로 흘러 공직자로 발전하기 어렵고 사업, 장사하는 구조다. 따라서 원국에서 원하는 方向을 大運이 틀어버리면서 食神生財의 삶을 살아갈 수밖에 없다. 더 큰 문제는 25세까지는 식신생재 흐름으로 살다가 그 후에 大運이 官殺로 바뀌면서 食傷生財에 익숙한 방향이 변해버리니 혼란스러워진다.

乾命				陰/平 : 1978년 6월 20일 10시						
時	日	月	年	65	55	45	35	25	15	05
乙	丁	己	戊	丙	乙	甲	癸	壬	辛	庚
巳	亥	未	午	寅	丑	子	亥	戌	酉	申

天干에서 편인도식의 方向을 가졌는데 어려서는 食神生財의 흐름이니 강한 食神의 문제를 해결하여 공부도 잘하고 좋은 대학을 졸업하여 대기업에서 일하는데 위 사주와 동일하게 중년에 官殺運으로 바뀌니 方向이 혼란스러워진다.

식신생재에서 식신제살의 方向으로 바뀌니 사업을 시작하려고 하지만 財星이 없는데 官殺 運에 食神生財하려는 것이니 方向이 다르다. 乙이 있으니 살인상생을 택하면 삶의 方向이 단조로운데 食傷이 혼잡하여 財星의 有無에 관계없이 生財의 삶을 원하면서 심리적으로 갈등할 수밖에 없다.

乾命				陰/平 : 1974년 1월 21일 12시						
時	日	月	年	67	57	47	37	27	17	07
庚	甲	丙	甲	癸	壬	辛	庚	己	戊	丁
午	申	寅	寅	酉	申	未	午	巳	辰	卯

天干方向도 식신제살 구조이고 大運도 單一하게 그 구조를 유지

하는 흐름이다. 丁卯大運 庚午年에 중학교에서 특별히 차출되어 군대에 입대하여 己巳大運까지 특수 업무를 담당하였으며 현재 군관이다. 方向이 단일하기에 삶도 안정적이다. 사주에 水氣가 부족하니 일반사회에서 활동하는 것보다는 특수조직, 군대에서 근무하는 것이 훨씬 발전적이다.

乾命   陰/平 : 1969년 6월 4일 10시

時	日	月	年	63	53	43	33	23	13	03
丁	癸	辛	己	甲	乙	丙	丁	戊	己	庚
巳	巳	未	酉	子	丑	寅	卯	辰	巳	午

天干의 方向을 살펴보자. 癸 日干에게 己辛은 살인상생 구조인데 시간의 丁火가 辛을 극하니 方向이 혼란스럽다. 年月의 살인상생 흐름을 時間에서 틀어버리는 구조요, 大運도 년월 구조의 방향을 유지하지 못하게 만든다. 사기꾼으로 결혼도 못했고 돈이 생기면 바로 써버리고 사기 치지 않으면 밥 먹기도 힘들다.

乾命   陰/平 : 1963년 5월 2일 18시

時	日	月	年	65	55	45	35	25	15	05
丁	丙	戊	癸	辛	壬	癸	甲	乙	丙	丁
酉	申	午	卯	亥	子	丑	寅	卯	辰	巳

이 구조의 方向은 丙 日干이 戊土 食神을 사용해야하는데 戊癸 합으로 묶이고 午月로 火氣가 더욱 강해져 火金이 직접 만나니 生財할 수도 없고 比劫이 財星을 다투어 상한다. 따라서 문제는 戊癸 합으로 묶이면서 戊土를 적절하게 활용하지 못하고 大運조차도 生

財로 흐르지 않기에 뚜렷한 方向이 없다. 봉제를 배웠으나 활용하지 못하고 나중에 운전하며 평생 이루어놓은 것도 없고 평범하게 살아한다. 2009年에 이혼했다.

坤命				陰/平 : 1976년 10월 15일 6시						
時	日	月	年	69	59	49	39	29	19	09
辛	辛	己	丙	壬	癸	甲	乙	丙	丁	戊
卯	卯	亥	辰	辰	巳	午	未	申	酉	戌

天干의 方向은 관인상생 구조인데 地支는 傷官生財를 원한다. 이렇게 천간과 지지가 상이하니 겉과 속이 다른 方向의 삶이다. 大運 흐름 또한 상관생재도, 관인상생도 아닌 申酉戌 比劫으로 흐르니 고향 떠나 외지에서 접대부로 일했고, 2008年에 이혼했다.

乾命				陰/平 : 1969년 10월 20일 0시						
時	日	月	年	67	57	47	37	27	17	07
壬	戊	乙	己	戊	己	庚	辛	壬	癸	甲
子	申	亥	酉	辰	巳	午	未	申	酉	戌

方向은 財生官인데 時에서 월간의 乙 官星을 生한다. 팔자에 印星이 없으니 재생관만 될 뿐, 관인상생은 불가능하고 地支에서는 食傷이 官星을 무력하게 만들고 乙亥로 관성의 시공간이 적절하지 않다. 大運도 乙이 살기 어려운 癸酉, 壬申, 辛未로 흐르니 方向이 뒤죽박죽이다.

19세에 결혼하고 23세에 폭력으로 3年동안 옥살이 하고, 26세에도 폭력을 행사하여 다시 감옥에 갔다. 부모는 이혼했고 부친은 사망했다. 31세에도 싸워서 1년 동안 감옥에서 지냈다.

坤命　　　　　陰/平 : 1972년 11월 16일 4시

時	日	月	年
庚	丙	壬	壬
寅	戌	子	子

65	55	45	35	25	15	05
乙	丙	丁	戊	己	庚	辛
巳	午	未	申	酉	戌	亥

方向은 財生殺 흐름이다. 印星도 드러나지 않았고 제살하지도 못한다. 미용실에서 일하며 힘들고 가난하게 살아간다.

坤命　　　　　陰/平 : 1986년 6월 6일 12시

時	日	月	年
丙	丁	乙	丙
午	巳	未	寅

52	42	32	22	12	02
己	庚	辛	壬	癸	甲
丑	寅	卯	辰	巳	午

이 구조의 方向은 天干에서 丙丁丙 비겁을 제외하면 유일하게 乙 偏印을 활용할 수밖에 없다. 따라서 비겁으로 육체를 사용하고 乙을 직업으로 사용한다. 地支도 火氣가 강하며 偏印과 食神을 활용하기에 方向이 단일하지만 水氣가 전혀 없으니 발전에 제한적일 수밖에 없다. 이발소에서 일하며, 이혼한 경력이 있는 가난한 남자와 결혼하였다.

乾命　　　　　陰/平 : 1952년 10월 16일 0시

時	日	月	年
庚	壬	辛	壬
子	午	亥	辰

62	52	42	32	22	12	02
戊	丁	丙	乙	甲	癸	壬
午	巳	辰	卯	寅	丑	子

正, 偏印 혼잡이며 正偏印도 辛亥, 庚子로 있기에 무력한 상황이다. 辛亥는 辛이 亥에서 적절한 시공간을 만났으나 庚子는 庚이 적절하지 않은 시공간을 만났다. 大運 흐름은 食傷 運으로 강하게 흐르기에 午火 財星을 향할 수밖에 없어 원래의 방향이던 관인상생 구조를 유지하지 못한다.

1999년 己卯年 공장을 운영하였으나 유지하기 힘들어 2001년에 공장을 닫고 직장생활 하였다. 현재는 명리공부 하여 역술가로 살아가며 불행하게도 아들 하나를 잃었다.

坤命　　　　　　陰/平 : 1970년 4월 16일 4시

時	日	月	年
戊	庚	辛	庚
寅	子	巳	戌

65	55	45	35	25	15	05
甲	乙	丙	丁	戊	己	庚
戌	亥	子	丑	寅	卯	辰

온통 比劫 뿐이고 戊土 偏印만 時에 있으니 偏印을 활용한다. 大運이 偏印을 적절하게 활용하지 못하게 寅卯辰으로 흘러 술집에서 일한다.

坤命　　　　　　陰/平 : 1979년 12월 24일 0시

時	日	月	年
壬	癸	戊	庚
子	丑	寅	申

62	52	42	32	22	12	02
辛	壬	癸	甲	乙	丙	丁
未	申	酉	戌	亥	子	丑

方向은 관인상생으로 좋아 보이지만 年月支가 寅申 冲한다. 또, 월주가 戊寅으로 官星이 傷官위에 있으며 大運도 財生官하는 구조

다. 20歲가 넘어서면 官星을 극하니 관인상생의 方向을 유지하지 못한다. 식당에서 일하며 사장과 불륜관계를 유지하고 있다.

乾命　　　　　　陰/平 : 1963년 2월 26일 18시

時	日	月	年
辛	癸	乙	癸
酉	亥	卯	卯

65	55	45	35	25	15	05
戊	己	庚	辛	壬	癸	甲
申	酉	戌	亥	子	丑	寅

方向은 乙卯로 食神이 뚜렷한데 時干에 있는 辛酉 偏印이 乙卯를 심하게 상하게 만든다. 方向이 매우 단일하지만 偏印이 식신을 망치는 병폐를 가졌다. 32세에 부인은 백혈병으로 죽고 그 후 두 명의 여자와 사귀었으나 모두 돈을 가지고 도망 가버렸다. 大運 흐름은 辛亥 庚戌로 흘러 원국에서 원하는 食神生財를 유지하기 어렵다.

坤命　　　　　　陰/平 : 1970년 9월 15일 20시

時	日	月	年
庚	丁	丙	庚
戌	卯	戌	戌

62	52	42	32	22	12	02
己	庚	辛	壬	癸	甲	乙
卯	辰	巳	午	未	申	酉

比劫이 財星을 극하는 구조다. 재성과 직접 접촉하기에 장사, 사업을 원한다. 문제는 財星을 극하니 方向은 단일하지만 구조가 나쁘다. 다만, 庚戌로 庚이 무력하지 않기에 다행이다. 우유대리점을 하는데, 이혼하고 재혼했다. 乙酉年 공장을 운영하다 망해서 폐업했다.

坤命　　　　　陰/平 : 1962년 8월 9일 18시

時	日	月	年
辛	戊	戊	壬
酉	申	申	寅

70	60	50	40	30	20	10
辛	壬	癸	甲	乙	丙	丁
丑	寅	卯	辰	巳	午	未

傷官生財가 분명한데 傷官과 財星의 거리가 너무 멀다. 또 다른 단점은 食傷이 4개로 혼잡하고 많다. 목욕탕에서 세신 하는데 호탕하고 낙관적이며 친구도 많다.

乾命　　　　　陰/平 : 1961년 12월 7일 8시

時	日	月	年
庚	庚	辛	辛
辰	戌	丑	丑

62	52	42	32	22	12	02
甲	乙	丙	丁	戊	己	庚
午	未	申	酉	戌	亥	子

比劫으로만 구성되었으며 地支는 土로만 구성되어 方向이 단조롭다. 己卯年부터 교통경찰을 시작하였고 평소에 독서를 좋아한다.

乾命　　　　　陰/平 : 1976년 2월 2일 20시

時	日	月	年
壬	癸	庚	丙
戌	丑	寅	辰

61	51	41	31	21	11	01
丁	丙	乙	甲	癸	壬	辛
酉	申	未	午	巳	辰	卯

이 구조는 丙火가 庚을 자극한다. 月支를 감안하면 傷官生財인데 재성이 인성을 극하니 方向이 단일하지 못하다. 丁亥年에 投資하여 석공 관련업을 하는데 돈 벌면 바로 재투자하니 항상 자금이 부족하다. 부모로부터 투자금을 받았는데 부모 상황도 좋지 못하다. 이 사

주는 천간의 方向과 지지의 方向이 상이하다. 天干에서 傷官生財의 흐름인데 壬水가 丙火를 극한다. 구조가 혼란스럽다.

乾命

時	日	月	年
丁	己	乙	戊
卯	亥	丑	申

陰/平 : 1968년 12월 7일 6시

63	53	43	33	23	13	03
壬	辛	庚	己	戊	丁	丙
申	未	午	巳	辰	卯	寅

方向은 살인상생이다. 전체가 크게 흐트러진 모습도 아니고, 大運도 살인상생을 유지할 수 있기에 方向이 단일하다. 그렇다고 특별하게 좋은 구조도 아니기에 주방장으로 일하며 후덕하고 평범하게 살아간다.

乾命

時	日	月	年
辛	丁	庚	戊
亥	巳	申	申

陰/平 : 1968년 7월 22일 22시

68	58	48	38	28	18	08
丁	丙	乙	甲	癸	壬	辛
卯	寅	丑	子	亥	戌	酉

傷官生財의 방향이지만 財星이 혼잡하여 단일하지 못하다. 여러 가지를 시도했지만 이룬 것이 없고 할 일 없이 살아간다. 大運흐름이 傷官生財의 방향을 유지하지 못하게 흘러간다. 부인은 여행사를 운영한다.

坤命

時	日	月	年
丁	庚	壬	丁
亥	午	子	未

陰/平 : 1967년 12월 2일 22시

62	52	42	32	22	12	02
己	戊	丁	丙	乙	甲	癸
未	午	巳	辰	卯	寅	丑

년과 월에서 丁壬 合하니 전문가 자질을 갖췄다. 하지만 천간에서는 丁壬 合하고 지지에서는 子未 조합으로 구조가 좋지 않고 정화가 년간, 시간, 일지에 여러 개로 탁하다. 大運 흐름은 木火로 구조의 방향을 유지한다. 공무원인데 근무처가 자주 바뀌고 불안정하다.

乾命

時	日	月	年
己	辛	辛	辛
亥	卯	卯	亥

陰/平 : 1971년 2월 11일 22시

70	60	50	40	30	20	10
甲	乙	丙	丁	戊	己	庚
申	酉	戌	亥	子	丑	寅

天干은 比肩과 己土로 方向이 단조롭지만 地支는 천간과는 전혀 다른 方向이다. 이렇게 천간과 지지가 상이하면 안정적인 삶의 방향을 유지하기 어렵다. 호텔 주방장이다.

乾命

時	日	月	年
己	己	癸	癸
巳	丑	亥	酉

陰/平 : 1933년 10월 2일 10시

64	54	44	34	24	14	04
丙	丁	戊	己	庚	辛	壬
辰	巳	午	未	申	酉	戌

方向이 매우 단조롭다. 比肩과 財星으로만 구성되고 地支도 천간의 方向을 깨트리지 않으며 大運도 마찬가지로 방향이 단일하다. 40년 동안 교사로 재직하였다.

乾命　　　　　陰/平 : 1981년 2월 17일 6시

時	日	月	年
丁	己	辛	辛
卯	亥	卯	酉

66	56	46	36	26	16	06
甲	乙	丙	丁	戊	己	庚
申	酉	戌	亥	子	丑	寅

方向은 편인도식으로 구조가 좋지 않다. 地支에서는 卯酉 冲한다. 卯月에 성장해야할 싹이 강한 살기에 잘린다. 몸 파는 남자다.

乾命　　　　　陰/平 : 1979년 9월 26일 6시

時	日	月	年
辛	丙	乙	己
卯	戌	亥	未

62	52	42	32	22	12	02
戊	己	庚	辛	壬	癸	甲
辰	巳	午	未	申	酉	戌

方向이 뒤죽박죽이다. 傷官生財하려 해도 乙 正印은 官印相生하려고 傷官生財를 방해하고 辛 財星은 을의 활동을 제약한다. 가난한 집에서 태어나 가난하게 살아간다.

乾命　　　　　陰/平 : 1978년 2월 17일 2시

時	日	月	年
己	丙	乙	戊
丑	戌	卯	午

64	54	44	34	24	14	04
壬	辛	庚	己	戊	丁	丙
戌	酉	申	未	午	巳	辰

方向은 食傷 혼잡이지만 印星이 제어한다. 그러나 印星을 생하는 官星이 없다. 다만, 卯戌로 火氣를 만드니 전체구조를 따지면 食傷을 활용하는데 혼잡한 상황을 乙卯가 제어하니 나름대로 단조롭다. 大運도 사주 전체의 꼴을 유지하도록 흐른다. 통신회사 기술자다.

③ 수십억 재산가 四柱方向

坤命　　　　　　陰/平 : 1969년 2월 21일 8시

時	日	月	年
甲	壬	戊	己
辰	子	辰	酉

69	59	49	39	29	19	09
乙	甲	癸	壬	辛	庚	己
亥	戌	酉	申	未	午	巳

方向은 식신제살로 매우 단일하며 食神의 힘이 좋다. 다만 년과 월에서 戊己가 섞이니 탁하다. 20억 재산가로 지역에서 영향력이 크다.

坤命　　　　　　陰/平 : 1968년 2월 27일 20시

時	日	月	年
甲	甲	乙	戊
戌	午	卯	申

67	57	47	37	27	17	07
戊	己	庚	辛	壬	癸	甲
申	酉	戌	亥	子	丑	寅

이 구조의 方向도 매우 단일하다. 많은 比劫이 財星을 극하니 사람들을 모아 財星을 추구한다. 이때 성패는 地支에서 財星을 추구할 수 있는가에 따라 달라진다. 地支는 卯午戌이다. 火氣가 강하여 財星을 생하는 食傷生財 方向이다. 회사사장으로 재산이 20억 정도다.

坤命　　　　　　陰/平 : 1968년 11월 1일 20시

時	日	月	年
甲	甲	甲	戊
戌	子	子	申

74	64	54	44	34	24	14	04
丙	丁	戊	己	庚	辛	壬	癸
辰	巳	午	未	申	酉	戌	亥

　상기와 이 구조의 方向을 비교해보자. 比肩이 財星을 극한다. 재물을 추구하는 구조이지만 地支는 상관생재와 거리가 멀다. 따라서 천간과 지지의 배합이 적절하지 않기에 사업과 거리가 멀고 가정주부다.

乾命　　　　　　陰/平 : 1965년 6월 8일 6시

時	日	月	年
辛	辛	壬	乙
卯	酉	午	巳

70	60	50	40	30	20	10
乙	丙	丁	戊	己	庚	辛
亥	子	丑	寅	卯	辰	巳

　方向은 傷官生財로 흐름이 뚜렷하며 단일하다. 재산은 15억 정도다. 己卯大運부터 천간의 틀을 유지하는 흐름이다.

坤命　　　　　　陰/平 : 1968년 5월 30일 16시

時	日	月	年
丙	丙	戊	戊
申	寅	午	申

67	57	47	37	27	17	07
辛	壬	癸	甲	乙	丙	丁
亥	子	丑	寅	卯	辰	巳

　食神으로 단일하며 食神이 두개에 地支 寅午로 食神을 생한다. 미용실과 식당, 목욕탕을 동시에 운영하는 부유한 여명이다.

乾命　　　　　陰/平 : 1965년 8월 4일 4시

時	日	月	年
庚	丙	甲	乙
寅	辰	申	巳

67	57	47	37	27	17	07
丁	戊	己	庚	辛	壬	癸
丑	寅	卯	辰	巳	午	未

천간의 方向은 正, 偏印으로 섞였는데 財星이 혼잡을 해결한다. 年의 乙과, 時의 庚이 乙庚 合하고 병화로 키우니 재물을 추구하는 구조다. 박사학위자로 대학교수이면서도 주식투자로 수십억 재산을 모았다.

乾命　　　　　陰/平 : 1974년 9월 7일 22시

時	日	月	年
丁	乙	甲	甲
亥	未	戌	寅

66	56	46	36	26	16	06
辛	庚	己	戊	丁	丙	乙
巳	辰	卯	寅	丑	子	亥

方向은 天干의 比劫에 時의 丁火 食神으로 單一하며 地支도 寅戌로 火氣를 만들고, 亥未로 木氣을 만드니 구조가 단일하다. 수십억 재산을 가졌다.

坤命　　　　　陰/平 : 1958년 9월 17일 16시

時	日	月	年
壬	己	壬	戊
申	卯	戌	戌

67	57	47	37	27	17	07
乙	丙	丁	戊	己	庚	辛
卯	辰	巳	午	未	申	酉

比劫이 財星을 극하고 천간에서 오로지 財星과 접촉하기에 재물을 원할 수밖에 없는데 년과 월에 食傷이 없어서 財星과 직접 접촉

하여 재물을 추구하니 구조가 좋지 않다. 다만 사주팔자 원국에서 년의 戊土보다 己土가 경쟁우위에 있기에 좋지만 대운의 흐름까지 감안하면 중년 이후에는 오히려 戊土가 경쟁우위를 차지하기에 2억 정도의 재산을 가졌다.

乾命   陰/平 : 1986년 2월 9일 0시

時	日	月	年
戊	辛	辛	丙
子	酉	卯	寅

61	51	41	31	21	11	01
戊	丁	丙	乙	甲	癸	壬
戌	酉	申	未	午	巳	辰

이 구조는 관인상생으로 단일하며 大運도 官印의 흐름을 적절하게 유지하도록 흘러간다. 某회사 사장으로 재산이 20억 정도이다.

乾命   陰/平 : 1962년 11월 3일 20시

時	日	月	年
戊	辛	辛	壬
戌	未	亥	寅

63	53	43	33	23	13	03
戊	丁	丙	乙	甲	癸	壬
午	巳	辰	卯	寅	丑	子

傷官을 쓰고 싶은데 戊土가 도식하지만 大運에서 甲寅, 乙卯, 丙辰으로 상관생재의 삶을 살도록 유도하니 海外기술을 이용하여 회사를 운영한다. 20억 정도의 재산가다.

坤命   陰/平 : 1958년 6월 12일 4시

時	日	月	年
庚	丙	己	戊
寅	午	未	戌

67	57	47	37	27	17	07
壬	癸	甲	乙	丙	丁	戊
子	丑	寅	卯	辰	巳	午

食傷이 財星을 생한다. 그러나 財星이 庚寅으로 강한 화기에 상하기 쉽다. 다만, 전체구조가 食傷에 강하게 氣가 모여 있다. 正, 偏印으로 大運이 흘러가도 食傷이 강하기에 혼잡함을 조절한다. 이 구조는 성격이 고집스럽고 강하여 자신의 의지대로 추진하려는 성향이 강하다. 그 이유는 水氣는 없고 火氣가 탱천하여 생각이 짧고 즉흥적이며 상대를 고려하지 않는다. 고졸 학력으로 재산은 20억 정도다.

乾命　　　　　陰/平 : 1978년 9월 6일 18시

時	日	月	年	70	60	50	40	30	20	10
己	壬	辛	戊	戊	丁	丙	乙	甲	癸	壬
酉	寅	酉	午	辰	卯	寅	丑	子	亥	戌

관인상생이니 조상, 부모의 음덕이 있다. 大富의 구조에는 유일하게 하나의 印星이 강하게 있다. 이 구조의 財福은 午酉壬으로 丁辛壬 조합이기에 좋지만 중간에 寅木이 끼어 상하기 쉬우니 20억 정도의 재산이다.

乾命　　　　　陰/平 : 1978년 8월 13일 20시

時	日	月	年	68	58	48	38	28	18	08
丙	庚	辛	戊	戊	丁	丙	乙	甲	癸	壬
戌	辰	酉	午	辰	卯	寅	丑	子	亥	戌

살인상생의 흐름에 전체적으로 틀을 유지한다. 方向이 단일하다. 또 대운 흐름이 丙庚壬, 丙庚子로 화기에 자극받은 경금이 수기에 풀어지면서 빠르게 재물을 부풀린다. 20억 정도의 재산을 소유했다.

乾命				陰/平 : 1962년 11월 22일 20시						
時	日	月	年	66	56	46	36	26	16	06
丙	庚	壬	壬	己	戊	丁	丙	乙	甲	癸
戌	寅	子	寅	未	午	巳	辰	卯	寅	丑

　方向은 식신제살이다. 각각의 글자가 충분히 강하다. 초년에 가난한 집에서 태어났으나, 목공기술로 직장생활 하다가 도급업으로 바꾸어 현재는 30억 이상의 재산가다. 庚金이 地支에 전혀 根이 없어서 종격이라는 관점으로는 이해하지 못한다. 이 구조도 丙庚壬 조합이다. 사주전체의 方向이 단일한가를 살피는 것은 매우 중요하다.

乾命				陰/平 : 1968년 9월 18일 6시						
時	日	月	年	70	60	50	40	30	20	10
癸	壬	癸	戊	庚	己	戊	丁	丙	乙	甲
卯	午	亥	申	午	巳	辰	卯	寅	丑	子

　方向은 戊土가 戊癸 合하여 火氣를 만들어낸다. 日支에 午火가 있고 火氣가 강한 大運 흐름이니 대학원을 졸업하고 금융과 부동산으로 수십억 재산가다.

4 수백억 재산가의 四柱方向

乾命 陰/平 : 1978년 1월 3일 4시

時	日	月	年
壬	壬	甲	戊
寅	寅	寅	午

78	68	58	48	38	28	18	08
壬	辛	庚	己	戊	丁	丙	乙
戌	酉	申	未	午	巳	辰	卯

方向은 매우 단조롭고 식신제살이 명확하다. 大運도 삶의 方向을 방해하지 않는다. 명문대 경제학과를 졸업하고 대학시절부터 사업, 주식에 관심이 많아 사업과 주식에 투자하여 큰돈을 벌었다. 부모에게도 십억 이상을 드리고 큰 공장을 운영한다.

乾命 陰/平 : 1940년 5월 23일 4시

時	日	月	年
壬	壬	壬	庚
寅	寅	午	辰

63	53	43	33	23	13	03
己	戊	丁	丙	乙	甲	癸
丑	子	亥	戌	酉	申	未

이 구조는 庚金만이 天干에 드러나고 나머지는 일간과 동일한 비견들뿐이다. 조상의 음덕을 상징하는 경금을 임수가 받아들이니 조상으로부터 물려받을 것이 있다. 大富의 사주팔자의 구조 중 하나로 인성이 단일하게 天干에 드러났다. 부잣집 외동아들로 명문 S대를 졸업하고 건설업하고 있다. 시내 중심에 수만 평 땅을 소유하고 사

업체도 단단하기로 정평이 나있다. 자식은 2男 3女로 모두 명문대 출신이며, 평생 어려움 없이 살았다.

乾命　　　　　陰/平 : 1872년 3월 20일 8시

時	日	月	年	77	67	57	47	37	27	17	07
戊	甲	甲	壬	壬	申	庚	己	戊	丁	丙	乙
辰	辰	辰	申	子	亥	戌	酉	申	未	午	巳

天干에 壬水 偏印과 時干 무토 편재로 단조롭다. 상기 사주와 유사하게 天干에 印星하나가 드러나니 공부도 많이 하고, 선대로부터 물려받은 땅이 酉 大運에 신도시 개발정책으로 가치가 폭등하여 큰 부자가 되었다.

乾命　　　　　陰/平 : 1972년 7월 15일 8시

時	日	月	年	75	65	55	45	35	25	15	05
壬	丙	戊	壬	丙	乙	甲	癸	壬	辛	庚	己
辰	戌	申	子	辰	卯	寅	丑	子	亥	戌	酉

方向을 살펴보면, 식신제살이 뚜렷하다. 다만, 印星이 전혀 없다. 가난한 집안 출신으로 명문대를 졸업, 금융계에서 근무하며 수면시간이 4시간 정도로 열심히 산다. 수입이 일반 봉급자의 수십 배를 능가한다.

印星이 드러나지 않아 돈은 크게 벌지만 조상, 부모의 도움을 받기 힘들고 스스로 노력하여 살아간다. 이 구조는 丙戌로 수많은 壬, 申子辰을 막아내면서 살기에 항상 긴장감 속에서 자신을 끊임없이 단련시켜야 하는 피곤한 삶이다.

乾命　　　　　　陰/平 : 1921년 10월 4일 10시

時	日	月	年
辛	庚	戊	辛
巳	午	戌	酉

78	68	58	48	38	28	18	08
庚	辛	壬	癸	甲	乙	丙	丁
寅	卯	辰	巳	午	未	申	酉

辛 格浩회장의 사주라고 알려졌는데, 태어난 時는 戊寅이라고도 한다.(큰 열매 庚을 담아줄 戊土가 필요하니 戊寅 時가 맞다 본다.) 이 구조의 方向은 명확하다. 戊土를 쓰는 것이다. 비록 년주에 겁재가 있고 戌月이니 가난한 집안에서 태어났으나 구조가 탄탄하다. 모든 기세가 집중되고 印星이 天干에 드러났다. 大運도 印星을 地支에서 돕는 흐름이다.

乾命　　　　　　陰/平 : 1932년 10월 30일 4시

時	日	月	年
壬	壬	辛	壬
寅	辰	亥	申

73	63	53	43	33	23	13	03
己	戊	丁	丙	乙	甲	癸	壬
未	午	巳	辰	卯	寅	丑	子

方向을 살펴보자. 正印 하나만이 天干에 드러나 있다. 격국, 억부로 수백억대 부자라 판단할 수 있을까? 사주 方向이 매우 단조로운 특징을 가졌다.

乾命　　　　　　陰/平 : 1959년 2월 29일 8시

時	日	月	年
丙	戊	戊	己
辰	午	辰	亥

60	50	40	30	20	10	0
辛	壬	癸	甲	乙	丙	丁
酉	戌	亥	子	丑	寅	卯

方向은 丙火 偏印에 比劫만 있는데 어떻게 수백억 재산가인가? 이 구조도 天干에 印星만이 단조롭게 드러나 있다. 地支도 혼잡하지 않고 천간구조를 유지해주기에 수백억 재산가다.

乾命   陰/平 : 1967년 5월 20일 0시

時	日	月	年	67	57	47	37	27	17	07
庚	壬	丙	丁	己	庚	辛	壬	癸	甲	乙
子	戌	午	未	亥	子	丑	寅	卯	辰	巳

이 구조도 財剋印 이지만, 偏印 庚金이 時에 있고 년과 월의 강한 財星들을 일지 戌土에 담아 庚子로 넘겨준다. 200억 넘는 재산가다. 변형된 丙庚壬 조합이다.

乾命   陰/平 : 1958년 8월 20일 12시

時	日	月	年	62	52	42	32	22	12	02
丙	壬	辛	戊	戊	丁	丙	乙	甲	癸	壬
午	子	酉	戌	辰	卯	寅	丑	子	亥	戌

方向이 살인상생인데 時間에 있는 丙火가 월간 辛金 印星을 합하지만 印星이 뚜렷하다. 광고회사와 호텔운영으로 1,000억 넘는 재산가다. 이 구조는 변형된 丁辛壬 조합으로 재물 복이 두텁다.

乾命   陰/平 : 1969년 5월 11일 2시

時	日	月	年	66	56	46	36	26	16	06
己	辛	庚	己	癸	甲	乙	丙	丁	戊	己
丑	未	午	酉	亥	子	丑	寅	卯	辰	巳

이 구조의 方向은 印星과 比劫만 가졌으며 地支도 천간의 틀을 적절하게 유지한다. 상기 사주들과 마찬가지로 천간에 印星만을 드러냈고 기세가 단단해 보인다. 수천억 재산가다.

乾命　　　　　　陰/平 : 1966년 7월 25일 16시

時	日	月	年
丙	辛	丁	丙
申	未	酉	午

70	60	50	40	30	20	10
甲	癸	壬	辛	庚	己	戊
辰	卯	寅	丑	子	亥	戌

方向은 天干에서 官殺혼잡의 흠이 있다. 地支는 강한 比劫과 印星으로 구성되어 있다. 강한 화기에 뜨거워진 金들이 대운에서 만난 水氣에 순식간에 부풀려진다. 마치 재물이 일순간 폭발적으로 유입되는 이치와 같다. 수백억 재산가다.

乾命　　　　　　陰/平 : 1967년 7월 10일 6시

時	日	月	年
辛	辛	戊	丁
卯	亥	申	未

62	52	42	32	22	12	02
辛	壬	癸	甲	乙	丙	丁
丑	寅	卯	辰	巳	午	未

天干에 印星이 하나 있고 살인상생으로 단일하며 地支의 흐름도 바르다. 未土 속의 乙이 월지 申과 乙庚 합하여 일지에 풀어지고 새로운 새싹이 卯木으로 드러나니 일생이 순조롭다. 수백억 재산을 가졌다.

乾命

時	日	月	年
丁	庚	己	戊
亥	午	未	辰

陰/平 : 1928년 6월 13일 22시

78	68	58	48	38	28	18	08
丁	丙	乙	甲	癸	壬	辛	庚
卯	寅	丑	子	亥	戌	酉	申

관인상생으로 단조롭고, 地支도 천간의 구조를 잘 유지하게 해준다. 홍콩거부 이 가성 팔자로 신격호 회장과 비슷한 方向을 가졌다.

乾命 : 선박왕 오나시스

時	日	月	年
庚	己	己	乙
午	未	丑	巳

方向은 年時에서 乙庚 합하여 단일하게 傷官의 세를 이루지만 地支는 巳午未로 印星이 매우 강하기에 전체구조가 매우 단단하게 에너지를 집약하여 시간의 庚을 향한다.

이렇게 사주구조에서 보이는 方向 개념을 살펴보았는데 부자들 구조는 方向이 매우 단조로우며 대부분 天干에 印星이 있거나 관인상생 흐름이다. 즉, 印星을 통해 노력하는 것보다 훨씬 많고 쉽게 받아들이고 순탄하게 발전한다.

印星이 없고 食傷生財나 식상제살 구조들은 많은 노력을 해야만 재물을 축적하지만 印星을 가진 구조들과 비교가 안 될 정도로 작다.

제2부 月支 時空間

제1장

月支와 十二地支 개념 확장

지금부터는 月支 時空間을 살펴보기로 하자. 月支를 이해하는 방법은 다양하다. 봄에는 씨앗을 뿌리고, 가을에는 열매를 수확하는 것처럼 12개 월지공간에서 이루어져야할 일들은 상이하다. 자신이 가지고 태어난 月支 時空間은 삶에 지대한 영향을 미치는데 그 이유를 살펴보자.

1 月支 宮位

월지는 연령으로 24세에서 30세 사이로 모친 궁위요, 형제 궁, 직업 궁에 해당한다. 따라서 월지는 대학교를 졸업할 시기부터 사회에 나가 직장 얻고 결혼하는 시기이니 교육받고, 직업 얻고, 직장생활하며 결혼하는 시기까지를 포함한다.

또한, 이 시기에 어떤 삶을 선택하느냐에 따라서 日柱와 時柱의 시기를 살아갈 때 많은 영향을 미친다. 月柱의 성향은 평생의 직업을 선택할 때 큰 영향을 미치기에 명리로도 매우 중요한 의미를 갖는다.

2 月支 조후

月支의 조후를 다룬 궁통보감 이론은 단조로우면서도 설명은 복잡하고 변화의 폭이 너무도 산만하여 요점파악이 힘들다. 궁통보감의 논리를 간단하게 정리하면 寅卯辰 월에는 火氣가 필요하고, 巳午未 월에는 水氣가 필요하며, 申酉戌 월에는 火氣와 水氣를 필요로 하고, 亥子丑 월에는 火氣를 필요로 한다는 설명이다.

궁통의 가장 큰 문제는 十干의 개념을 명확하게 구별하지 못했다. 보통 十干 물상을 사물 혹은 물질로만 이해하는데 이런 식의 이해는 근본이치를 이해하는 것이 아니며 사주를 분석할 때 활용도가 낮다. 예로 丙火는 태양이라는 식의 판단인데 이런 물상을 사주통변에 활용해봐야 그 가치는 극히 제한적이다.

지구자연의 순환에 중요한 역할을 담당하는 水火작용을 정리해보자. 丙과 丁, 壬과 癸의 쓰임은 전혀 다르며 조화를 이루는 계절도 상이하다. 癸水가 필요한 時空間은 卯辰巳月이며 丁火는 酉戌亥月이며, 丙火는 午未申 時空間이며 壬水는 子丑寅 시공간이다.

癸水는 乙을 키우는 역할을 담당하고, 卯辰巳月에 木을 키워 꽃 피우고 열매 맺으면 癸水의 역할이 끝나며, 丙火는 午未申 월에 열매를 다 키우면 丙火의 역할이 끝나고, 丁火는 酉戌亥 월에 수렴을 완료하고 열매를 수확하여 그 씨종자로 새로운 생명체를 내놓으면 역할이 끝나며, 壬水는 子丑寅 월에 드러난 생명체를 寅으로 내놓으면 역할이 끝난다. 정리 해보면

卯辰巳	癸水
午未申	丙火
酉戌亥	丁火
子丑寅	壬水

　癸와 丙, 그리고 丁과 壬은 역할을 수행하는 시공간이 전혀 다르다. 다만, 사주팔자에 대입하여 十干, 12地支로 판단하기에 자연에서는 절대로 이루어질 수 없는 에너지들이 만나 조화를 이룬다. 물론 모든 十干의 기운들이 보이지 않게 작용하며 각 계절에 모두 존재하지만 地藏干에는 가장 중요한 쓰임을 가진 글자들만 기록했기에 정리가 가능하다.

　同一한 火氣임에도 丙火는 午未申을, 丁火는 酉戌亥를, 同一한 水氣임에도 壬水는 子丑寅을, 癸水는 卯辰巳 時空間에서 자신의 역할을 수행한다. 계절로 따지면 역할이 확연히 다른데 卯辰巳에서 발산에서 분산으로, 午未申에서는 분산과 수렴작용이 이어지며, 酉戌亥 에서는 수렴과 응축이 子丑寅까지 이어진다.

　따라서 壬水와 癸水의 역할은 다르며, 丙火와 丁火의 역할도 상이하다. 즉, 계절의 쓰임에 따라 작용력이 달라진다.

　丙火는 분산을 주도하고, 丁火는 수렴을 주도한다.

　壬水는 응축을 주도하고, 癸水는 발산을 주도한다.

따라서 동일한 火氣라도 丙火와 丁火가 同一하게 작용하는 것이 아니며, 同一한 水氣라도 壬水와 癸水의 작용은 전혀 다르다. 따라서 궁통에서 壬水가 없다면 癸水를 써야한다거나 丙火가 없다면 丁火를 써야 한다는 논리는 사주팔자를 판단함에 큰 오류를 범한다.

4개의 글자는 계절에 따라 다양한 변화를 보이기에 동일한 에너지로 활용되지 않는다. 丙火가 巳午未 月을 만나면 丙火로서의 역할을 적절하게 수행하지만, 亥子丑 月을 만난다면 丁火처럼 활용된다. 壬水가 亥子丑 月을 만나면 적절하게 응축작용 하지만 巳午未 月을 만나면 癸水처럼 발산작용 하게 된다.

동일한 이치로, 甲이 亥子丑 月을 만나면 甲의 성향을 드러내지만, 巳午未 月을 만나면 乙化 되고, 庚은 巳午未 月을 만나면 庚의 역할을 하지만, 亥子丑 月을 만나면 辛의 성향을 드러낸다. 이렇게 각 글자의 의미도 계절에 따라 전혀 다른 성향으로 드러난다.

따라서 단순하게 丙丁을 동일한 火로, 壬癸를 동일한 水로 판단하는 것은 맞지 않기에 丙火가 없으면 丁火를, 壬水가 없으면 癸水를 쓴다는 논리는 맞지 않다.

3 月支 時空間

時空間개념으로 월지를 살피는 것은 매월의 시간과 공간의 상황을 이해하는 것이다. 時間은 天干의 순수한 기운을 상징하며 空間은 서로 다른 12개 月支를 상징한다. 地藏干은 순수한 天干의 氣運이 12

월지의 공간을 지날 때 드러나는 氣運 즉, 時間을 의미하는 것으로 地藏干은 空間속에 존재하는 시간을 뜻한다.

따라서 月支를 時空間으로 정의하면 자연에서 요구하는 매월의 역할이 명확하기에 각 時空間에서 원하는 삶을 살아갈 수 있다면 평탄한 삶이 분명하다. 예로 酉月의 경우에 열매를 수확하는 시공간이다. 따라서 반드시 열매를 수확해야만 하고, 그런 행위를 할 수 있는 조건을 갖추었고, 상응하는 수단이나 방법이 있는 사주라면 좋은 구조다. 酉月에 태어났는데 수확하지 못하고 봄에 해야 하는 모내기를 할 수밖에 없다면 時空間이 뒤틀린 것이다.

고대에는 時空間 개념을 농사를 짓기 위해 절기로 응용하였는데 현대에 와서도 자연의 이치는 다를 바 없다. 봄, 여름, 가을, 겨울 사계의 순환과정은 절대로 바뀔 수 없다.

4 十二地支의 개념 확장

매월의 時空間을 살펴보기 전에 12개 地支의 의미를 확장해서 각 계절이 원하는 時空間 무엇인지 寅巳申亥, 子午卯酉, 辰戌丑未로 4개씩 묶어서 살펴보자.

(1) 寅巳申亥

寅巳申亥	…… 生旺墓의 生地 空間
丙庚壬甲	…… 生地 陽氣의 태동(時間)
甲丙庚壬	…… 建祿 뚜렷해진 陽氣(時間)

寅巳申亥는 三合의 生地로 과거와 전혀 다른 陽氣가 동하는 공간이다. 地藏干에 있는 建祿의 氣運이 새롭게 동한 生地 기운을 돕는다. 즉, 建祿이 生地를 생해주는 관계가 寅巳申亥의 특징이다. 각 生地의 특징을 정리해보자.

1) 寅巳申亥의 지장간 餘氣에 모두 戊土가 있는 이유는 前月의 氣運을 이어와 새로운 氣運으로 바꿔주는 역할을 하기 때문이다. 辰月의 경우, 戊土가 乙癸의 氣運을 이어받아 巳月에 새로운 양기를 동하게 해줄 때의 터전이 되어준다.

2) 寅巳申亥는 建祿과 長生이 생의 관계로 祿地가 강하고 生地는 매우 약하지만 時空間 변화에 따라서 祿地는 약해지고 生地는 강해진다.

寅木:	
建祿:	甲木
長生:	丙火

寅의 地藏干에 甲과 丙이 있는데, 甲은 亥子丑에서 기운이 점차 강해져 寅月에 뚜렷하게 기운을 드러내고 癸水가 온기를 올려 丙火의 분산에너지가 동한다. 이런 이치로 寅月에 甲이 丙火의 분산작용을 돕는다. 하지만, 甲은 丙火를 직접 도와주기는 어려운데 그 이유

는 四季圖에서 보듯 甲은 땅 속의 뿌리요, 丙火는 氣運이 극히 약한 상태이기에 실질적으로 丙火의 분산작용을 돕는 것은 卯辰巳월을 지날 때 강해진 木氣다. 寅月의 甲은 여전히 겨울을 지나기에 丙火의 분산에너지를 확장시켜주기에는 한계가 있다.

따라서 寅속의 甲이 丙火를 돕는 것은 단기적으로는 어렵고 장기적으로 천천히 도와야한다. 이런 상황을 물상으로 비유하면 장기투자나 장기교육이다. 丙火는 卯辰巳 月을 지나야 비로소 巳月에 자신의 에너지를 뚜렷하게 드러낸다. 寅에서 卯가 땅으로 드러나 좌우로 발산에너지를 확산해주어야 비로소 丙火의 氣運이 확장되기 때문이다. 장기간에 걸쳐 학습하고 연마한 후, 丙으로 능력을 드러내는 전문가의 구조에 적합하다. 예로 의학박사와 같은 직업이다.

甲이 단기적으로 물질을 만들고자 해도 단기간에 만들어낼 수 없으며 상황이 변화한다. 丙寅 干支를 살필 때 寅을 丙火가 키운다고 생각하는데 잘못된 관점이다. 四季圖의 陰界로 木生火의 개념을 살펴보자.

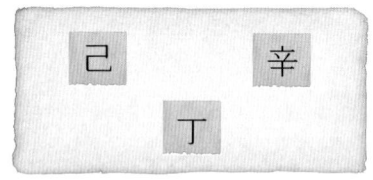

이 그림은 四季圖 중에서 陰界의 가을을 표현한 것이다. 가을의 공간은 酉, 戌, 亥月이며 庚 열매가 땅으로 떨어져 辛으로 완성되며

亥에 바로 들어가지 않고 반드시 戌의 열기를 품은 땅에 저장된다. 그 이유는 丁壬 合하기 위해서 반드시 먼저 열기가 필요하기 때문에 戌土에 들어가 일정의 열기를 품은 후에서야 비로소 亥水의 공간으로 넘어간다. 열과 습기가 공존하는 戌土에서 달구어진 酉金은 亥에서 물형에 변화를 주기 시작한다. 그런 과정이 아래 표의 흐름이다.

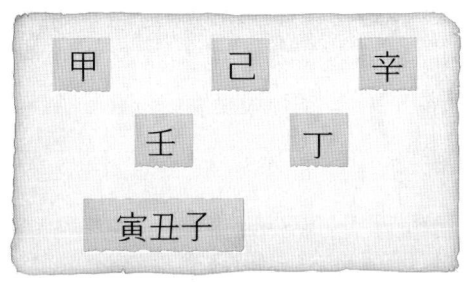

戌月을 지나 辛이 亥月의 공간을 만나 丁壬 合한다. 辛이 丁壬合 작용을 통하여 木으로 변화하는 과정이다. 丁壬 合이 이루어지면 壬水가 辛의 외형을 甲으로 바꿔 잉태한 후 키우기 시작하면 丁火는 수렴작용으로서의 쓰임을 상실한다.

子月에 一陽이 생기면서 온기를 올리기 시작하는데, 天干으로 표현하면 癸水다. 그래서 子月 地藏干에 壬과 癸가 있다. 癸는 子月부터 丑月, 寅月까지 지속적으로 온기를 올려 甲이 성장하도록 유도한다.

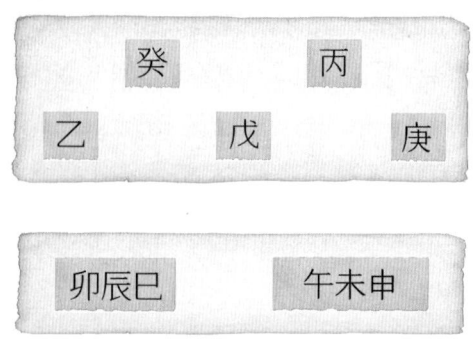

 온기를 올려주는 癸水의 작용으로 乙이 땅밖으로 드러난 것을 표시한 것이 위 陽界다. 甲을 땅 밖으로 드러나게 해준 것은 결코 火氣가 아니다. 壬水가 甲에게 水氣를 공급하고, 甲이 水氣를 타고 밖으로 존재를 드러낸 것이 乙이며, 온기를 올려 乙을 키운 것은 丙火가 아니라 癸水다. 木이 성장하면 巳月에 丙火가 자신의 에너지를 적극적으로 드러내 金 열매를 키우기 시작한다. 이것이 寅月의 甲이 丙火를 生하는 흐름이다. 다만, 甲이 丙火를 生하는 관계는 장기간에 걸쳐 이루어진다.

 참고로 天干조합을 이해하는 방법은, 위 그림처럼 乙癸戊 조합은 卯辰巳 月에 이루어져야 하고, 戊丙庚 조합은 午未申 月에 이루어져야 하며, 丁己辛 組合은 酉戌亥 月에 이루어져야 하고, 마지막으로 己壬甲 組合은 子丑寅 月에 이루어져야 적절한 시공간이 만난 것이다. 만약 천간의 조합과 지지의 공간이 달라지면 변형된 의미와 물상으로 변화하지만 본질적인 개념은 변하지 않는다.

 時空間 개념을 좀 더 정리하면, 寅巳申亥月은 空間이고 그 속에 時間이 들어있는데 그것이 地藏干이다. 즉, 寅月의 空間에 戊丙甲

時間이 들어가 지속적으로 변하고, 巳月 空間에 戊庚丙 時間이 존재하며 지속적으로 변화해 간다. 時間이 변화해 간다는 의미를 자세히 살펴보자.

```
寅巳申亥月 …… 空間
각 月의 地藏干에 들어간 時間
```

이 때 시간이 변화할 수 있는 방법은 大, 歲運의 흐름 때문에 地藏干이 변하기 때문이다. 사주 年月日時를 감안하여 살펴보자.

時	日	月	年
천	천	천	천	… 天干은 時間의 변화다.
지	지	지	지	… 地支空間 속에 時間이 존재한다.

天干의 시간이란, 끊임없이 변화하는 氣運으로 日干입장에서 밖으로 보이는 외형, 살아갈 方向이며, 天干에 드러나는 大, 歲運의 氣運 때문에 원국에서 가졌던 구조와 方向에 변동이 생긴다.

地支는 年月日時 空間이 地藏干에 있는 시간들의 흐름에 의해서 변화하는데, 年月日時 공간은 근묘화실, 그리고 시간변화에 따라서 사주팔자에서 짜여진 공간에 변화가 생기고 이것을 형충회합이라 부른다. 형충회합은 하늘에서 내려온 기운을(時間) 땅에서 받아 반응하는 과정에 시공간이 섞여 비틀리고 휘어지면서 발생한다.

天干은 氣의 변화요, 地支는 물질과 육체의 변화다. 天干이 地支로, 地支가 天干으로 자리를 바꿀 때의 상황을 살펴보자. 地支가 天干에 드러난 경우는 物質이 天干으로 氣化된 것이며, 物質이 기화

되기에 원래의 무게보다 가벼워진다. 반대로 天干이 地支로 내려올 때는 에너지가 실질적인 물질로 바뀐다. 실제 삶에서는 물질이나, 육체, 재산을 직접 취하거나 빼앗기는 것이다.

　歲運의 변화도 大運의 干支와 同一한 이치로 작용하는데 大運에 비해 時間이 짧다는 차이뿐이다. 즉, 大運은 10年의 期間이고, 歲運은 一年의 기간이며 매년의 변화를 결정한다. 氣의 質化, 質의 氣化의 개념을 예문으로 살펴보자.

乾命			
時	日	月	年
辛酉	戊辰	丁亥	乙卯

…… 乙卯年 남자 甲午年 상황

이 구조에서 丁火 印星은 月에 있고 약하니 실질적인 쓰임은 강하지 않다. 즉, 겉모습은 공부를 많이 한 것처럼 보이지만, 氣에 해당하니 공부를 오래하지는 못한다.

　甲午年에 丁火의 기운이 午火로 地支에 내려오면 氣가 質化되어 실질적인 丁火를 원하거나 得한다. 甲午年 丁卯 月에 공부하고자 하던 일을 그만두고 절에 들어갔다. 이런 작용력이 氣가 質로 바뀌는 것이다.

乾命

時	日	月	年
庚	壬	己	庚
子	辰	卯	申

　이 구조에서 卯木은 십신으로 傷官이니 자신을 드러내려는 性向이지만 地支에만 있으니 오히려 자신을 드러내려하지 않는다. 甲午年이 오면 卯 속의 甲이 天干에 드러나고 傷官의 物質이 天干에 드러나 氣化되었다.

　따라서 그 성향을 확실하게 드러내고 발산할 수밖에 없다. 자신을 드러내려는 의지가 약했으나, 甲午年에는 생각했던 것들을 적극적으로 언어, 행동으로 드러낸다.

乾命

時	日	月	年
戊	乙	辛	辛
寅	卯	卯	巳

陰/平 : 1941년 2월 11일 4시

81	71	61	51	41	31	21	11	01
壬	癸	甲	乙	丙	丁	戊	己	庚
午	未	申	酉	戌	亥	子	丑	寅

　丙戌大運 戌運에 큰돈을 벌어 戌運 말기에 사업을 크게 확장하였으나 酉運에 크게 망하여 가정이 깨지고 처와 자식은 물론 집조차 빼앗겨 거리로 쫓겨나고, 3억 넘는 부도로 법의 심판을 받아야 했다. 이 구조에서 天干의 辛은 偏官이지만 무력한데 乙酉 大運의 酉 大運에 天干의 辛이 地支로 내려와 質化된다. 이때는 偏官의 흉의가 강하게 드러난다.

지금부터는 寅巳申亥에 있는 長生과 建祿 개념을 다양하게 살펴보자. 寅에는 丙火가 長生을 얻고 甲이 建祿을 얻으니, 甲의 에너지가 丙火의 에너지보다 훨씬 강하다. 따라서 寅月에는 木生火 작용이 이루어질 수밖에 없다.

巳火에는 庚이 長生을 얻고 丙火가 建祿을 얻으니, 丙火가 庚 열매를 키우려는 의지를 가진 곳이다. 강한 丙火의 氣運으로 庚을 키우니 火生金 작용이 이루어진다.

申月에는 壬水가 長生을 만나고 庚이 建祿을 만난다. 庚이 물탱크가 되어 壬의 세를 확장해주는 시공간이다. 이렇게 壬의 세를 확장하는 이유는 亥月부터 甲을 키우려는 자연의 의지 때문이다.

마지막으로 亥月에는 甲이 長生을 만나고, 壬水가 建祿을 만나서 壬水가 甲을 키우기 시작한다.

이렇게 寅月에는 木生火가, 巳月에는 火生金이, 申月에는 金生水가, 亥月에는 水生木의 작용이 발생하는 것이다. 寅月의 地藏干 구조를 좀 더 명확하게 살펴보기 위해서 天干조합, 干支조합, 地支조합으로 나누어 살펴보자.

寅月　　　戊 丙 甲

天干	: 甲丙組合.
干支	: 丙寅組合.
地支	: 寅巳組合.

寅의 지장간에 있는 글자조합이다. 天干조합은 甲이 丙을 生하기에

좋은 조합처럼 느껴지지만 甲은 겨울에 사용하는 에너지고 丙은 여름에 사용하는 에너지이기에 갑이 병화의 분산작용을 강하게 생하기 어렵다.

干支의 丙寅은 木氣는 강하고 火氣는 약하다. 따라서 木氣가 火氣를 오랫동안 생해주는 조합이다. 時間 흐름에 따라 丙火가 강해질 경우, 甲은 점점 생기를 잃어간다.

地支로 寅巳 刑 조합이다. 巳火가 강해질 경우 寅이 순간적으로 巳에게 기운을 빼앗기는 것으로 생기를 잃는다. 寅 속에서는 스스로 寅巳 刑이 동하여 육체가 상하거나 관재가 동한다. 이런 시공간에서 문제를 해결하기 위해서 무엇이 필요한가를 살펴야 한다. 이것을 명확하게 이해할 때 寅月의 時空間을 이해한다.

이런 상황에서 丙火를 만날 경우를 가정해보면 寅은 화기에 더욱 말라가면서 생기가 상한다. 따라서 寅을 구제할 방법은 壬 혹은 亥 뿐이다. 癸, 子는 충분한 수기를 보충하기 어렵다.

巳月	戊 庚 丙
天干	: 丙庚組合.
干支	: 丙申組合.
地支	: 巳申組合.

巳月의 天干조합은 丙火의 분산작용으로 庚을 꽃피우고 열매 맺게 하겠다는 의지다. 干支는 丙申 組合으로, 丙火가 申 열매를 키우려는 것이다. 丙의 기운을 庚에게 쏟는 모습으로, 시간이 지날수록 丙火의 氣運은 약해진다. 地支조합은 巳申 合으로 근본개념은

巳火가 申을 生하는 것으로 申의 에너지는 강해지고 巳의 힘은 점점 무력해져간다.

申月	戊 壬 庚
天干	: 庚壬組合.
干支	: 壬申組合.
地支	: 申亥組合.

申月은 庚이 壬水를 生하는 시공간이다. 즉, 庚 물탱크를 만들어주면, 壬水가 물탱크 안으로 채워진다. 干支는 壬申組合으로 壬水가 申에서 長生을 만나 에너지가 동하여 申子辰 三合운동의 출발점에 선 것이다. 地支組合은 申이 亥水를 生하는데, 時間흐름에 따라 壬水가 강해지면 물탱크에 물이 가득차서 申의 역할을 적절하게 하지 못하니 申의 에너지를 마감해야 한다.

亥月	戊 甲 壬
天干	: 壬甲組合.
干支	: 壬寅組合.
地支	: 寅亥組合.

天干은 壬水가 甲을 生하는 組合이다. 甲에게 水氣를 공급하여 甲이 뿌리내리도록 한다. 壬水가 甲에게 자신의 의지를 전달하고 甲의 "기획하다", "계획을 세우다" 물상을 활용한다.

壬寅干支도 寅에게 水氣를 지속적으로 공급하여 寅을 키우는 조합이다. 亥寅 合은 亥水가 寅에 의해 時間이 흐르면서 점점 말라간다. 이렇게 寅巳申亥는 각 글자의 독특한 특징을 가지고 있다. 이것을 干支로 활용하는 방법을 살펴보자.

壬寅干支

寅의 地藏干에는 戊와 丙과 甲이 있는데, 戊土는 丑月에서 癸水와 辛을 넘겨준 己土의 기운을 이어 받아 寅月에 丙火와 甲으로 전환시킨다. 戊는 甲을 키우는 무대이고, 丙火의 분산작용을 드러낼 수 있는 바탕지다. 甲은 세상에 막 나온 생기이고, 戊 위에 드러나니 甲을 戊 위에 장기적으로 키운다. 따라서 甲이 丙火를 생하고 丙火의 세력이 커지면, 壬水입장에서는 甲을 통하여 재물을 키운 것과 같다.

따라서 壬寅干支 물상은 부동산, 교육, 자식의 교육을 중시하는 태도, 사업 등이다. 壬寅은 壬甲조합이니 壬水가 자신의 사상, 의지를 甲을 통하여 확실하게 드러낸다. 육친으로 壬일주는 자신의 의지를 甲 자식에게 전달하니 자식에 대한 기대가 크다.

문제는 壬水가 甲을 생하면, 강한 甲이 戊土를 극하니, 壬寅일주 여자의 경우 자식이 나오면 남편과의 멀어질 수 있기에 물질적인 면에서는 좋을 수 있으나 구조에 따라 별거, 이혼할 수도 있다. 자식을 해외로 유학 보내거나 주말부부로 지내거나 혹은 떨어져 살면 甲이 戊를 밀어내는 작용에서 일정의 구제는 가능하다.

만약 大運이 火氣로 흐르면서 丙火의 기세를 확장하면 임수의 기세가 약해지고 甲이 戊를 더욱 강하게 찌르면 부부사이가 멀어질 가능성이 높아진다. 반대로 大運에서 水氣가 강해지면, 戊土 땅이 부드러워져 甲이 戊를 극하는 힘이 약해진다. 다만, 水氣가 강해지면 丙火가 약해지니, 재물 복이 작아질 수 있다.

즉, 運에서 寅 地藏干에 있는 甲과 丙火 두 에너지의 변화를 읽으면 壬甲丙戊의 변화를 읽을 수 있다. 壬寅干支의 핵심은 甲이 강한 상태다. 강하다는 뜻은 丙火를 생하는 힘이 좋고, 갑을 적극적으로 활용하여 병화의 분산작용을 적절하게 돕기에 재물을 추구하는 능력이 좋다.

이렇게 壬寅干支는 甲으로 丙火를 키우니, 시간이 흐른 후 얻는 것은 丙火이기에 壬寅干支의 재물 복이 두터울 수 있다. 壬水가 재물을 취할 수 있는 이유는 甲이 강하니 자신의 성향을 잘 드러내고 일을 추진하는 힘이 강하기 때문이다.

壬寅干支를 壬水가 寅의 丙火를 극하기에 丙寅干支가 낫다고 생각하지만 그렇지 않다. 寅月의 時空은 丙火가 필요한 것이 아니다. 寅은 겨울에 땅속에서 壬水 에너지로 하강하여 뿌리내리기에 아직 지상으로 나온 卯木이 아니다. 땅속에서 水氣를 통하여 땅밖으로 나가도록 추진력을 얻어야 하고 또 丙火는 寅에서 장생하는 곳으로 힘이 강하게 드러낼 수 있는 공간이 아니다. 壬水가 甲을 생하기에 추운 겨울이라 자라지 못한다고 생각하면 안 된다. 땅속에는 丁火가 熱氣를 품고 있다.

땅속에서 짐승들이나 개구리가 겨울잠을 자는 것과 동일한 이치로 丁火 熱氣가 있기에 겨울에도 따뜻함을 유지하고, 壬水가 甲에게 水氣를 공급해도 성장에 문제가 없다.

乾命　　　　　陰/平 : 1972년 1월 7일 20시

時	日	月	年
庚	壬	壬	壬
戌	午	寅	子

84	74	64	54	44	34	24	14	04
辛	庚	己	戊	丁	丙	乙	甲	癸
亥	戌	酉	申	未	午	巳	辰	卯

　서태지 사주팔자라고 하는데 전형적인 부자들 사주에서 보이는 天干에 庚 印星이 하나만 있고, 壬寅 月이며 大運의 흐름이 巳午未로 강하게 흐른다. 임의 사상을 木氣를 통하여 화기로 증폭시킨다.

乾命

時	日	月	年
壬	壬	壬	壬
寅	辰	寅	寅

　조화원약에 부옹이라 소개되었다. 천간에 壬水로만 구성되고 丙火가 전혀 없음에도 부옹이다. 그 이유는 대운이 화기로 흘러 임갑병 조합을 이루기 때문이다.

乾命

時	日	月	年
壬	壬	壬	壬
寅	寅	寅	寅

　조화원약에 어사가 되었다고 한다. 병화가 지장간에만 있음에도 어사의 지위에 올랐다. 대운이 화기로 흐르면서 임갑병 조합을 이루었다.

乾命

時	日	月	年
庚	壬	壬	壬
戌	寅	寅	午

조화원약에 도독에 올랐다고 소개되었다. 이 구조 또한 천간에 丙火가 드러나지 않았음에도 도독이 되었다. 강한 화기로 경금 열매를 키우고 임수로 당도를 높인다.

庚寅干支

庚寅간지는 寅 속의 甲이 강하고 丙火가 약하니 재물은 크지만 여자의 경우 丙火의 능력이 부족하여 甲으로 丙火를 생해야한다. 문제는 丙火가 강해지고 수기로 조절하지 못하면 丙火 남편이 庚을 괴롭힐 수 있다. 庚 日干입장에서 丙火는 偏官이기에 庚寅干支의 특징은 자존심이 강하고 의리를 중시하며, 재물을 추구하는 행위의 최종 목적은 명예, 자존심을 위한 것이다.

卯木 干支로 살피면 차이가 명확해진다. 辛卯 일주의 경우, 寅卯로 同一한 木임에도 구조가 전혀 다르다. 卯木에는 甲과 乙뿐이니 재물을 추구하며 관성이 없기에 명예나 공직에 뜻이 없고 사업이나 돈에 집착을 보인다. 주로 사업이나 장사에 종사할 가능성이 높다. 다만, 卯木으로 甲과 乙이 모두 있기에 財星에 변화가 자주 발생하니 일자리 혹은 사업이 안정적이지 못하고 변화가 심하다는 문제를 가지고 있다.

辛卯干支의 또 다른 문제는, 辛입장에서 甲과 乙은 모두 자신이 만들어낸 결과물이기에 자신의 것이라 착각한다. 주위에 水氣가 없다면 辛은 水氣를 통하여 財星을 만들어가는 순차적인 수단이나 방법이 아니라 財星을 바로 취하려는 욕망이 강하다. 辛卯年에 발생한 현상 중 하나가 卯木 어린 싹을 辛이 자르니 미성년자 성희롱 문제가 발생한다.

지금부터 巳火를 살펴보자. 巳속에는 庚이 장생하고 丙火가 **建祿**을 만난 구조로, 丙火가 庚을 키우는 상황을 時間 흐름으로 이해해야 한다.

癸巳干支

巳속의 丙火가 庚을 키운다는 뜻을 癸 日干 남자입장에서 살펴보면 매우 좋은 모습이다. 丙火 배우자가 祿으로 강하기에 배우자의 능력이 좋다. 이런 상황에서 丙이 약한 庚 열매의 부피를 확장하면 癸水는 부인 덕에 戊, 庚을 취한다. 따라서 癸水는 부인의 도움을 많이 받을 가능성이 높다.

午火의 구조를 壬午干支를 통해서 살펴보자. 이렇게 이해하면 巳와 午의 차이가 명확하게 드러난다. 壬午干支의 경우, 午의 지장간에 金이 없다. 따라서 壬水가 午火를 보면 水氣의 흐름이 힘들어지고 丙, 丁火에 己까지 있으니 분산하는 丙火를 수렴하는 丁火로 바꾸어 己 속에 저장한다. 남자의 경우 火氣의 변화가 이루어지고 여자는 己 남자가 丙, 丁火를 모두 가졌으니 재주가 많다. 다만 金이 없으니 丙, 丁火로 많은 것을 배우지만, 己입장에서 자신을 드러내는 능력은 떨어진다.

즉, 壬日 여자의 경우 남편이 공부를 많이 했거나, 기술 등으로 다재다능하지만 그것을 활용하여 재물을 취하는 능력은 떨어지고, 己土가 壬水의 흐름을 막으니 남편 때문에 맘고생 하거나 힘들어진다. 반대로 남자는 재성이 강하니 사주구조에 따라 부인의 능력으로 큰 재물을 취하지만 壬水가 丙, 丁火에 의해 증발되는 것을 막기 힘들다.

다행한 것은 정화의 수렴작용이 있어 임수의 응축작용에 도움을 받는다. 이 의미를 달리 표현하면 壬水가 만난 丙火 부인은 화려한 물질을 좋아하기에 壬水가 견디기 어려워 이혼하지만 두 번째 만나는 丁火 부인은 丁壬 합으로 정신적, 물질적으로 도움을 받을 수 있다. 이렇게 巳와 午는 동일한 火氣임에도 地藏干의 時空間에 따라 발현되는 물상은 큰 차이를 보인다.

坤命

時	日	月	年
辛	乙	庚	癸
巳	巳	申	卯

陰/平 : 1963년 7월 12일 10시

83	73	63	53	43	33	23	13	03
己	戊	丁	丙	乙	甲	癸	壬	辛
巳	辰	卯	寅	丑	子	亥	戌	酉

원래직업은 약사이며 부동산으로 치부하여 수백억 재산이다. 남편은 임오일주로 의사인데 부인의 능력으로 부유하게 살아간다.

乙巳干支

巳中 丙火가 祿을 세우고 庚은 長生을 만난 구조다. 丙火가 氣運이 강하니 庚을 키운다. 乙 日干 여자의 경우는 남편의 능력이 뛰어나지 못하며 시간이 흐름에 따라 乙日干 여자가 丙火를 통하여 庚을 크게 만들어 줄 수 있는 능력을 가졌다.

時空의 변화로 巳中 庚이 강해지면 남편의 능력이 좋아지고 이때 地支에서 申이 오면 巳申 合으로 庚이 申의 남편으로 바뀌어 사라진다. 즉, 巳 속의 丙火가 庚을 다 키우면 庚은 巳申 合으로 乙을 떠나버린다. 다만, 사주구조에 따라 남편의 능력에 問題가 없을 수가 있는데 사주 예문을 살펴보자.

坤命

時	日	月	年
乙	乙	甲	乙
酉	巳	申	未

陰/平 : 1955년 6월 25일 18시

89	79	69	59	49	39	29	19	09
癸	壬	辛	庚	己	戊	丁	丙	乙
巳	辰	卯	寅	丑	子	亥	戌	酉

부동산으로 치부하였고 남편도 문제가 없다. 자신은 구의원에 당선되어 활동 중이며, 甲午年에 재선을 바라보고 있다. 이 구조에서 巳火가 申과 合하고 巳酉 合한다. 이렇게 되면 巳 속의 남편이 申과 酉로 드러나니 남편의 능력에 문제가 전혀 없다.

地藏干에서 60干支를 이해할 때 干支에 時空을 적용하여 乙酉干支는 시공간이 적절하지 않고, 辛巳干支도 시공간이 적절하지 않다고 설명했다. 지금부터는 地支 속의 天干에 대해서도 사고를 확장해 보자.

天干 글자가 月支의 時空間을 만날 때와 同一한 개념으로 干支에 적용하고 또 地支 속에 있는 지장간의 글자도 함께 살펴보자. 地支와 地藏干에 드러난 十二地支 글자를 이해하는 방법을 정리해보면

> 1) 글자 자체의 의미
> 2) 글자 속에 숨어 있는 地藏干의 의미
> 3) 季節의 의미와 時間의 의미
> 4) 月支와 日支 궁위의 의미
> 5) 형충회합 등이다.

(2) 子午卯酉

子午卯酉의 地藏干에는 동일한 오행이 들어있으며 陽氣가 陰質로 바뀌니 에너지가 물질로 전환되는 시공간이며 그 속성은 혼선, 변화, 변동을 의미한다.

酉의 경우, 庚의 경화작용이 극에 달하여 물질로 떨어져 나온 것이 辛이니, 酉는 庚이 辛으로 전환되는 공간이다. 庚辛이 印星이면 여러 가지를 배우고, 食傷이면 이것저것 벌린다. 이렇게 子午卯酉는 氣質이 바뀌니 안정적이지 못하다. 어떻게 변화하는가를 살필 때에는 반드시 時空間을 살펴야 한다.

丁卯干支를 살펴보자. 丁卯의 丁火는 巳酉丑 三合하고 午未申 월에는 수렴작용을, 酉戌亥 월에는 열기공급 작용 하는데, 地支에 卯

木을 가졌을 때의 상황을 살펴보자.

丁	…… 天干
卯	…… 地支
甲乙	…… 地藏干

　丁火는 巳酉丑 三合운동 하는데 卯의 공간을 만나 三合운동의 범위에서 벗어났다. 또, 巳에서 火氣가 드러나기를 기다린다. 따라서 丁火는 卯 공간은 적절하지 않은 시공간이다.

　卯의 地藏干에 甲乙이 있으니 갑에서 을로 시간이 흐르면서 변화가 발생한다. 甲은 亥卯未 三合運動 하기에 卯月에 힘이 가장 강해진 후 氣運이 천천히 하강하여 결과적으로 물질로 변화한다.

　이 상황은 卯木의 氣가 質로 바뀌는 시점으로 氣는 물질을 만들어내 목적을 이루었기에 기운이 하강하고, 木의 物質은 前月 즉, 寅月의 甲에 근거지를 얻어 기운이 점점 확장한다. 달리 표현하면 甲의 기운이 줄어든 만큼 乙의 물질이 채워지는 것이다.

　다만, 乙의 물질은 충만한 상태는 아니다. 이런 상황에서 음생양사의 문제가 있는데, 乙이 卯에서 祿地를 만났다고 이해하면 기운이 매우 강한 시공간이다. 즉, 甲은 卯에서 旺地이고, 乙은 祿地를 만난 것이다. 따라서 卯에서 陽氣와 陰質이 완벽할 정도로 에너지를 발휘하기에 문제가 있다.

　甲이 무력해지면 乙이 강해지고, 乙이 무력해지면 甲이 드러나는 것이 양음의 순환과정인데 旺地에서 陽, 陰干 에너지가 거의 동일하게 강하다는 논리는 양생음사, 음생양사 이론에 문제가 있다. 좀 더 살펴보자. 甲이 死地에 드는 午에서 乙은 長生한다고 설명하는데, 死地란 기운이 다하기 직전이고 長生이란 氣運이 태동하는 것이다. 따라서 死地도 에너지가 무력하고, 長生에서는 그 에너지가 극히 미약한 것이니, 이 또한 양음의 순환원리에 적합하지 않다. 陰陽의 균형을 유지하려면 陽氣가 강해지는 만큼 陰氣는 약해져야 하고 陰이 강해지는 만큼 陽은 무력해져야 양생음사, 음생양사의 논리가 맞기 때문이다.

또 乙 陰干의 12운성을 보면, 午에서 長生하여 午寅戌 三合운동을 마감한다. 甲은 亥卯未 三合運動하고, 乙은 午寅戌 三合으로 뒤로 돌아간다는 논리다. 따라서 三合운동의 논리에는 문제가 없으나, 午에서 午寅戌 三合을 역행한다는 논리에 허점이 있다.

이런 주장은 자연의 순환원리를 정면으로 반박한다. 자연의 순환원리는 陽氣가 생하여 극에 이르면 陰質이 생겨난다. 달리 표현하면 시간이 흐르면 물질이 생겨나는 것이다. 만약 乙이 午에서 長生하기 위해서는 반드시 陽氣의 근거지가 필요하다. 그렇다면 乙이 午에 長生하는 상황을 좀 더 살펴보자.

午는 巳月과 未月 사이에 끼어 있는 공간이다. 일반적으로 長生 개념은 前月의 음질을 활용하여 새로운 양기를 동하게 한다. 예로 辰월에 있는 乙을 활용하여 巳月의 庚을 만들어내는 이치다. 그렇다면 午火에 장생하는 乙은 어디로부터 온 것인가? 前단계인 巳에서 온 것인가, 다음 달인 未에서 온 것인가?

乙은 갑자기 午에서 陽氣의 동함도 없이 스스로 陰質을 만들어낸 것인가? 未는 亥卯未 삼합운동이 끝나는 곳이다. 未로부터 乙이 에너지를 받아 午에서 長生한다는 논리도 맞지 않으며 巳에서 에너지를 받아 午에서 長生한다는 논리도 합리적이지 않다. 또, 巳는 巳酉丑 三合의 출발점으로 木氣가 동하는 곳이 아니다.

또 하나 중요한 점은, 天干의 12運星은 에너지가 땅에 내려올 때의 작용력이다. 이 의미는, 땅의 공간에서 활동하는 에너지로 절대로 순수한 氣運이 아니다. 천간의 기운이 땅에 내려와 땅의 영향을 받으니 봄, 여름, 가을, 겨울이라는 순차적인 時間과 空間 흐름에서 벗어나지 못한다.

만약 하늘의 순수한 기운이기에 양은 앞으로 음은 뒤로 간다고 주장한다고 해도 인간이 인지하지 못하면 아무런 의미가 없다. 12運星은 순수한 天氣가 아니고 땅에 내려와 12개월을 지나는 과정에서 氣에 변화가 발생하기에 땅의 기운을 벗어날 수 없다. 땅에서 시간은 절대로 역류하지 않는다. 따라서 음생양사 논리는 허점투성이 이론이다.

자연의 순환원리, 시공간의 순차적 흐름으로 陰陽의 변화과정을 살펴보자. 天干의 氣運이 地支에 내려와 亥卯未 三合운동하는 木氣를 살펴보면, 甲은 亥에서 長生하여 기운을 확장하기 시작하는데 亥는 六陰으로 陽氣가 전혀 없으니 甲이 만들어내고자 하는 결과물 乙은 활동이 극히 제한된다.

亥子丑을 지나며 氣運을 확장하던 甲이 寅月에 땅 속에 뿌리를 내리면 그 때서야 乙은 氣運이 생겨나고 卯月에 이르면 甲은 땅속에서 땅밖으로 乙을 밀어 내주며 뿌리로서의 역할을 정리하기 시작한다. 卯에서는 甲의 陽氣가 극에 달하였으니 음질로 전환되며, 陽氣는 하강을 시작한다.

자연의 순환이치로 살펴도 나무에 뿌리가 생겨야 가지가 땅 밖으로 튀어나오는 것이다. 뿌리가 없는데 어떻게 세상 밖으로 새싹이 나오겠는가? 卯에서 乙은 욕지를 만나 성장하고자 노력하는 상태다. 즉, 陽氣가 줄어들기 시작하는 공간에서 陰質은 에너지를 끌어올리기 시작한다.

午火에 이르면 甲은 死地에 들어 甲己 합으로 땅으로 돌아갈 준비한다. 반대로 乙은 午에서 旺地를 만난다. 당연하지 않은가? 乙입장에서 丙火와 丁火를 모두 만났으니 꽃을 활짝 피우고 열매를 맺으려는 공간을 만났으며 午를 기점으로 乙의 氣運이 극에 이른 후 줄어들기 시작한다. 그렇게 해주어야 未月에 乙庚 합으로 열매를 완성할 여건이 마련된다.

乙의 좌우로 펼치는 에너지가 午에서 수렴작용을 시작해서 戌月에 氣運을 마감하고 묘지로 들어갈 때 甲은 그 곳에서 새로운 영혼을 준비하는 양지의 공간을 만난다. 이렇게 양생음사의 논리는 자연의 순리대로 時空이 순행할 때에서야 비로소 논리적이다.

각설하고, 卯月에 甲은 旺地를 만났고 乙은 욕지를 만났을 때 丁卯 干支가 어떤 물상으로 발현되는지 살펴보자.

丁火입장에서 甲의 氣運은 旺地를 만났기에 강하지만 기울기 시작하고 時空의 변화로 乙의 에너지는 점점 강해진다. 이것은 日干에 따라서 十神의 작용에 변화가 발생한다. 甲의 氣運이 강할 때는 갑을 활용하다가 甲의 氣運이 하강하면 乙의 에너지는 상승하니 乙을 활용하기 시작한다.

이런 관점에서 子午卯酉 干支를 살펴보자. 이해하는 방법은 干支를 모두 일주라고 인식하자. 卯은 세상에 막 나온 새싹으로 무한한 활동력을 가졌다. 이렇게 글자의 근본개념을 이해한 후 간지를 판단한다.

乙卯의 경우 동일한 卯이라도 乙, 甲乙의 관계가 형성되니, 比肩 劫의 문제다. 성장하기 위해서 좌우로 펼쳐야만 하는 과정에 반드시 필요한 것은 성장하는 木氣를 모두 품어줄 터전이다. 따라서 을묘간지는 戊己土 터전을 간절히 원하는데 기토 보다는 무토가 더욱 절실하며 만약 팔자에 없다면 삶이 불안정해진다. 또 다른 문제는 水氣가 매우 부족해진다. 乙, 甲乙이니 많은 水氣를 만나야 木이 성장할 수 있기 때문이다. 따라서 乙卯의 문제는 土와 水氣가 부족하면 문제가 된다. 만약 이 조건이 충족되지 않으면 乙卯干支의 부부 관계는 아름답지 못하다.

丁卯의 경우는 甲, 乙의 변화에 해당하니, 공부의 변화와, 일자리 문제, 그리고 일주라면 일지 배우자 궁의 변화를 암시한다.

坤命   陰/平 : 1975년 2월 10일 4시

時	日	月	年	84	74	64	54	44	34	24	14	04
壬	丁	己	乙	戊	丁	丙	乙	甲	癸	壬	辛	庚
寅	卯	卯	卯	子	亥	戌	酉	申	未	午	巳	辰

직업 궁에 있는 月支 卯의 상황을 추론해보자. 卯이니 甲과 乙이 時空에 따라 변화한다. 卯가 어떻게 변해 가는지는 大運 흐름을 보

며 판단하자. 卯가 辰巳, 午未申 흐름으로 변해간다.

卯의 지장간에 있는 乙의 氣運은 점점 상승하지만 甲의 氣運은 午에서 무력해지고 未에서 墓地를 만난다. 따라서 午에서 甲은 힘이 빠지고 乙은 旺地를 만나니, 甲에서 乙로 방향이 전환된다. 여명에게 甲, 乙은 印星이기에 印星에 변화가 발생한다.

그렇다면 甲과 乙은 어떤 차이가 있으며 어떻게 변화 하는 것일까? 甲은 겨울에 하강하여 뿌리내리고 봄을 향하면서 직선으로 상승하는 에너지이기에 존재를 밖으로 명확하게 드러내지 못한다. 따라서 기획에는 적합하지만 실행은 약하다. 卯는 땅 밖으로 나온 갑을 근거로 좌우로 펼치는 에너지이기에 기획하고 생각하는 것보다는 직접 몸을 활용하여 끊임없이 반복하는 행위에 어울린다. 12運星으로 甲은 旺地니 氣運이 극에 이른 상태며, 乙은 욕지로 氣運을 키워가는 공간이며 일정 행위를 반복한다.

이 여명은 영문과를 졸업하고 섬유관련 에이전트에서 미국 오더를 진행하다 甲이 무력해지는 午 大運에 회사를 그만두고 다시 공부하여 현재는 초등학교 선생님이다. 甲에서 乙로 전환했으며, 직업변화 과정에서 그에 상응하는 공부를 한 것이다.

다만, 丁卯간지의 時空間을 감안하지 않은 상태라면 丁에게 甲, 乙이 地藏干안에 함께 있으니 丁火는 여러 가지 공부를 할 수도 있다. 다만, 時空에 따라서 영어도 공부하고, 교사를 위한 공부도 하는 것이다.

또 다른 사주 예문을 들어보자.

坤命		陰/平 : 1964년 4월 25일 時 모름							
時	日	月	年	90	80	70	60	50	40	30	20	10

(표 재구성)

時	日	月	年
모름	乙酉	己巳	甲辰

90	80	70	60	50	40	30	20	10
庚申	辛酉	壬戌	癸亥	甲子	乙丑	丙寅	丁卯	戊辰

이 여자의 日支는 酉다. 酉에는 庚과 辛이 있으니, 대운, 세운의 時空間에 따라 변화한다. 大運 흐름은 庚은 무력해져가고, 辛이 적절한 시공간을 만나는 흐름이다. 乙丑大運 남편과 별거를 시작하고 丑 大運에 이혼한 여명이다. 乙庚 合으로 이루어졌던 부부사이에 辛의 에너지가 더욱 강해지면, 남편의 태도나 행동을 偏官으로 느끼기에 乙은 그런 남편의 기운을 탈피하고자 이혼하는 것이다. 이렇게 子午卯酉 상황이 대, 세운의 흐름에 따라 어떻게 변화하는가를 주의 깊게 살펴서 물상을 읽어낸다.

己卯간지는 甲, 乙의 변화니 남자는 일지 부부궁의 변화를 읽어야 하며, 卯는 己의 官殺이니 자식의 변화도 함께 읽어주어야 한다. 己 土는 품어야할 甲乙이 많아서 부담스럽다. 또 木을 키우기 위해서 많은 水氣도 필요하다.

만약, 여명이면, 甲乙이 時空변화에 따라 바꾸기를 원한다. 이 구조에서 甲이 약해지고 乙이 강해지면 이혼하게 될 것이다. 그 이유는 乙의 성향은 밖으로 나가는 것을 좋아하기 때문에 토를 뚫고 밖으로 나가면서 己土를 흐트러트린다.

辛卯간지는 甲과 乙의 변화이니 일간 입장에서는 십신으로 財星의 변화, 妻星의 변화이니 복잡한 여자관계 혹은 불안정한 부부관계를 암시하고 또 직업변동 가능성도 높다. 또 水氣가 부족하니 바로 재성을 탐하는 도박, 투기 등의 문제가 발생한다.

癸卯는 甲乙 食傷의 변화다. 무언가 벌이는 과정에서 변화가 발생한다. 직업, 수단, 방법이 여러 가지이기에 잡스럽게 재주는 많은데 單一하게 집중하여 쓰지 못한다.

癸卯의 변화는 甲에서 乙로 혹은 乙에서 甲으로 변화한다. 관계로 따지면 癸甲조합은 전혀 어울리지 않으니, 癸乙조합으로 바뀔 수밖에 없다. 다만, 운이 水氣로 흐를 때는 癸甲조합을 유지하다 火氣로 흐를 때는 甲에서 乙로 변화한다.

여자의 경우는 일지에 자식이 甲乙로 있기에 運에 따라 甲乙이 공격하는 戊己土가 상한다. 즉, 자식 때문에 남편과 불화하고, 食傷이 섞여 두 집에서 자식 낳을 가능성도 있다.

日支에 子水가 있는 경우를 살펴보자. 子의 속성은 막 태어난 자라기 전의 생명체다. 이곳에서 壬水와 癸水가 전환점을 맞이한다. 子에는 火氣가 전혀 없는 공간이지만 온기를 끌어올려 成長하여 木으로 물형을 바꾼 후 땅을 뚫고 존재를 드러내야만 한다. 金에서 水로 전환하여 金의 체성은 사라져가니 물질이 전혀 없는 곳이다. 따라서 일지에 子水는 재물 복이 부족하며 물질을 얻는 가장 좋은 방법은 배움을 통하여 교육, 종교, 철학 등의 직업으로 方向을 잡아야 발전하며 만약 물질을 추구하면 물질이 없는 시공간에서 물질을 탐하기에 힘들다.

일지는 부부의 처소와 같다. 여명의 경우, 金이 水를 만나 무력해지는 상황이고 남자의 경우, 일지 子이니 陽氣가 사라지는 곳이니 남녀 공히 부부 관계가 불안정하다.

甲子간지의 경우, 일지에서 물질이 사라지며, 여자의 경우는 庚이 子水에서 체성을 유지하고 못하고 시간 흐름에 따라서 木으로 바뀌니 남편의 존재가 불안정하고 무력하다. 또 子는 양기를 발산하는 빅뱅과 같아서 결과적으로 火를 향하기에 밖으로 나가려는 에너요, 壬癸가 공존하니 생각은 많지만 활동력은 떨어진다. 따라서 자수의 배우자는 그 공간을 벗어나 멀리 떠나기를 원하기에 일지의 시기 38-45세 사이에 별거하거나 이혼할 가능성이 높다.

丙子는 丙火가 子속에서 성장하는 木氣를 키우려는 의지가 있으니 일지는 丙의 도움을 받거나 丙火가 子를 도우려 한다. 그러나 丙火는 분산하는 에너지인데 子에는 壬, 癸가 모두 있으니 분산과 응축에너지가 동일한 시공간에서 함께하기 어렵다. 따라서 부부가 일지의 시기에 떨어져 살기 쉽다. 예를 들어 살펴보자.

乾命				陰/平 : 1958년 1월 10일 2시								
時	日	月	年	82	72	62	52	42	32	22	12	02
己	丙	甲	戊	癸	壬	辛	庚	己	戊	丁	丙	乙
丑	子	寅	戌	亥	戌	酉	申	未	午	巳	辰	卯

이 구조는 丙火가 甲寅 月의 시공간을 만났다. 寅月에는 뿌리가 막 생겨난 시점으로, 丙火가 長生하므로 아직은 寅으로부터 분산에너지를 받지 못하기에 寅속의 丙火를 필요로 한다.

만약 甲寅으로부터 에너지를 받아서 戊土에 드러낸다면 자신의 능력을 뽐내고 빛을 환하게 비추는 길 안내자와 같다. 다만 이 구조는 두 가지 문제가 있는데 년, 월 조합이 戊戌, 甲寅으로 甲寅이 戊戌의 터전을 뚫어버리니 조상, 부모의 음덕이 없어서 고향을 떠나 타향이나 해외에서 살아가야 한다. 또 병화가 년주 戊戌의 땅에 빛을 비추어도 년과 월에 金氣가 전혀 없기에 열매 맺는 작용을 하지 못한다. 丙庚은 물질을 추구하고, 사업을 원하는데 년월에 庚이 없으니 사업하고 거리가 멀다.

大運은 젊은 시절에 巳午未로 흘러 丙火 분산에너지는 강해지지만 甲은 생기를 잃어간다. 丙火 빛이 강해져 戊土위에 자신의 존재를 명확하게 드러내지만 甲丙戊 조합에 문제가 생긴다. 즉, 말라가는 甲은 戊土를 사정없이 극하여 땅이 갈라진다. 丙戊 조합은 丙火가 戊에 존재를 드러내는데 甲때문에 무토의 땅이 상하니 자신을 드러낼 터전이 없고, 강한 火氣로 갑인의 생기마저 사라지니 삶의 方向을 상실하고 金조차 없으니 결실을 맺을 수가 없다. 마치 건장한 청년임에도 할 일이 없이 놀고 있는 상황과 다를 바 없다.

이 사람은 젊은 시절 마른 戊土의 땅을 벗어나 水氣를 채우고자 마도로스 생활하였다. 나중에 부동산업을 하였는데, 돈을 벌어도 모으지 못하고 실속 없는 카운셀러 역할하며 살아왔다. 丙火가 巳午未 대운을 만나 시공간은 적절하기에 자신의 활동은 굉장히 적극적이나 실속이 없는 삶이다.

巳午未를 흐르는 동안 일지 子水는 매우 중요한 역할을 하는데 일종의 生命水와 같은 역할이다. 만약, 子水가 마르면 화성처럼 변하여 모든 생기가 사라질 것이다. 다행히 子水는 子丑 합하여 水氣를 공급받을 근거지가 확실하기에 마르지 않는 샘과 같다.

따라서 부인이 현숙하고 어질다. 다만, 子입장에서 丙火의 기세에 水氣를 공급하는 역할이기에 甲寅을 타고 자신의 사상을 드러내고 싶어 활동하려해도 丑土와 합하고 子水가 丑土를 버릴 경우에는 말라 상할 수 있으니 자신의 꿈은 접고 현모양처로 생활하며 절에 가서 기도를 많이 올린다.

일지의 상황만 분석해보자. 子에는 壬癸가 있는데 巳午未로 흐른다면 癸水가 움직인다. 癸水는 巳午未에서 분산하는 수기로 습도를 조정하고 熱을 올려주는 역할이다. 하지만 巳大運을 지나면 子속의 癸水는 분산작용으로 체성을 상실한다. 이 때문에 반드시 金이 필요하며 만약 없다면 子부인은 도망가고 말 것이다. 다행히 丑속의 水氣와 합하였기에 부인이 현숙함을 유지한다. 이런 이유로 불교에 심취하여 부족한 수기를 보충하고자 절에 다니는 것이다.

天干조합을 만들어보면 丙, 癸, 寅 조합이고 天干으로 올리면 癸甲丙 조합이다. 癸甲은 여러 번 강조한 것처럼 전혀 어울리지 않는 조합이다. 癸는 甲을 적절하게 키우지 못하고 乙을 키우기 때문이다. 이때 癸는 관성에 해당하지만, 甲으로 활용하기 힘들다. 그 이유는 癸水가 甲을 키우고자 해도 甲은 癸水를 받아들이지 못하기에 癸甲丙 組合은 실속이 없다는 의미다.

大運이 巳午未를 지나서 申酉戌로 흐를 경우의 조합을 생각해보자. 子 속의 壬水가 물탱크를 만나 水氣로 드러나면서 壬甲丙조합으로 바뀐다. 壬水가 甲을 키우기 시작한다.

다만, 大運이 庚申, 辛酉, 壬戌로 흐를 경우에 丙甲戌 조합에서 丙戌庚 조합으로 변화한다. 丙火는 戌土위에서 庚 열매를 키우려는 욕망이 강해지면서 수확을 원한다. 이때 丙火의 상황을 살펴보자. 巳午未를 지날 때는 팔자에 庚이 없으니 직접 과일을 키울 수 없어서 戊土의 터전만 제공하고 결실이 없었는데 庚申을 만나면 열매는 키우고자 자신의 에너지를 적극적으로 활용한다.

팔자원국을 살피면 일주와 시주 丙子, 己丑을 지나는 시공간이니 火氣는 약해지면서 庚 열매를 키우지 못하기에 열매 맺을 능력이 강하지 않다. 화기가 강한 시절에 大運이 庚申으로 왔다면 큰 열매를 수확했을 것이다.

이 사람은 庚申을 수확하는 행위를 주말에 시골에 내려가 과일나무를 심는 것으로 대신한다. 직접적으로 물질을 취하지 못하기에 그런 행위로 대체하는 것이다. 火運에는 자신의 에너지는 강하지만 金이 없어서 실속이 없었고, 현재는 실속은 있으나 취할 수 있는 火氣가 약하다.

丙子, 己丑을 흐르는 동안, 학교에서 사무직으로 일하며 월급을 받으니 생활은 안정적이다. 巳午未 화려한 시절에는 돈을 벌었어도 열매가 없기에 모으지 못하고, 현재는 열매를 취할 수 있는 환경은 조성되었으나 취할 능력이 없으니 물질인연은 박하다. 이것이 人生이다.

위에서 언급한 天干조합을 정리해보자.

丙甲조합, 丙甲戊조합, 丙庚戊조합, 丙癸甲조합, 丙壬甲조합, 丙丁甲조합, 甲己合, 寅丑合 등 大運과 歲運에 따라 수많은 조합을 만들어낸다. 大運까지 감안하면 丙丙甲 조합으로 水氣부족으로 바다로 나가서 마도로스가 된 이유다. 이런 에너지 조합의 의미를 살피는 것이 天干조합론이다.

戊子의 경우, 戊 입장에서 子에 壬癸가 모두 있으니 직업변동이나 財星변동을 의미하고 구조에 따라서는 금전적으로 고통을 받을 수도 있다. 또 戊土가 子에서 적절하지 않은 時空間을 만났기에 환경이 좋은 것은 아니다.

庚子의 경우, 일지에 食傷이니 직업변동이 잦거나 남편에게 문제가 생기거나, 일지 38-45세 사이에 재물손실이 심하거나, 사업하다 부도나는 물상이다. 庚子간지의 심각한 문제는, 子水는 새로운 생명체를 준비하는 과정이기에 陽氣를 필요로 하는데, 庚이 오히려 冷氣를 조장하고 庚은 火氣를 필요로 하는데 자수 공간을 만났기에 적절하지 않은 組合이다.

壬子의 경우, 물질은 전혀 없는 영혼의 세계와 같고 암흑세계이기에 火氣가 전혀 들어올 수 없는 시공간이다. 따라서 물질과는 인연이 없고, 사회적으로 발전이 없거나, 재물과의 인연이 박하고 부부사이에 문제가 생길 가능성이 높다. 壬子간지는 교육, 종교, 철학, 한의사 등과 같은 직업으로 깊은 내면의 세계를 다루기에 적합하다.

午火 干支를 살펴보자. 甲午의 경우, 甲이 丙과 丁火를 상대한다는 뜻으로, 이것저것 일을 매우 잘 벌린다. 또 재주도 많고 직업 변동이 잦다. 甲을 다스리는 庚辛이 午火의 공간에서 무력하니 공직, 조직, 회사보다는 개인기술이나 장사에 적합하다. 남자가 甲午일주일 경우는 午火 속의 己와 합하지만 甲午일주 여자의 경우는 남편과의 해로가 쉽지 않다.

丙午의 경우, 丙, 丙丁으로 火氣가 탱천하니 분산, 수렴을 반복하면서 水氣가 부족하니 金이 상한다. 부부사이라면 여자입장에서는

水氣가 들어오기 힘들고, 남자의 경우는 金이 녹아난다. 金이 강하게 있으면 庚 열매를 키우지만 약하면 오히려 갈등만 생긴다.

戊午는 戊土와 丙, 丁火의 문제로 조열하다. 戊에서 익어가는 열매에 水氣가 부족하니 생기가 마른다. 만약 水氣가 채워지지 않으면 남편의 건강이나 발전에 문제가 되는 구조. 木 남편이 丙丁으로 식상이 강하니 일을 벌이지만 水氣가 없으니 남편의 직업이 자주 바뀌거나 사업을 시작하고 닫기를 반복한다. 丙丁이 함께 있으니 丁火의 고치려는 성정과 丁壬 합의 전문기술을 가미한 직업이다. 남편이나 본인의 직업을 水氣를 보충하는 직업을 원하기에 선박, 철강, 무역, 수산업 등에 종사한다.

庚午의 경우, 丙, 丁火가 바뀌는 문제다. 이 구조도 조열함이 문제다. 직업변동, 남편의 변화도 암시한다. 여명의 경우는 결혼을 늦게 하는 것이 좋다. 남명의 경우는 직업변동이 잦다. 임수를 보충해 주면 丙庚壬 조합으로 교육, 검경, 성악등과 같은 물상이다.

壬午의 경우, 丙, 丁을 모두 가진 구조인데, 壬水입장에서 火氣에 증발되고 己土에 수기의 흐름이 제한된다. 남자의 경우는 火氣 에 의해서 자신이 무능해지며, 재성이 강하니 부인 덕으로 재물을 축적할 가능성은 높다. 여자의 경우는 火氣에 의해 자신의 흐름이 막혀서 답답한 상황이다. 나를 자유롭지 못하게 구속하는 남편을 의미하지만, 丁壬 합하니 떨어질 수 없는 인연이다.

마지막으로 酉金의 干支를 살펴보자. 酉金은 봄에 새싹으로 드러나고 午月에 열매 맺은 후 가을에 수확한 열매와 같다. 이런 의미를 가진 酉金의 천간에서 어떤 글자와 조합을 이루느냐에 따라 간지의미가 달라진다.

　乙酉干支의 경우, 乙이 적절하지 않은 공간을 만났다. 乙의 左右로 펼치려는 에너지가 酉金의 경화작용으로 딱딱하게 굳어서 활동이 불가능한 상황이다. 따라서 乙酉일주 여명은 庚과 辛이 바뀌는 공간에 머물기에 남편과의 애정이 없어 결혼생활이 불미하거나 외도하기 쉬운 干支다. 따라서 巳火로 酉金을 통제하거나, 亥水로 酉金의 날카로운 殺氣를 풀어내야만 한다. 다만 酉亥로 조합을 이루면 乙의 활동이 극도로 위축되니 반드시 丙火로 보조해야만 한다.

　丁酉간지의 경우, 丁火가 酉金의 공간에서 旺地를 만나 酉金에게 열을 가한다. 酉에는 庚과 辛이 함께 있으니, 天干조합으로 丁庚과 丁辛이다. 酉月에는 이미 庚이 辛으로 바뀌어 丁火가 열을 가하는 것을 달가워하지는 않는다. 따라서 丁酉간지는 丁火가 酉를 공격하여 괴롭히는 상태다. 酉金으로 완성된 열매를 丁火가 다시 제련한다는 의미와 같아서 서로 타협이 어렵다.

　남자의 경우는 재성혼잡으로 時空에 따라 庚辛이 변화한다. 이렇게 열기만 가득한 상태에서 水氣를 만나지 못하면 유금은 열기를 감당하지 못하기에 남녀 모두 좋은 관계를 유지하지 못한다.

　己酉간지의 경우, 己土가 酉金을 내부에 품었다. 酉金 열매는 己土에 묻혀 자신의 가치를 제대로 드러내지 못하고, 능력을 적절하게 발휘하지 못하는 문제가 발생한다. 己酉干支도 기본적으로 부부관계가 좋지 못하는 이유는 기토의 남편은 木氣인데 일지 유금에 들어와 성장하기 어렵다. 또 일지에 食傷이 모두 있으니 직업에 변동이 잦거나 이것저것 일을 잘 벌이지만 수습이 어렵다. 이 경우도 水氣

로 날카로운 酉金을 풀어냄과 동시에 어둡고 차가운 속성을 丙火로 환하게 비춰줄 때에서야 비로소 뛰어난 능력을 발휘한다.

辛酉간지의 경우, 완성된 열매 두 개가 동일한 공간에서 만났다. 마치 다이아몬드 두 개가 한 공간에서 만나 가치가 절반으로 줄어들었기에 사주팔자 구조에서 달리 보충해주지 않는다면 좋은 의미를 갖기 어렵다. 또, 辛酉의 경우도 반드시 水氣를 만나서 殺氣를 적절하게 풀어줌과 동시에 水氣에 풀어지면서 생기는 방탕 하는 성질을 丙丁으로 통제해주어야 좋은 구조가 된다.

酉에는 庚과 辛이 있는데 天干도 辛이니 金무더기다. 이런 구조를 해결할 방법이 마땅하지 않다. 水氣로 살기를 풀어내야 하지만 水氣에 풀어지면 딱딱한 속성이 體性을 유지하지 못하고 변질된다. 이런 의미를 인간의 심리상태로 표현하면 틀을 벗어나 마음대로 행동하는 것인데 이것을 통제하는 방법은 오로지 火氣로 金의 체성을 딱딱하게 만들에 정체성을 유지하는 것이다. 달리 표현하면 丁辛壬 조합을 이룰 때에서야 비로소 辛酉의 가치가 적절하게 쓰임을 얻는다.

癸酉간지의 경우, 癸水가 地支에 庚과 辛을 만났다. 이것저것 배우는 것은 많다. 하지만 여자라면 酉에 庚辛이 모두 있으니 癸의 官星 戊己의 입장에서 食傷이므로 남편이 벌이는 재주는 많으나 수습하지 못한다. 戊己 입장에서 정체성을 유지하려면 火氣로 적절하게 庚辛 혼잡의 불안정을 통제, 조절해야만 하는데 없다. 따라서 癸酉의 酉에는 丙丁과 戊己가 모두 없으니 잘 벌이지만 관리능력은 부족하다. 남자의 경우도 이것저것 배우지만 癸水의 본래목적인 乙

을 키우지 못하고 수확에만 흥미가 높아서 시공간이 적절하지 않다. 丁火는 酉에서 旺地요, 丙火는 酉에서 무력하여 빛을 잃어간다. 癸水의 발산에너지는 丙火의 분산작용과 어울리고 丁火의 수렴작용과 조화를 이루지 못한다. 따라서 남녀 모두 적절한 간지 조합은 아니다.

(3) 辰戌丑未

辰戌丑未 地藏干을 살펴보면 辰 속의 乙癸, 未 속의 丁乙, 戌 속의 辛丁, 丑 속의 癸辛으로 오로지 陰干으로만 구성되었다. 그 이유는 辰戌丑未는 모두 三合운동을 마감하고 完成한 물질을 土속에 저장하였기 때문이다.

水, 木, 火, 金 삼합운동이 완성되니 中氣에는 반드시 물질의 완성을 뜻하는 陰質이 표시되고, 餘氣에는 子卯午酉에서 이어져온 음질의 에너지가 지속적으로 이어진다. 예로 卯辰의 경우, 卯木의 지장간에 甲과 乙이 이어지고 辰月 여기에 乙의 에너지가 지속되고 중기에는 申子辰 삼합을 완성한 癸水가 표기된다. 따라서 寅巳申亥는 새로운 氣運이 동하는 시공간이라면, 子午卯酉는 양기가 음질로 전환하는 시공간이요, 辰戌丑未는 음질을 저장하는 시공간이기에 物質을 다룬다. 다만, 辰戌丑未는 다양한 물상이 존재하기에 간단하게 정리하기 어렵다.

地藏干속을 들여다보면 상황이 복잡하다. 辰戌丑未를 물질이 상하는 관점으로 살펴보면 地藏干에서 발생하는 刑破작용 때문이다.

辰土	乙癸戊
天干	: 乙癸 組合
干支	: 癸卯 組合
地支	: 子卯 組合

　辰속의 地藏干에 있는 글자들의 조합을 자세히 살펴보자. 乙癸 조합은 癸水가 乙의 성장을 촉진한다. 辰月에 자연에서 반드시 해야만 하는 일이다. 癸水가 에너지를 乙에게 전달하니 매우 아름답고 두 글자의 시공간이 매우 적절하다.

　癸卯干支로 癸水가 卯를 키우며 甲乙이 함께 있으니, 이것저것 다양하게 벌이는 물상이다. 地支는 子卯 刑으로 辰土 공간에서 발생하는 가장 실질적인 문제다. 辰月에 壬水가 申子辰 三合을 마감하니 水氣가 마를 수밖에 없다. 地藏干 조합에서 보듯, 癸水가 乙을 키우는 과정에 반드시 온기를 올려야 하고 이런 이유로 수기는 발산에너지로 변화하기 때문이다.

　따라서 子卯 刑이란 바로 子水가 卯木을 키우고자 子丑寅卯를 순서대로 거치지 않고 순식간에 卯 때문에 水氣가 부족해지는 문제다. 이것은 표면적인 문제이고 실질적인 문제는 아직 생명체로서 존재조차도 드러내지 못한 癸水가 卯木의 생명체로 갑자기 밖으로 튀어나온 상황이다. 무엇이 문제일까? 子水어둠 속에서만 존재해야할 생명체가 세상 밖으로 드러나 상한다. 따라서 辰에서 암시하는 문제는 子와 卯가 변형되어 생명체의 탄생에 문제가 있음을 암시한다. 예로 불임, 조산, 미숙아, 체외수정, 입양 물상 등이다.

地藏干에서 언급했던 子卯辰의 불임조합을 기억할 것이다.
그렇다면 문제를 해결할 방법은 무엇일까? 이것을 이해할 때 辰月의 時空間을 이해한다. 水氣가 부족하니 水氣를 공급하여 문제를 해결해야 한다. 결론적으로 水氣를 보충해 주는 것이 辰月의 時空間에서 가장 시급하게 해주어야할 행위다.

辰에서 戊癸 合으로 온기를 올려 乙을 키우는 과정에 水氣가 부족해지면서 성정은 조급해지고 다혈질이며 또 水氣가 마르면서 한곳에서 정착하지 못하고 이곳저곳을 떠돈다. 이런 이유로 불안정, 申子辰 영혼의 세계와 관련되어 귀신, 접신, 무당, 천도, 방생, 이혼, 불구 등의 물상으로 발현된다. 사주팔자를 분석함에 글자의 성향 파악이 우선이니 十神으로 傷官, 官星 등으로 판단할 것이 아니라 글자의 의미를 먼저 이해한 후 十神을 감안해서 종합적으로 살핀다.

몇 가지 예문을 보자.

乾命　　　　　　陰/平 : 1958년 3월 2일 8시

時	日	月	年
甲	丁	丙	戊
辰	卯	辰	戌

85	75	65	55	45	35	25	15	05
乙	甲	癸	壬	辛	庚	己	戊	丁
丑	子	亥	戌	酉	申	未	午	巳

中年에 두 아이를 낳았지만, 모두 病으로 잃었다. 己未大運에 辰戌未 組合에 걸린다. 이 구조의 가장 큰 문제는 辰土에 수기가 부족하여 마른 땅이다. 傷官이 많아서 자식이 상한다고 보거나, 상관이 많아서 자식이 많다고 보는 것이 일반적인 관법이다. 하지만 甲으로 傷官을 적절히 통제하니 함부로 난동을 부리지 못한다. 더욱이

두 아이를 잃을 정도의 문제가 어찌 傷官이 많기에 그러겠는가? 十神으로 꼭 따져야한다면 辰속의 癸水가 말랐기 때문으로 아이들의 成長發育에 문제가 생긴 것이다.

坤命　　　　陰/平 : 1929년 3월 7일 16시

時	日	月	年	86	76	66	56	46	36	26	16	06
丙	辛	戊	己	丁	丙	乙	甲	癸	壬	辛	庚	己
申	卯	辰	巳	丑	子	亥	戌	酉	申	未	午	巳

이 여명도 세쌍둥이를 낳았지만 모두 잃었다. 戊辰月의 辰土에 水氣가 마르니 생명체가 적절하게 성장하기 어렵다. 辰土에서 성장해야할 생명체의 근원인 子水가 마르는 것이다. 또한, 시지 자식궁 위에 申이 있으니 생기가 없고, 卯申 합으로 자식을 생산하는 기능인 卯木을 상하게 한다. 이런 이유로 안타까운 문제가 발생한 것이다.

坤命　　　　陰/平 : 1964년 5월 6일 10시

時	日	月	年	83	73	63	53	43	33	23	13	03
辛	乙	庚	甲	辛	壬	癸	甲	乙	丙	丁	戊	己
巳	未	午	辰	酉	戌	亥	子	丑	寅	卯	辰	巳

이 구조도 전체적으로 조열하고 辰土 속의 水氣도 말라 생기를 만들어내지 못한다. 또 강한 화기에 자극받은 庚辛이 乙庚合, 乙辛沖으로 乙의 활동을 극도로 위축시키니 정신병에 걸렸다.

乾命　　　　　陰/平 : 1939년 12월 29일 20시

時	日	月	年
甲	己	戊	庚
戌	卯	寅	辰

89	79	69	59	49	39	29	19	09
丁	丙	乙	甲	癸	壬	辛	庚	己
亥	戌	酉	申	未	午	巳	辰	卯

년주가 庚辰으로, 癸未大運 庚辰年에 위암수술 하였으나 사망했다. 이 구조도 전체적으로 수기가 말랐다. 또 未大運에 辰戌未 組合을 이룬다. 水氣가 마르면 木氣는 부족한 水氣를 채우려고 하지만 사주팔자에 水氣가 없으니 토를 괴롭혀 水氣를 내놓으라고 독촉한다. 이렇게 목이 토를 찌르는 과정이 반복되면 위암에 걸린다.

坤命　　　　　陰/平 : 1958년 4월 25일 8시

時	日	月	年
庚	庚	戊	戊
辰	申	午	戌

81	71	61	51	41	31	21	11	01
己	庚	辛	壬	癸	甲	乙	丙	丁
酉	戌	亥	子	丑	寅	卯	辰	巳

이 여명은 1997年 丁丑年에 辰戌丑 組合에 걸리니, 鼻癌으로 사망하였다. 이 구조도 수기가 몹시 부족하며 대운도 火木氣로만 흘러 생기를 상실하며 강한 火氣에 자극받은 庚申은 대운의 甲寅을 찔러 생기를 빼앗으니 단명한 것이다.

甲辰간지는, 甲乙이 戊에서 水氣를 다투는 문제가 있다. 辰土의 시공간은 기본적으로 乙이 甲보다 활동하기 편하다. 乙은 辰月을 만나 癸水의 도움으로 戊土 위에서 좌우로 에너지를 적극적으로 펼치며 성장하는 반면에, 甲은 辰土 속의 戊와의 조합이 水氣가 매우 박하기에 좋지 않으며 時空도 적절하기 않다. 따라서 甲辰간지는 甲

보다는 乙이 경쟁력을 가졌고 戊土를 장악한 상황이다. 甲戊 조합은 좋은 관계라고 주장하는 이론도 있지만 기본적으로는 흉한 조합이다. 甲癸 조합도 四季圖에서 보듯, 甲은 겨울에 배속된 에너지고 癸水는 봄에 배속된 에너지이기에 어울리지 않는 상황에서 甲이 水氣가 부족하여 戊土에게 수기를 내놓으라고 찔러대는 구조다. 따라서 甲辰 干支의 경우 水氣가 채워지지 않으면 부부사이는 안정적이기 힘들며 戊土가 甲을 버리고 자신과 시공간이 적절한 乙에게 떠나는 문제가 발생한다. 결론적으로 甲乙이 戊土를 다투는 문제요, 水氣가 마르면 경쟁에서 밀린 甲은 戊土의 땅을 버리고 水氣를 찾을 때까지 이런 저런 시공간을 떠돌며 정착하지 못하고 방황한다.

丙辰간지도 유사한데, 丙火는 진토에서 아직 그 氣運을 명확하게 드러낸 상태가 아니고 辰 속에 있는 癸가 乙의 좌우확산을 돕는 과정에 丙火의 분산에너지를 점점 끌어올린다. 비록 丙火와 癸水는 적절하게 조화를 이루는 관계지만 癸水가 乙을 키운 후에서야 비로소 乙이 丙火의 분산작용을 확대시켜 주는 흐름이다. 따라서 辰에서는 癸水가 강하게 에너지를 발산하면서 丙火의 분산작용을 돕는다. 따라서 乙癸戊와 丙이 만나는 구조로, 癸水와 丙火가 함께 만나 발산, 분산에너지만 강해지기에 수기가 부족함은 피하기 힘들다. 따라서 수기가 부족하여 성정이 조급하고, 성장발육에 문제가 있으며, 육체장애, 싸움, 조폭, 해외, 교육 등의 물상으로 발현된다.

戊辰간지도 水氣가 부족하다. 乙癸戊 조합을 이루기에 적절한 시공간이지만 乙癸戊에 戊土가 가미되니 男女 사이에 경쟁상황이고, 水氣가 부족한 문제가 발생한다. 水氣가 부족하면 生氣에 문제가 발생하니 유부남, 첩, 미혼, 불임 등의 물상으로 발현된다.

庚辰간지는 辰土의 乙癸戊와 庚이 만나는 상황인데, 庚이 辰土를 만나면 巳酉丑 三合하는 庚입장에서 아직 적절한 삼합운동을 하지 못하고 무력한 상황의 辰土공간에 있는 것이다. 丙火의 분산에너지도 적절하지 않기에 庚 열매가 성장하기에 적합하지 않은 시공간이다. 기본적으로 辰에는 癸水가 乙을 키우는 상황이기에, 庚은 적절하지 않은 시공간에 드러난 것이다. 庚아래 진토 속에서는 子卯 刑으로 수기가 매우 부족하니 여자의 경우는 자식을 낳지 못할 가능성이 있고, 남자는 辰 속의 乙이 상한다.

坤命　　　　陰/平 : 1967년 4월 8일 4시

時	日	月	年
戊	庚	乙	丁
寅	辰	巳	未

87	77	67	57	47	37	27	17	07
甲	癸	壬	辛	庚	己	戊	丁	丙
寅	丑	子	亥	戌	酉	申	未	午

이 여명의 남편은 2002年 戊申대운 壬午年 교통사고로 사망하였다. 대운의 申과 巳申 合의 문제로 사망하였으나 일지 辰土에서도 水氣가 심하게 부족한 상황이기에 남편이 단명한 것이다.

乾命　　　　陰/平 : 1952년 7월 22일 8시

時	日	月	年
庚	庚	己	壬
辰	申	酉	辰

89	79	69	59	49	39	29	19	09
戊	丁	丙	乙	甲	癸	壬	辛	庚
午	巳	辰	卯	寅	丑	子	亥	戌

辰土 속의 乙이 水氣가 부족하고, 강한 金들에 상하니 부인이 庚

辰年에 사망하였다. 일지를 기준으로 申酉庚庚으로 동일한 오행이 많고 혼잡하니 多婚의 상이 분명하다.

乾命　　　　　陰/平 : 1933년 11월 24일 8시

時	日	月	年
庚	庚	乙	癸
辰	辰	丑	酉

81	71	61	51	41	31	21	11	01
丙	丁	戊	己	庚	辛	壬	癸	甲
辰	巳	午	未	申	酉	戌	亥	子

이 구조는 酉丑辰 組合이다. 子酉 破가 강하게 발생한다. 월간에 있는 乙이 乙庚 合으로 金에 의해 상하고 그 아래 丑土의 공간이니 활동이 답답하다. 또 일지와 시지가 辰辰으로 乙의 활동에 문제가 있으며, 己酉年에 酉丑辰 組合으로 乙의 활동이 극도로 위축되었기에 1969년 부인이 사망하였다.

坤命　　　　　陰/閏 : 1955년 3월 10일 2시

時	日	月	年
辛	壬	庚	乙
丑	戌	辰	未

81	71	61	51	41	31	21	11	01
己	戊	丁	丙	乙	甲	癸	壬	辛
丑	子	亥	戌	酉	申	未	午	巳

이 여명의 구조는 辰戌未 組合이다. 乙이 자식에 해당하는 십신인데 金으로 木을 극하니 자식을 얻기 어렵다. 자식궁위를 기준으로 자식의 동태를 살피면 壬戌日, 辛丑時로 甲乙 생기가 전혀 없어서 자식을 얻기 어려운 것이다.

坤命　　　　陰/平 : 1982년 1월 21일 14시

時	日	月	年
己	戊	壬	壬
未	辰	寅	戌

83	73	63	53	43	33	23	13	03
癸	甲	乙	丙	丁	戊	己	庚	辛
巳	午	未	申	酉	戌	亥	子	丑

이 구조도 辰戌未 組合이다. 戊辰, 己未로 水氣가 극도로 부족하여 자식을 얻기 어렵다. 유산을 몇 차례 한 후 자식을 얻지 못했다.

壬辰은 壬水가 乙癸戊를 만나 壬癸가 戊土를 경쟁한다. 辰土에 乙癸戊가 있으니 戊는 癸와 合하고 乙을 키우니 壬水입장에서는 戊에게 배신당하는 구조다. 따라서 남편이나 남자와 삼각관계가 이루어질 가능성이 높다. 또 辰土에 水氣는 부족한데 천간에 壬水가 드러났기에 이런 구조를 괴강이라 부른다. 그 의미는, 수기가 부족하여 자신의 에너지가 강하지 않음에도 겉으로는 세력이 강한 것처럼 허세를 부리는 행위를 일컫는다.

즉, 자신의 나약함을 감추고자 능력을 외부에 부풀리는 행위를 괴강이라 부른다. 달리 표현하면 시공간이 적절하지 않은 상태에서 자신의 나약함을 감추고자 허세를 부리는 것이다. 壬水를 地支로 내리면 辰亥조합이니 괴강의 성향이외에 의료, 종교, 약국, 교육 등 보살피는 물상도 포함된다.

未土　　　丁乙己

天干	:	丁乙 組合
干支	:	丁卯 組合
地支	:	卯午 組合

丁乙조합은 生剋 관계로 살피면, 乙이 丁火를 生한다. 다만, 丁火는 가을에 수렴 작용하는 에너지로 봄에 사용하는 乙의 좌우확산 활동을 방해하기에 丁火를 만난 乙의 활동에 제약이 따른다. 干支조합은 丁卯로 卯木 활동을 丁火가 적절하게 제어하니, 교육, 공직 물상이다.

地支조합은 卯午 破로 卯의 좌우로 펼치는 에너지가 午火를 만나 卯辰巳午로 순차적인 시공간 흐름을 거치지 않고 갑작스럽게 열매로 바뀌는 시공간을 만났다. 卯 새싹, 어린아이가 갑자기 午火에서 장성, 성인으로 몸으로 바뀐 것이다. 따라서 성장발육이 순차적으로 이루어지지 않기에 문제가 있다. 육체적으로는 어른이지만 정신적으로는 성장하는 아이와 같다. 물상으로는 좌우로 펼치는 에너지를 정화로 적절하게 제어하니 반복적인 행위와 육체를 복합한 화장, 미용, 연예인 물상이며 未 속에서 이루어지는 卯午 破 문제는 성장장애, 육체손상이다. 따라서 未에서 이 문제를 해결하는 방법은 두 가지로, 첫 번째는 水氣로 卯를 더 성장하도록 유도하는 것이고, 두 번째는 木氣를 강화하여 乙의 성장을 활발하게 하는 것이다. 이것이 未月의 時空에 필요한 조건이다.

乙未干支의 경우, 乙이 未土에 좌하여 乙丁己와 조합을 이룬다. 乙이 比肩과 함께 丁火를 쓰는데, 己土에 갇혀 성장을 조절당하고, 丁火에게 乙의 氣運을 빼앗긴다. 乙己 조합은 시공간이 적절하지 않고, 乙丁조합도 서로 적절하지 않은 조합이며, 乙乙 조합은 육체를 활용한다. 乙丁조합은 乙의 生命力을 丁火에게 전달하여 정화로 고치고, 수리하는 조각, 글, 그림, 예술 등의 직업물상에 어울린다.

다만 부부관계는 서로 어울리지 않는 이유는 乙이 未에 묶여서 답답한 상태로, 未에는 水氣가 없으니 乙이 마르면서 육체에 장애가 발생하기 쉽다.

坤命　　　　陰/平 : 1958년 6월 1일 8시

時	日	月	年
庚	乙	己	戊
辰	未	未	戌

83	73	63	53	43	33	23	13	03
庚	辛	壬	癸	甲	乙	丙	丁	戊
戌	亥	子	丑	寅	卯	辰	巳	午

乙卯大運 1998년 戊寅年에 病으로 사망하였다. 이 구조는 辰戌未 組合에 未未가 중복되어 을의 활력에 문제가 생긴다. 水氣가 전혀 없고 乙未에 乙이 묶였고 乙庚 合으로 을의 활동을 극도로 위축시킨다. 이것이 단명의 원인이다.

坤命　　　　陰/閏 : 1971년 5월 20일 16시

時	日	月	年
庚	戊	乙	辛
申	戌	未	亥

88	78	68	58	48	38	28	18	08
甲	癸	壬	辛	庚	己	戊	丁	丙
辰	卯	寅	丑	子	亥	戌	酉	申

乙이 未에 묶이고 乙辛 충으로 상하며 일지는 戌未 刑하니 일지와 남편성이 모두 좋지 않은 상황이다. 丁酉大運 戊寅年 남편이 사망하였다.

丁未干支의 경우도 乙未와 유사하다. 丁丁과 乙, 己가 지장간에 있는데, 乙이 마르면서 활동이 둔해졌으며 乙이 두 개의 丁火를 생하면서 자신의 에너지를 빼앗기고 또 2개의 정화는 乙의 좌우로 펼치는 활동을 통제하니 무력해질 수밖에 없다. 丁火의 잘못된 곳을 고치려는 성향이 두 개나 있으니 고치는 행위의 물상에 어울린다. 전기제품관련 수리업, 돌조각, 기술공무원 등에 어울린다. 丁未를 地支로 내리면 午未조합으로 열기 가득하여 乙의 활동에 문제가 생긴다. 乙생명체를 미토 속에서 열기로 자극하고, 활동을 제약하고, 고치니 戌未 刑을 가졌다면 의사물상에도 어울린다.

坤命 陰/平 : 1968년 12월 15일 14시

時	日	月	年	88	78	68	58	48	38	28	18	08
丁	丁	乙	戊	丙	丁	戊	己	庚	辛	壬	癸	甲
未	未	丑	申	辰	巳	午	未	申	酉	戌	亥	子

이 여명의 구조는 丑 속에 관성이 암장되어 있는데 丑未 冲하고 未未로 未土가 중복되었다. 연애는 여러 번했지만, 壬戌大運에 丑戌未 三刑까지 동하니 결혼하지 못하고 있다.

坤命 陰/平 : 1955년 4월 25일 20시

時	日	月	年	8	7	6	5	4	3	2	1	0
庚	丁	壬	乙	辛	庚	己	戊	丁	丙	乙	甲	癸
戌	未	午	未	卯	寅	丑	子	亥	戌	酉	申	未

이 여명은 자식이 없어 庚辰年에 인공수정을 시도했으나 애를 낳고 6日만에 잃고 말았다. 未未戌로 일지가 식신인데 未에 乙의 활동이 답답하고 戌未 刑하니 未속의 乙이 더욱 심하게 상한다. 사주 구조가 조열하다.

己未간지의 경우, 己己乙丁 조합인데 마찬가지로 너무 조열하여

乙이 활력을 유지하기 힘든 시공간이다. 水氣가 전혀 없으니 결혼에도 문제가 있고 임신도 어려운 구조로, 未 속의 乙 官星이 무력하다. 여명의 경우는 未에 많은 목기를 담으니 마치 많은 남자들을 담는 것과 같다.

坤命

時	日	月	年
丙	己	丙	庚
寅	未	戌	申

陰/平 : 1980년 9월 5일 4시

81	71	61	51	41	31	21	11	01
丁	戊	己	庚	辛	壬	癸	甲	乙
丑	寅	卯	辰	巳	午	未	申	酉

이 여명은 일지에 木庫를 가졌는데 月支 戌과 戌未 刑한다. 癸未 大運 丁亥年 壬子月에 남편이 살해당했다. 원국에서 戌未 刑하는데, 大運에서 다시 未土를 만나 未未로 중복되고, 癸壬丁 組合이 만나 육체와 물질을 만드는 정화 중력에너지가 상하는 시기에 남편이 살해당했다.

坤命

時	日	月	年
丁	己	甲	戊
卯	未	寅	子

이 여인의 일지에 未土가 있어 월주와 시주에 있는 수많은 木氣를 안방으로 담아 들이니 기녀로 살았다.

乾命　　　　　陰/平 : 1964년 8월 2일 12시

時	日	月	年
庚	己	壬	甲
午	未	申	辰

81	71	61	51	41	31	21	11	01
辛	庚	己	戊	丁	丙	乙	甲	癸
巳	辰	卯	寅	丑	子	亥	戌	酉

　己未일주요, 午未 合하니 水氣가 일지 궁위로 들어오기 쉽지 않다. 丙子大運 壬午年에 財星이 약하게 드러나니 부인이 차사고로 사망하였다.

　辛未간지의 경우, 地支는 木의 고지이고, 辛으로 목을 찌르는 형상이다. 따라서 未속에서 무력해진 乙이 丁火에 의해 더욱 마르고 辛에 상하니 남녀 모두 재혼하기 쉽다. 辛과 未 사이가 未申酉로 격하니 나이 차이가 많거나 해외에서 만나 결혼한다. 직업으로 회계, 무역, 한의, 종교 등에 어울린다. 辛未도 辛이 미토에 좌하고 화기 가득한 시공간을 만나 적절하지 않다.

坤命　　　　　陰/平 : 1935년 9월 25일 4시

時	日	月	年
庚	辛	丙	乙
寅	未	戌	亥

85	75	65	55	45	35	25	15	05
乙	甲	癸	壬	辛	庚	己	戊	丁
未	午	巳	辰	卯	寅	丑	子	亥

　이 여명은 壬辰大運 壬申年에 남편을 잃었다. 丙戌과 辛未가 合刑 하는데, 壬辰大運에 辰戌未 組合이 이루어지고 大, 歲運에서 丙壬 冲하여 합을 깨면서 병화가 상하니 남편이 사망했다.

乾命 　　　陰/平：1970년 9월 19일 10시

時	日	月	年
癸	辛	丙	庚
巳	未	戌	戌

86	76	66	56	46	36	26	16	06
乙	甲	癸	壬	辛	庚	己	戊	丁
未	午	巳	辰	卯	寅	丑	子	亥

　이 남명도 丙辛 合, 戌未 刑하는 불미한 구조인데, 己丑大運에 일지와 冲하고 丑戌未 三刑을 이룬다. 일지가 불안정해지니 己卯年에 이혼하였다. 상기 사주와 다른 점은 未속의 乙이 재성인데 丑未 冲으로 크게 흉한 세운이 아니기에 이혼 정도로 끝났다.

　癸未간지의 경우, 癸水가 未의 공간에 있으니 未속의 乙을 키우고자 노력하지만 성장 완료한 乙을 키워도 가치가 없고 癸水가 未에서 발산에너지를 적극적으로 활용하지 못하기에 未土의 공간에서 견디지 못하고 타향이나 해외로 떠난다. 癸未의 未속 丁火는 수렴작용으로 발산에너지 癸水의 활동을 극도로 위축시키니 남녀 공히 결혼 생활은 불안정하다.

坤命 　　　陰/平：1979년 9월 23일 20시

時	日	月	年
壬	癸	乙	己
戌	未	亥	未

88	78	68	58	48	38	28	18	08
甲	癸	壬	辛	庚	己	戊	丁	丙
申	未	午	巳	辰	卯	寅	丑	子

　癸未일주로 癸에게 乙은 자신의 생각을 언어나 글, 행위를 통하여 드러내는 수단인데 일지에 未土가 있으니 그 공간에서는 乙의 활동에 장애가 생기며, 日時가 戌未 刑하여 자식을 갖는 것도 쉽지 않다. 未土가 己未로 복음이니 남편은 이혼한 경력이 있다.

乾命			
時	日	月	年
乙	辛	癸	乙
未	未	未	未

陰/平 : 1955년 5월 20일 14시

81	71	61	51	41	31	21	11	01
甲	乙	丙	丁	戊	己	庚	辛	壬
戌	亥	子	丑	寅	卯	辰	巳	午

己卯大運 乙亥年 다른 남자의 유혹에 넘어간 부인은 이 남자를 버리고 떠나 美國으로 가버렸다. 己卯干支는 卯木이 살기에 비좁은 땅이기에 卯는 己土를 버리고 떠난다. 이 남자의 乙 財星은 己卯大運에 이르러 좁은 땅이 답답해져서 乙亥年 亥의 공간이 싫어진 부인은 다른 남자와 美國으로 떠나버렸다.

　　　　　　戌土　　　辛丁戊
天干	: 辛丁조합
干支	: 丁酉조합
地支	: 午酉 조합

戌土의 地藏干 구조를 살펴보자. 天干은 辛丁 조합으로 丁火가 辛에게 열기를 가하면서 자신의 에너지를 방사하여 빼앗기니 점점 무력해지는 상황이다. 이런 관계를 극으로만 살피면 정확한 판단을 하지 못한다. 丙庚 조합처럼 丁辛 조합도 火生金 구조임을 인식하자. 丙庚의 의미는 아직 성장하지 않은 과일을 키우기 위해서 병화의 분산에너지를 방사하는 것이고, 丁辛 조합은 亥月에 丁壬 합하기 위해 丁火가 辛에게 熱氣를 달한다.

丁酉간지는 酉입장에서 丁火의 열기, 수렴작용이 반갑지 않다. 酉는 완성된 열매로 떨어졌으니 더 이상 火氣의 작용을 원하지 않지만 자연의 의지는 인간이 원하는 것과는 다르다. 丁火가 酉에게 熱을 지속적으로 가하고 딱딱하게 만들어 亥月에 丁壬 合이 적절하게 이루어지도록 해야만 한다. 따라서 丁火가 酉에게 수렴에너지를 방사하느라 점점 무력해진다.

地支조합은 午酉 破인데 午未申酉月을 지나면서 천천히 열매 맺고 午火의 수렴작용으로 열매를 완성하는 순차적인 시공간 흐름을 거쳐야 하는데 午酉가 만나면 酉에게 갑자기 熱氣를 방사하면서 午火가 가진 에너지를 빠르게 상실한다.

생극 관점으로 살피면, 丁酉의 경우 丁火가 酉를 극하는 것으로 살피는데 午酉 조합은 午火가 酉에게 빠르게 열기를 빼앗긴다. 이런 이유로 戌月의 時空에서 가장 필요로 하는 행위는 丁火에게 火氣를 공급하여 열기를 적절하게 유지하도록 하면서 酉에게 그 열기를 전달하여 응축에너지로의 전환을 시도한다.

즉, 亥月에 정화의 수렴작용이 극에 이르면 임수의 무한응축작용이 이루어지도록 하는 것이 자연의 의지다. 정리하면 술월은 火氣가 필요한 時空間이다. 다만, 戌月은 辰土나 未土와는 달리 생명이 없는 곳이다. 火氣가 급속도로 줄어들고, 辛이 丁火로부터 열기를 받느라 괴로운 상황이지만 가장 큰 본질은 생명체가 없는 공간이다.

辰처럼 子水 생명체가 상하는 것도 아니고, 未처럼 乙의 성장체가 상하는 것도 아니며, 丑土처럼 만삭된 생명체가 상하는 것도 아니다. 戌에서의 문제는 酉金 씨종자가 火氣를 축적하는 과정에 살기가 더욱 강해지는 것이다. 자연은 그렇게 해야만 하는 당위성을 가졌지만 당하는 辛은 괴로운 시공간이고 丁火도 戌에서 酉에 의해 열기를 빼앗기면서 무력해진다.

또 하나 고려할 점은 戌에는 과단, 호전의 성정을 가졌는데 그 이유는 씨종자를 반드시 지켜내야만 봄에 새로운 싹을 땅 밖으로 내놓을 수 있기 때문이다. 따라서 씨종자를 지키고자 적의 공격을 방어하느라 살기를 가졌다.

甲戌간지의 경우, 地支에 丁辛戌를 품었다. 甲이 申酉戌을 지나며, 亥水에서 새롭게 태어나기를 기다리지만 이곳에는 甲이 좋아하는 水氣는 없고 어울리지 않은 甲丁, 甲辛, 甲戌 조합이 만났다. 甲이 戌에서 과거를 버리고 출발하는 공간을 얻어 새로운 세상을 준비하지만 상호조합이 적절하게 배합을 이루지 못하기에 남녀 모두 좋은 모습은 아니다.

乾命

時	日	月	年
乙	庚	甲	甲
酉	申	戌	申

陰/平 : 1944년 9월 7일 18시

85	75	65	55	45	35	25	15	05
癸	壬	辛	庚	己	戊	丁	丙	乙
未	午	巳	辰	卯	寅	丑	子	亥

이 사람의 부인은 1967년 丁未年에 6개월 된 딸을 이불로 덮어서 죽였다. 십신으로 자식을 살피면 戌中 丁火요, 시주 干支가 乙酉이기에 乙 자식이 많은 金들에 상한다. 丁火 正官또한 戌에 암장되어 드러나지 않았는데, 丙子大運 丁未年에 자식성이 天干에 섞여서 노출되고 地支에서 戌未 刑하니 흉하다. 丙丁이 庚申을 자극하면 화기에 자극받은 庚은 甲乙 생기를 공격하니 부인은 고통을 견디지 못하고 자식을 죽였다. 庚申 남자는 자신이 방사하는 에너지가

얼마나 강한 殺氣를 가졌는지 이해하지 못하지만 甲乙은 그 에너지를 직접 겪으면서 고통을 받는다. 자식의 궁위 乙酉는 丁未 년에 未申酉戌의 강한 살성을 견디지 못했다.

丙戌간지의 경우, 丙火가 寅午戌 三合운동을 마감한 곳에서 丁辛戊 지장간 글자들과 조합을 이룬다. 丙火의 분산에너지는 술토 속의 辛과 丙辛 合으로 감추어지고 丁火는 丙火 빛을 熱로 바꾸어술토 공간에 열기를 채운다. 이런 이유로 寅午戌 삼합운동을 하던 과정에 있던 사람들은 자신이 해오던 일들을 정화에게 넘겨주고 적절한 시공간을 찾아 떠나야만 한다.

乾命				陰/平 : 1985년 8월 24일 20시

時	日	月	年
丙	庚	丙	乙
戌	辰	戌	丑

81	71	61	51	41	31	21	11	01
丁	戊	己	庚	辛	壬	癸	甲	乙
丑	寅	卯	辰	巳	午	未	申	酉

이 구조는 사주팔자에 辰戌丑 조합을 이루었는데 癸未大運을 만나니 辰戌未 組合도 이루어지면서 4개의 地支 공간이 혼란스럽다. 己丑年에 축토와 진토가 월주 술토를 沖刑 하니 부친이 사망했다.

乾命				陰/平 : 1980년 3월 29일 6시

時	日	月	年
辛	丙	辛	庚
卯	戌	巳	申

87	77	67	57	47	37	27	17	07
庚	己	戊	丁	丙	乙	甲	癸	壬
寅	丑	子	亥	戌	酉	申	未	午

이 남자의 父親은 癸未大運 壬午年에 간암으로 사망했다. 이 구조에는 두 가지 문제가 있는데 첫째, 月干 辛이 丙辛 合, 巳申 刑

으로 合刑 구조에 부친을 의미하는 辛과 동일한 오행이 팔자에 너무 많다. 또, 月干 부친이 巳月의 공간을 만나서 자신의 에너지를 적극적으로 활용하지 못하며 大, 歲運도 초년부터 火氣로만 흐르니 부친이 더욱 무력해진다. 이런 상태에서 癸未대운, 壬午년에 이르면 화기의 자극을 받은 辛은 대, 세운의 壬癸를 만나 자신도 모르게 총알처럼 튀어나가면서 적극적으로 활용하지 않았던 에너지를 순간적으로 발산한다. 이런 변화로 발현되는 물상은 부친이 가족을 버리고 가출, 외도, 사망하거나, 쓸데없이 무리한 사업투자로 재산을 탕진한다.

戊戌간지의 경우, 戊土가 寅午戌 三合을 마감하는 공간에 드러났기에 시공간이 적절하지 않다. 다만, 戊土의 호전적인 성향에 지장간에 丁辛戊가 있으니 살기가 약하지 않다. 戊戌丁이 상호 어울리는 조합도 아니고, 辛을 열기로 자극하니 辛이 날카로워져 戊土의 호전성과 辛의 날카로움을 가졌다. 남녀 공히 재성과 관성이 없으니 직장에서 일하는 것보다는 세력을 갖추어 자신의 재주, 기술을 활용한다.

乾命

陰/平 : 1958년 3월 5일 14시

時	日	月	年
癸	庚	丙	戊
未	午	辰	戌

84	74	64	54	44	34	24	14	04
乙	甲	癸	壬	辛	庚	己	戊	丁
丑	子	亥	戌	酉	申	未	午	巳

년주가 戊戌이며, 辰戌未 組合이다. 사주가 너무 조열한 구조인데 大運도 초년부터 火運으로만 흐르니 흉하다. 庚申大運 癸酉年에 총살당했다. 사주에 火氣가 강하고 庚은 무력한데 庚申大運에 이르면

日干이 강해지면서 강한 화기 官殺에 대항하려는 태도를 보인다. 또 癸酉년에 강한 화기에 자극받은 庚申이 계수로 튕겨져 나가면서 반발하고 辰酉 합으로 辰土 속의 乙 生氣가 상하면서 총살당했다.

坤命　　　　陰/閏 : 1976년 8월 28일 18시

時	日	月	年	84	74	64	54	44	34	24	14	04
丁	丙	戊	丙	己	庚	辛	壬	癸	甲	乙	丙	丁
酉	午	戌	辰	丑	寅	卯	辰	巳	午	未	申	酉

戊戌월주인데 乙未大運에 辰戌未로 조합을 이루니 살해당한 여인이다. 이 구조는 년지와 시지에서 辰酉 합하면서 진토 속의 乙生氣가 상하고 또 수많은 火氣를 담은 戌土와 辰土가 沖충하면서 乙이 더욱 심하게 상하였다. 이런 이유로 단명한 것이다.

庚戌간지의 경우, 庚이 寅午戌 삼합이 끝난 공간에 드러났다. 따라서 庚은 戌土에서 더 이상 물질을 확장하기 어려운 시공간을 만났기에 그 곳을 벗어나야만 하는 상황이다. 庚戌간지의 가장 뚜렷한 물상 하나는 庚의 도끼 물상과 戌의 호전성이 합해져서 군대, 검찰, 경찰에 어울린다.

만약 구조가 나쁘면 殺氣를 갖기에 괴강이나 백호라는 명칭으로 부른다. 庚은 丙火에 의해 성장하는 열매와 같아서 비록 戌 속에 丁火가 있더라도 丙火가 庚을 키우거나 지지에서 巳午未로 흐를 때에 좋은 사주가 된다.

乾命　　　　陰/平 : 1982년 9월 6일 4시

時	日	月	年
甲	戊	庚	壬
寅	寅	戌	戌

45	35	25	15	05
乙	甲	癸	壬	辛
卯	寅	丑	子	亥

　　壬子大運 乙酉年에 길거리에 있는 전봇대를 수리하던 중 차에 치어 사망했다. 이해하기 어려운 구조 같지만, 庚戌 月의 살기를 가진 구조다. 따라서 화기로 庚金의 방종, 방탕을 통제해주어야 좋은데 大運이 火運으로 흐르지 않고 정반대로 水運으로 흐르면서 庚은 丙火의 적절한 통제를 받지 못하기에 통제 불능상태. 또 乙酉 년에 乙木 生氣가 심하게 상하면서 사망했다.

乾命　　　　陰/平 : 1970년 3월 9일 1시

時	日	月	年
甲	甲	庚	庚
子	子	辰	戌

27	17	07
癸	壬	辛
未	午	巳

　　子辰 合하면서 辰戌 冲한다. 癸未大運 丙戌年에 차사고로 사망하였다. 이 구조도 辰戌未 組合을 만난 시점이었고 庚戌, 庚辰으로 庚金 도끼물상과 戌土, 辰土의 호전적인 성향 때문에 殺性이 강하다. 丙戌년에 丙庚으로 병화가 庚을 자극하여 甲을 공격하니 단명했다.

乾命　　　　　陰/平 : 1962년 10월 2일 20시

時	日	月	年
丙	庚	庚	壬
戌	子	戌	寅

43	33	23	13	03
乙	甲	癸	壬	辛
卯	寅	丑	子	亥

庚戌 월이니 大運이 火氣로 흐르는 것이 좋은데 정반대로 水運으로 흘러 좋지 않은데 그 이유는 庚戌 殺性을 통제하지 못하기 때문이다. 乙卯大運 丙戌年에 차사고로 사망했다. 戌戌戌로 겹치던 해였다.

壬戌간지의 경우, 임수가 화기를 담은 戌土의 공간에 있기에 물질적으로는 좋지만 火氣가 너무 강해지면 金氣가 약해지고 金水가 강해지면 火氣가 약해진다. 만약 사주팔자 구조가 재성이 많아서 관리해야만 하는 구조라면 금융권으로, 印星이 강하면 사업 쪽으로 진로를 개척한다.

乾命　　　　　陰/平 : 1986년 6월 11일 8시

時	日	月	年
甲	壬	乙	丙
辰	戌	未	寅

17	07
丁	丙
酉	申

壬水가 未月에 적절한 시공간을 얻지 못했고, 辰戌未 가 모두 있다. 안타깝게도 6세 辛未年에 두 다리를 잃고 휠체어에 의지하고 살다가 丁酉大運 甲申年에 사망하였다. 乙未로 을의 좌우로 펼치는 에너지가 未土에서 부자연스러운 상태인데 辛未년에 辛금이 乙을 잘라서 다리에 문제가 생겼다.

坤命				陰/平 : 1972년 12월 22일 18시

時	日	月	年
己	壬	癸	壬
酉	戌	丑	子

86	76	66	56	46	36	26	16	06
甲	乙	丙	丁	戊	己	庚	辛	壬
辰	巳	午	未	申	酉	戌	亥	子

壬戌일주인데 丑戌酉로 刑, 穿, 합이 복잡하게 이루어진 조합이다. 또, 원국에 水氣가 강한데 大運까지 水氣로 흘렀다. 庚戌大運 戊戌이 만나니 辛巳年에 이혼하고 丁亥年에 재혼했다.

乾命				陰/平 : 1963년 9월 11일 20시

時	日	月	年
壬	癸	壬	癸
戌	卯	戌	卯

86	76	66	56	46	36	26	16	06
癸	甲	乙	丙	丁	戊	己	庚	辛
丑	寅	卯	辰	巳	午	未	申	酉

月支와 時支에 戌戌로, 己未大運 辛未年에 부인을 잃고 壬申年에 재혼했다가 甲戌年에 戌戌戌未가 만나니 재차로 이혼하였다. 사망이나 육체가 상하지 않고 이혼한 이유는 천간에 水氣가 적절하기 때문이다. 만약 火氣가 더욱 강했다면 날카로운 金氣에 상하거나 탱천한 火氣 때문에 卯木 생기는 타죽었을 것이다.

乾命				陰/平 : 1947년 8월 26일 10시

時	日	月	年
乙	壬	庚	丁
巳	戌	戌	亥

81	71	61	51	41	31	21	11	01
辛	壬	癸	甲	乙	丙	丁	戊	己
丑	寅	卯	辰	巳	午	未	申	酉

乙巳大運 壬申年 1992年에 부인과 사별하였다. 원국에 戌戌이

두 개이기에 결혼이 한 번에 그치지 않는다. 壬申년에 亥水가 天干으로 드러나 년에 있는 정화와 합하여 사라졌다. 첫 부인과의 인연이 끝난 것이다.

丑土	癸辛己
天干	: 癸辛 조합.
干支	: 癸酉 조합.
地支	: 子酉 조합.

天干조합은 癸辛이다. 辛이 癸水를 生하는 관계다. 丑에서 癸水의 역할은 지속적으로 발산작용을 통하여 壬水를 癸水로 氣化시키면서 봄을 향하여 溫氣를 올리고, 辛은 반대로 겨울에 여전히 차가운 기운을 조성한다. 따라서 전혀 다른 작용하는 두 글자가 조합을 이루어 상생관계를 형성하니 답답한 상황이다. 이렇게 溫氣를 만들어내는 폭발력과 冷氣가 혼합된 상황이라 丑土를 탕화라고 부른다.

干支조합은 癸酉로 酉金이 癸水를 생하는 관계지만 서로 어울리지 않는 조합이다. 이런 이유로 癸酉干支는 결혼생활이 그다지 아름답지 않으며 癸酉干支에서 독신녀, 재혼녀 물상이 나온다.

丑土의 문제를 지장간 癸辛己 조합으로 살피면 子酉 破 관계로, 酉金이 子水에 의해 갑자기 정체성을 상실하고 딱딱한 물형이 갑작스럽게 변형되는 문제다.

子卯刑, 卯午破, 午酉破도 동일한 논리로 살펴도 무방하다. 즉, 子水가 갑자기 卯로 바뀌고, 卯木이 午로 갑자기 변질되고, 午火가 酉로 갑자기 물형을 바꾸고 또, 酉金이 갑자기 子로 물형을 바꾸는 것이 破 작용이다.

酉金은 씨종자로 새로운 생명체를 만들어야만 하는 의무를 가졌다. 따라서 새로운 육체로 탄생하는 과정은 반드시 순차적으로 이루어져야 하는데 갑작스럽게 변화하는 것이 子酉 破물상이다. 이렇게 갑작스러운 변화과정에 씨종자 酉金에 문제가 생기면서 씨종자에 문제가 생긴다. 즉, 씨종자가 새로운 생명체로 태어나는 과정에 문제가 생기면서 육체와 정신에 문제가 생긴다. 예로 정신지체의 문제, 정신적으로 결함이 있거나 미숙아 혹은 저능아, 혹은 귀신을 보거나 접신하는 문제를 만든다.

한 가지 기억할 것은, 두 글자 조합의 경우에는 刑, 破의 물형이 명확하게 발현되지는 않는다. 적어도 세 개 이상의 글자가 조합을 이루는 경우에 명확하게 刑, 破의 흉한 물상이 발현된다. 즉, 子卯酉, 子卯午, 午酉子 식으로 조합을 이루거나 酉丑辰, 辰戌未, 辰戌丑, 酉丑, 酉辰, 卯辰 등 土와 함께 조합을 이루면 물형이 명확해지고 대부분 흉하게 발현된다.

丑土는 엄마 배속에서 만삭으로 성장 완료한 생명체의 문제며, 지장간 내부에서 자체적으로 酉子 破가 발생한다. 酉金이 子水에 의해 딱딱한 물형을 유지하지 못하고 변질된다. 丑土에 酉金을 저장하였기에 酉金이 변질되면서 가치를 상실하고 만삭의 생명체를 품었기에 움직이지 못해 답답하며 아이를 보호해야만 하므로 아이에 집착한다. 생명체가 만삭이 되어 언제 나올지 모르니 조심스럽게 기다리는 상황이다. 이곳에서 冲刑破가 발생하면 생명체가 상할 수 있다.

乙丑간지의 경우, 乙이 丑土의 공간을 만나서 집착을 갖는다. 丑

土는 巳酉丑 삼합운동을 통해서 얻어진 물질을 담은 공간으로 己土 재물이 들어 있지만 乙이 취하기 어렵다. 그 이유는 丑土는 巳酉丑 三合을 마감한 금고이기에 그 곳에 들어가면 乙은 金에 자신의 生氣를 상하기 때문이다. 이런 이유로 그것을 노리다가 몸이 상하여 그 공간을 벗어났지만 미련을 버리지 못하고 다시 돌아오기를 반복한다. 물질을 탐하면 몸이 아프다. 만약 아픈 몸을 치료하는 물상으로 활용하면 한의사나 의사요, 만약 치료하지 않으면 배우자가 자신의 몸이 아플 수 있다.

乾命

時	日	月	年
모름	乙丑	癸丑	壬寅

陰/平 : 1962년 12월 27일 時 모름

84	74	64	54	44	34	24	14	04
壬戌	辛酉	庚申	己未	戊午	丁巳	丙辰	乙卯	甲寅

일지에 丑土를 깔고 있으니 가족에게 매우 자상한 사람이다. 부인과 자식들 때문에 돈이 많이 나간다. 한의사다.

乾命

時	日	月	年
庚辰	乙丑	辛卯	辛巳

陰/平 : 1941년 2월 21일 8시

83	73	63	53	43	33	23	13	03
壬午	癸未	甲申	乙酉	丙戌	丁亥	戊子	己丑	庚寅

丙戌大運 1988년 戊辰年에 부인이 사망하였다. 원국에 丑土가 丑辰으로 조합을 이루었는데 丙戌大運에 辰戌丑이 만나고 戊辰年에 그 의미가 가중된다. 진미술축 으로 일지와 동일한 토가 중복되어 만나는 운이었다.

坤命　　　　陰/平 : 1968년 12월 15일 22시

時	日	月	年
辛	丁	乙	戊
亥	未	丑	申

89	79	69	59	49	39	29	19	09
丙	丁	戊	己	庚	辛	壬	癸	甲
辰	巳	午	未	申	酉	戌	亥	子

　壬戌大運 丁丑年에 남편을 잃었다. 이 구조는 일지에서 亥未 合과 丑未 冲이 동시에 이루어진다. 壬戌大運에 남편星 壬水가 天干에 드러나고 丁丑年에 丁壬합으로 남편이 사라진다. 일지를 기준으로 사주팔자에 토가 세 개에 운에서 두 개 더 중복되니 남편이 사망한 것이다.

坤命　　　　陰/平 : 1964년 8월 8일 18시

時	日	月	年
乙	乙	癸	甲
酉	丑	酉	辰

81	71	61	51	41	31	21	11	01
甲	乙	丙	丁	戊	己	庚	辛	壬
子	丑	寅	卯	辰	巳	午	未	申

　사주팔자에서 酉丑辰 조합을 이루고 巳酉丑 三合도 있기에 金氣가 강한 것이 문제다. 己巳大運 巳酉丑 三合을 이루면서 일지 丑土가 삼합으로 묶여 작용력을 상실하고 사라지니 남편이 떠난다. 戊寅年에 巳酉丑 三合과 寅巳 刑으로 동한다.

　丁丑간지의 구조는, 丁火가 丑土를 품었다. 丁丑을 地支로 내리면 午丑조합이다. 丁火가 丑土를 만나 亥月에 빼앗겨버린 열기를 더욱 상실하고 丑 속에서 폭발력으로 온기를 올리는 癸水의 작용 때문에 탕화가 발동했다. 丑土를 품었기에 떠나지 못하고 집착하는 구조다. 여자의 경우는 丑속의 癸水를 품었고 癸水에 상하기에 일지의 축토

공간을 싫어한다. 남자의 경우도 축토를 좋아하기는 어렵다. 종교, 철학, 창작, 교육활동으로 쓰는 것이 무난하다. 다만, 丁火가 巳酉丑 삼합을 다루면 금융, 사채, 은행, 또 건설투자 등 투자 업에도 어울린다.

坤命　　　　　陰/平 : 1969년 12월 3일 20시

時	日	月	年
丙	庚	丁	己
戌	寅	丑	酉

88	78	68	58	48	38	28	18	08
丙	乙	甲	癸	壬	辛	庚	己	戊
戌	酉	申	未	午	巳	辰	卯	寅

庚辰大運 甲申年에 남편이 차사고로 사망했다. 丁丑으로 남편성이 丑土에서 무력하다. 庚辰大運 甲申年에 일지 寅이 천간으로 드러나 年의 己와 甲己 合하고 大運의 庚과 甲庚 冲한다. 合, 冲이 공존하니 대흉을 암시한다. 또 丁火의 자리 축토와 酉丑辰 조합을 이루니 교통사고 물상이 분명하다.

己丑간지의 경우, 己土가 생명체를 품었다. 축토에서 성장하여 만삭된 寅을 밖으로 내놓기만을 기다리며 움직임이 둔하다. 丑속에는 酉金과 癸水, 己土가 있는데 금을 활용하면 단체, 군대, 금융, 의료의 상이요, 寅卯辰으로 금을 목으로 바꾸면 교육, 공직, 창작 물상이다. 만약 物質로 寅卯를 쓴다면 주로 섬유업에 어울린다.

乾命　　　　　陰/平 : 1960년 12월 15일 14시 30분

時	日	月	年
辛	甲	己	庚
未	子	丑	子

61	51	41	31	21	11	01
丙	乙	甲	癸	壬	辛	庚
申	未	午	巳	辰	卯	寅

己丑月인데 子丑 合으로 冷氣를 가중시키고, 庚子로 더하니 己丑의 땅은 生氣가 전혀 없다. 다행하게 大運이 木火로 흐르니 丑未冲으로 땅을 개간한다. 포크레인 기사다.

乾命

時	日	月	年
戊	甲	己	乙
辰	寅	丑	丑

陰/平 : 1925년 12월 12일 8시

61	51	41	31	21	11	01
壬	癸	甲	乙	丙	丁	戊
午	未	申	酉	戌	亥	子

丑土 속의 金을 활용하여 법률, 검경, 정치 등으로 쓸 수 있다. 또 甲己 合으로 겨울에 己丑의 땅에 甲寅의 곧은 法을 세우니 법학공부를 한 사람이다.

乾命

時	日	月	年
甲	己	乙	戊
子	丑	丑	戌

陰/平 : 1958년 11월 28일 1시

89	79	69	59	49	39	29	19	09
甲	癸	壬	辛	庚	己	戊	丁	丙
戌	酉	申	未	午	巳	辰	卯	寅

지방대 법대 출신으로 부유한 가정에서 태어났으나 집안이 망한 전력이 있다. 나중에 재물을 모으고 부유하게 살며 공처가다. 이 구조는 乙 月干입장에서 戊戌이 있으니 부친이 안정적인 터전을 가졌기에 부유한 가정이었는데, 乙丑에 이르면 부도의 상이요, 丑戌 刑으로 부친이 망했다. 己丑은 병화가 없다면 쓰임이 별로 없는 동토의 땅과 같다. 다행하게 大運이 木火로 흐르니 봄에 나무를 심어 키운다.

乾命				陰/平 : 1967년 12월 21일 17시						
時	日	月	年	65	55	45	35	25	15	05
壬	己	癸	丁	丙	丁	戊	己	庚	辛	壬
申	丑	丑	未	午	未	申	酉	戌	亥	子

 미혼이고 가스판매업에 관심이 많으며 키가 크지만 다부진 성격은 아니다. 天干은 壬癸丁 조합이다. 丁未가 丑月에 丑土의 만삭된 생명체를 키우기에 어울리지도 않고, 壬申시주가 丁壬合, 丁癸 冲으로 合, 冲 해버린다. 가스판매업에 관심이 많은 이유는 癸丑의 빅뱅처럼 폭발하는 에너지가 丁火 불꽃과 접촉하면 가스처럼 폭발하기에 사주구조대로 그런 직업에 흥미를 느낀다. 이와 유사한 물상으로는 용접기술, 가스폭발 등이 있다.

 辛丑간지의 경우, 辛이 생명체를 품은 丑土의 공간을 만났다. 움직임이 둔한 모습인데 일지에 품고 있으니 집착, 애착이 강해서 식구에 대한 책임감이 강한 편이다. 丑속에 酉金과 癸水가 있으니 고집, 집착이 대단하다. 부부사이는 함께 품은 생명체에 대한 집착으로 쉽게 떨어지지는 못한다.

 辛과 癸, 己가 만나 辛은 冷氣를 癸水는 온기를 올리면서 冷氣과 溫氣가 만나 탕화물상을 만들어낸다. 丑土는 辛을 품어 活動이 둔하니 비관, 둔화, 침체 등의 의미를 가진 공간이다. 地支조합으로는 酉丑이다. 즉, 酉金의 가치가 상실되어 축토에 저장된 모습이다. 만약 酉丑을 재물로 활용하면 큰 부를 축적한다.

坤命　　　　陰/閏 : 1976년 8월 23일 12시

時	日	月	年
甲	辛	戊	丙
午	丑	戌	辰

22	12	02
乙	丙	丁
未	申	酉

辰戌丑 조합인데 午丑까지 있다. 乙未大運 辛巳年에 애정문제로 자살했다. 년간 丙火가 일간 辛과 丙辛 합하는데 멀리 있는 남자는 일지 축토의 자리에 들어오기 싫어한다. 그 이유는 축토의 습하고 어둡운 공간이 싫기 때문이다. 乙未대운 辛巳년에 辛金에 乙이 찔려 상하면 活力을 잃고 삶을 포기한다.

乾命　　　　陰/平 : 1963년 9월 9일 18시

時	日	月	年
丁	辛	壬	癸
酉	丑	戌	卯

85	75	65	55	45	35	25	15	05
癸	甲	乙	丙	丁	戊	己	庚	辛
丑	寅	卯	辰	巳	午	未	申	酉

丁巳大運 己丑年 심장병으로 사망하였다. 이 구조도 천간에서 丁癸壬 조합을 이루는 시기에 사망했다. 巳酉丑 三合이 이루어지는 大運에 丑戌 刑하니 흉하다. 癸丑간지의 경우, 癸水와 酉金 그리고 癸水, 己 조합이다. 酉金이 냉기를 조장하지만, 두 개의 癸水가 온기를 끌어올린다. 己土 하나, 癸水 두 개에 하나의 편관이 있어 활동이 둔하다.

癸丑을 地支로 내리면 子丑 合으로 춥고, 비관적이고, 둔하고, 발전이 없는 시공간이다. 丑土의 공간은 인간이 살기에 적합하지 않다.

坤命　　　　　陰/平 : 1948년 6월 21일 2시

時	日	月	年
癸	癸	己	戊
丑	丑	未	子

86	76	66	56	46	36	26	16	06
庚	辛	壬	癸	甲	乙	丙	丁	戊
戌	亥	子	丑	寅	卯	辰	巳	午

외국으로 건너가 木 大運에 유명디자이너로 활동했으며, 현재 식당도 운영하고 있다. 아들이 둘이고, 이혼한 후 외국인과 재혼했다.

坤命　　　　　陰/平 : 1979년 12월 24일 0시

時	日	月	年
壬	癸	戊	庚
子	丑	寅	申

81	71	61	51	41	31	21	11	01
己	庚	辛	壬	癸	甲	乙	丙	丁
巳	午	未	申	酉	戌	亥	子	丑

乙亥大運 부친에게 재앙이 발생했고 현재 식당에서 일하는데 사장과 애인관계를 유지하고 있다. 日時에서 子丑 합하고, 天干에서 戊癸 合, 地支에서는 寅丑 暗合하니 겉으로는 바른 성정처럼 보이지만 癸, 戊寅은 癸甲戊 조합과 같아서 통제를 벗어나 마음대로 하려는 성정이다.

坤命　　　　　陰/平 : 1972년 12월 12일 10시

時	日	月	年
乙	壬	癸	壬
巳	子	丑	子

83	73	63	53	43	33	23	13	03
甲	乙	丙	丁	戊	己	庚	辛	壬
辰	巳	午	未	申	酉	戌	亥	子

월주 癸丑과 년간, 일간의 壬子와 합하니 여러 여자가 한 남자를 다툰다. 庚戌大運 丁丑年 자축 합이 불안정해지는 시기에 이혼했다.

제2장

月支의 時空間

　지장간의 원리에 의거하여 각 月의 時空間을 살펴보자.

　먼저 時間과 空間의 개념을 이해하자. 時間은 지구 공간 위를 끊임없이 순환하며 흐른다. 그 이유는 지구가 일정 방향으로 회전하기에 그렇게 느끼는 것이다. 이런 시간의 작용력은 지구 공간위에 존재하는 물형에 변화를 이끌어낸다. 우리는 시간과 공간에 의해 이루어지는 사계의 변화과정을 눈으로 확인하면서 살아간다. 이렇게 時間과 空間이 만나서 조화를 이루는 상황을 時空間이라 부르기로 하자. 時空間이 반응하면서 개인의 삶에 지대한 영향을 미치고 길흉화복을 발생시키는 요인이다. 따라서 인간에게 발생하는 길흉화복의 원인과, 발생시점을 추론하기 위해서는 時間과 空間의 작용원리를 이해해야만 한다.

　이 章에서는 사공간의 작용원리를 이해하기 위해서 우선적으로 몇 가지를 분석해보고자 한다. 첫째, 月支의 時空間 환경을 분석해보자. 둘째, 월지의 時空間에서 요구하는 조건을 충족시킬 수 있는 방법이 무엇인가를 살펴보자. 셋째, 년주와 월주의 구조를 살펴보고 월지에서 필요한 사공간과 어떤 조화를 이루는지 분석해보자. 넷째, 년주와 월주의 구조를 이해했다면 그 다음 순서는 일간과 월지가 어떤 관계를 형성하고 있는지를 살펴야 한다. 이것은 이미 지장간의 원리에서 언급한 "시절을 만나다"의 개념이다. 예를 들어, 인간은 밤에 잠을 자야만 함에도 밤에 일하고, 낮에 일해야 하는데 잠자는 것은 時空間이 적절하지 않은 행위다. 또, 교육에 어울리는 성격임에도 사업을 시작했다면 이 또한 時空間에 적절하지 않은 행위를 한 것이다. 사업을 해도 투자할 時空間이 있고, 규모를 축소할 時空間이 있다. 만약 정반대 행위를 한다면, 이 또한 時空間에 적절하지 않는 행위를 하는 것이다.

이렇게 時空間이란 정해진 時間과 空間에서 과연 어떤 행위를 해야만 하는가? 또, 그런 행위나 목적을 이루기 위해서 어떤 조건이 충족되어야 하는가를 살펴보는 것이 時空論의 목적이다.

중국고서 궁통보감의 논리처럼 조후만을 따지는 것은 한계가 있음이 분명하다. 인간은 조후로만 살아가지 않는다. 추우면 무조건 따뜻해야 하고, 더우면 시원해야 한다고 단편적으로 판단하는 것이 조후론의 주장이지만 조후를 맞춘다고 모든 문제가 해결되지는 않는다. 자연과 인간의 時空間 의미는 다르다. 자연은 추워야 할 때 춥고, 뜨거워야 할 때 뜨겁다. 자연은 자신에게 맞는 時空間에서 순환을 반복할 뿐 인간의 生死나, 환경에 신경 쓰지 않는다.

지구를 운용하는 에너지는 응축작용의 壬水와 분산작용의 丙火요, 壬丙을 대신해서 실질적으로 운행하는 에너지는 癸水와 丁火. 따라서 조후로 주장하던, 時空間으로 주장하던, 지구에 존재하는 근본적인 에너지는 壬癸, 丙丁이 분명하다. 유일하게 그 범주를 벗어나는 것은, 궁통보감에서 주장하는 丁火는 甲이 필요하다는 것이다. 丁火는 열기를 활용하고, 수렴하기에 자신의 에너지를 적극적으로 활용하려면 반드시 甲이 필요하다. 하지만, 현존하는 팔자 술은 우주, 자연 관점에서 판단하는 것이 아니고, 인간의 이기적인 관점으로만 사주를 이해한다. 즉, 격국 관점에서 庚이 巳月에 태어나면 偏官 格이요, 庚이 午月에 태어나면 正官 格이라 결론을 짓는다.

正官 格은 공직 팔자요, 偏官 格은 장수요, 영업사원이라는 十神의 뜻을 이해하고 사주에 적용하여 판단했다. 하지만, 자연의 時空은 전혀 다르다. 庚 입장에서 巳月에는 氣運이 막 생겨난 공간이다. 부모로부터 氣運을 받아서 세상에 막 나온 상태. 따라서 부모의 보호를 받으니 안정적인 시공간이다.

하지만, 午月은 부모로부터 독립하여 성장하고자 노력하는 시공간이며 또, 욕지이기에 불안정할 수밖에 없다. 간단하게 생각해도 어느 상황이 더 안정적이고 어느 상황이 더 正官적인가? 偏官이라고 판단했던 巳月의 시공간이 훨씬 더 안정적이다. 그런데도 十神으로 巳火를 偏官이라 부르기에 흉하다고 판단한다.

子月의 時空間을 생각해보자. 그 時空間은 항상 동일한 환경이다. 우주에 큰 변화가 없는 한 매년의 기운에 약간의 차이만 있을 뿐, 매년 맞이하는 時空間에는 일정한 규율이 있다. 子月에는 子月이기에 그럴 수밖에 없는 時空間이 존재하는 것이다.

동일한 子月의 시공간에 日干을 대입해보자. 甲의 경우는 십신으로 正印이고, 庚의 경우는 傷官이며, 戊의 경우는 正財다. 이렇게 분류한 格과 十神 때문에 명리학을 습득하는 과정에 수많은 시행착

오를 거치면서 돈과 시간을 낭비한다. 正印이니 좋고 傷官이니 나쁘다는 식으로 길흉을 갈라 단편적으로 판단해버린다. 생각해보자. 子月 時空間은 모두 同一한 환경이고 각 日干이 맞이하는 상황만 다를 뿐이다. 이것은 일간이 만난 시공간이 적절한가, 적절하지 않은가를 판단하는 기준일 뿐 格으로 길흉을 분류하지 못한다.

時空間에 따라서 어떻게 맞추며 살아갈까를 생각하고 方向을 정하고 그렇게 맞추어 살고자 노력하는 것이 삶의 과정이다. 따라서 중요한 것은 격의 명칭이 무엇인가를 따지는 행위가 아니다. 子月 時空間은 모든 日干에게 동일하기에 日干은 그 시기에 어떤 일을 하는지 혹은 어떤 일을 할 수 있는지 살피고 방향을 설정하면 그만이다.

甲은 子月에 성장하는 時空間에 해당하지만, 庚은 火氣로 열매의 부피를 확장한 후 겉을 딱딱하게 만들어야 하지만 子月에는 오히려 딱딱한 물형을 유지하지 못하고 원하던, 원하지 않던 甲으로 물형을 바꾸어야만 하는 時空間을 만났다. 이런 이유로 庚이 子月을 만나면 엉뚱한 時空間에 있는 자신의 존재를 발견한 것이고 이런 의미를 "시절을 잃었다"고 표현한 것이다. "시절을 잃었다"고 가만있을 수는 없다. 庚金은 子月에서 원하는 대로 딱딱한 물형을 풀어내고 새로운 생명체 木氣를 세상에 내놓으면 자신의 역할을 적절하게 한 것이다. 庚金이 子月에 시절은 잃었지만 그 時空間에서 원하는 행위를 적절하게 해주어야할 사명을 가지고 태어난 것이다. 이런 방법으로 자신의 가치를 찾아가는 것이 바로 명리학을 공부하는 이유다. 그렇다면 이에 적절한 직업은 무엇일까? 이것을 이해하면 적절한 직업을 찾을 수 있다. 예를 들면 교사, 교육, 성악, 예술, 검찰, 경찰 등 남을 위해 봉사하는 직업으로 時空間에 순응해야 한다. 다만, 이런 직업을 갖추기 위해서는 庚金의 지도자가 반드시 필요하다. 바로 丙火다. 만약 이런 조건이 충족되면 丙, 庚子, 丙, 庚壬 삼자간 조합을 이루어 상기의 직업에 종사한다. 만약 丙火가 없다면 지도자가 약한 구조이기에 예로 학원 강사, 개인기술자, 유명하지는 않지만 예술가, 등의 직업으로 진로를 모색한다.

傷官 格이기에 큰일 나는 것도 아니요, 正印 格이기에 무조건 좋은 것도 아니다. 傷官 格도 丙火가 있어 時空間이 적절하다면 상기에 언급한 직업을 가질 것이고, 正印 格이라도 時空間에 적절한 행위를 할 수 없는 상황이라면 원하는 일을 하지 못한다. 이렇게 십신으로 일방적으로 정해버린 격이 사주팔자의 吉凶을 결정하는 것이 아니며 格의 명칭에서 주는 의미가 절대로 삶의 吉凶을 결정하지 못한다.

자연의 입장에서는 庚이 子月에 存在할 수도 없다. 그곳에는 辛만이 존재한다. 다만, 인간도 자연의 일부이기에 태어난 時空間을 분석해 보려는 것이 명리학이다. 여기에서 발생하는 문제는 자연이 원하는 時空間과 인간이 원하는 時空間은 다르다는 것이다. 자연은 겨울에 춥기를 바라지만, 인간은 추워서 얼어 죽기를 바라지 않는다. 이것이 인간과 자연의 차이이다.

각설하고, 時空論의 개념은 時空間의 조화로 12개월을 지나는 동안 매월의 時空間에서 인간은 어떤 일을 해야만 하고, 적절하게 일하기 위해서는 그 환경에 어떤 조건이 충족되어야 하는가를 판단하는 것이다. 이것을 판단하면 사주팔자가 적절한 時空間을 얻었는지, 전혀 어울리지 않는 時空間을 얻었는지를 빠르게 분석한다.

또, 時空間은 적절한데 大, 歲運의 흐름에 따라서 어떻게 변화하는지, 그리고 時空間의 상황은 적절하지 않지만 大, 歲運의 흐름에 따라 그 환경이 어떻게 변화하는지를 살피는 것이 時空論이다.

따라서 時空論은 격국 관점도 아니고, 억부 관점도 아니다. 순수한 자연의 이치에 입각하여 인간의 사주팔자를 이해하는 것이다. 日干이 중심이라는 극히 이기적인 방법으로 길흉을 판단하는 것이 아니요, 격국 처럼 時空間은 동일한데 吉格과 凶格으로 획일적으로 분류하는 그런 판단방법도 아니다.

이제부터 매월의 時空間을 이해해보자. 時空間을 이해하는 방법에는 여러 가지가 있는데 12운성, 12신살, 子月空間 이해, 子月 地藏干의 구조이해, 時間변화의 이해 등이다.

예를 들어 子月이면, 申子辰 三合은 12신살로 장성 공간을 만났고, 12운성으로는 제왕 상태다. 그렇다면 명백하지 않은가? 바로 水 三合이 가장 강한 氣와 質을 만난 時空間이다.

亥卯未 三合은 12신살로 년살의 공간이요, 12운성으로는 목욕이라는 에너지 상태를 만났다. 즉, 木氣는 조금씩 성장하는 時空間이다.

寅午戌 三合은 12신살로 재살이요, 12운성으로 태지다. 즉, 火氣는 子月에 있는 癸水의 빅뱅작용으로 발산에너지가 생겨난 곳에서 분산하는 에너지 丙火가 극히 희미하지만 그 氣運을 드러낸 공간을

만난 것이다. 火氣는 亥水에서 자신의 면모를 드러내지 못하다가 子에서 氣運이 막 태동된 것이다.

巳酉丑 三合은 12신살로 육해요, 12운성으로 死地다. 즉, 金氣는 氣와 質이 모두 무력해지는 時空間을 만났다. 金氣가 무력해지는 시공간에서 木氣는 氣運이 동하기 시작한다. 이렇게 각 오행의 흐름은 계절에 따라 변화하면서 순환한다.

계절의 특징은 춥다는 것이고, 時間의 특징은 밤이요, 어두우며 인간은 이 時空間에서 잠을 자는 시간이다. 이런 상황을 감안하여 子月을 살펴보자. 이렇게 각 月의 상황과 時間의 상황을 감안하여 12地支 뜻을 살피면 환경의 특징을 알고 명리에 어떻게 활용하는지 이해하는 것이다. 지금부터 地藏干의 원리에 입각하여 매월의 時空間 상황을 살펴보자.

1 子月의 時空間

子月의 地藏干에는 壬水와 癸水가 있는데 극도로 응축된 기운인 六陰에서 벗어나 一陽이 생겨나는 공간이다. 亥月에 丁壬 合으로 丁火의 육체를 없애고, 子月에 새로운 영혼을 가진 생명체가 윤회를 출발한다. 이런 子月의 시공간에서 원하는 것은 무엇일까?

亥水는 육음으로 陽氣가 전혀 없으니 활동이 불가능한 상태인데 子月에 이르러 陽氣가 동하여 온도가 오르기 시작한다. 비록 五陰 一陽으로 양기가 매우 약하지만 자연은 명확하게 陽氣를 올리기 시작하여 봄을 향하려는 의지를 가진 시공간이다.

아이의 성장과정으로 비유하면, 子月에 아기가 처음으로 형체를 드러내고, 丑月에 만삭이 되고, 寅月에 생명체로 완성되어 모체로부터 분리된다. 이 상황에서 가장 먼저 할 일은 막 태어난 생명체를 키워야 하는데 그러기 위해서는 양기를 발동해야만하며 陽氣가 적절하면 생명체가 적절하게 성장할 것이고 반대라면 자라지 못할 것이다. 여기에서 陽氣는 무엇을 의미할까? 子月에 활용할 수 있는 陽氣로는 丙, 丁, 그리고 癸水를 고려할 수 있다.

癸水는 子月에 壬水의 응축에너지가 극에 달한 후 빅뱅과 같은 작용력으로 발산에너지를 만들어 온기를 올리기 시작한다. 이렇게 陽氣가 전혀 없는 상황에서 벗어나도록 해주는 것이 바로 빅뱅과 같은 폭발력을 가진 癸水다. 陽氣는 겨울에서 봄을 향하도록 온도를 올려주는 작용을 하는데 다만, 바로 생겨난 癸水는 에너지가 무력하기에 스스로 온기를 강하게 끌어올리기 어렵다.

丁火는 亥月에 丁壬 合하는 순간, 에너지의 쓰임이나 용도를 상실해버리고 子月에는 丁火의 수렴, 열작용이 필요 없어진다. 그 이유는 子月에 생명체가 탄생을 준비하니 열작용이 필요하지 않으며, 만약 子水에 열을 가하면 생명체에 문제가 발생하기 때문이다. 겨울에 씨종자를 처마 끝에 걸어두는 이유와 동일한데 차갑게 해두어야 다음해에 잘 자라기 때문이다.

丁火는 수렴작용만 하기에 一陽이 생긴 후에는 수렴작용하면 봄을 향하여 갈 수 없기 때문에 子月에 丁火에너지를 활용하지 못한다. 이런 미묘한 차이로 사주팔자의 쓰임이 달라진다. 丙, 丁火는 동일하게 火氣라는 생각을 버려야 한다. 명확하게 구분할 것은 丙火는 분산에너지, 丁火는 수렴에너지라는 점이다. 두 글자의 에너지 속성은 전혀 다르다. 丙火가 없으면 丁火가 대신하여 용신으로 사용한다는 생각은 심각한 오류다.

子가 있는데, 年支와 日支에서 戌土나 未土가 협공하는 경우, 子水가 상할 가능성이 높다. 막 태동한 양기 子水를 丁火 열기를 품고 있는 未, 戌로 공격하면 상할 수밖에 없기 때문이다.

子月 時空間을 살필 때 주의할 점이 많은데, 子水는 적절한 時空間을 얻어 寅으로 나와야 하는데 水氣가 너무 많으면 木으로 드러나기 어렵다. 마지막으로 子月에 자연은 추운 날씨를 요구한다. 인간의 잣대로 추우니 따뜻하기를 바라지만 자연은 씨종자가 상하지 않도록 반드시 추워야만 한다. 따라서 子月에 강한 火氣로 조후를

맞춰야 한다는 식의 논리는 굉장히 인간적이며 자연의 이치를 무시한 것이다. 이런 이유로 子月에는 丙火가 매우 약한 상태만으로도 충분하다.

동일한 이치로 午月에는 날씨가 습하고 더우니 많은 水氣로 조후를 맞춘다는 주장 또한 매우 인간적이다. 무력해 보이는 壬水 하나만으로도 조후는 충분하다.

상기에서 언급한 몇 가지 중점을 요약해보자. 子月의 時空間에는 丙火가 약하게 필요하고, 年에서 未土가 子水를 상하면 문제가 발생하며, 戌未가 협공하면 子水가 심하게 상한다. 또, 水氣가 너무 많을 경우에는 陽氣부족으로 木을 밖으로 내놓지 못한다. 마지막으로 丙火의 기세가 너무 강하면 오히려 좋지 않다.

子水는 정자와 같아서 "새끼를 치다"는 뜻이며 그렇게 하려면 반드시 씨종자 辛金이 필요하다. 즉, 大運이 木으로 흐르면 子水를 木으로 내놓아 키우고, 申酉戌로 흐르면 子水가 金氣를 받아 새끼치는 것이다. 삶의 方向 차이로 木을 키우면 교육, 보험, 공직 등의 물상으로, 金으로 흐르면 금융, 검경, 권력, 의료행위 등의 물상을 직업으로 활용한다. 사주예문을 살펴보자.

坤命

時	日	月	年
丁	甲	庚	丙
卯	子	子	午

陰/平 : 1966년 11월 20일 6시

87	77	67	57	47	37	27	17	07
辛	壬	癸	甲	乙	丙	丁	戊	己
卯	辰	巳	午	未	申	酉	戌	亥

子月이니 무력해 보이는 丙火 하나 정도만 있어도 충분한데 丙午

년주로 열기가 강하고 子午 충으로 차가워야할 자수가 불안정하다. 丙火가 庚子에 빛을 비추어 검경, 성악, 교육과 같은 물상으로 활용하면 좋은데 丙午로 子水와 冲 하면서 자수의 흐름에 문제가 생긴다. 또 시주가 丁卯로 子卯 형까지 하니 丙, 庚子 조합을 순수하게 활용하지 못하고 大運도 水金 運으로 흘러 술집을 운영한다.

乾命

陰/平 : 1962년 11월 29일 23시

時	日	月	年
辛	丁	壬	壬
亥	酉	子	寅

83	73	63	53	43	33	23	13	03
辛	庚	己	戊	丁	丙	乙	甲	癸
酉	申	未	午	巳	辰	卯	寅	丑

전체적으로 水氣가 강해 보인다. 十神生剋 관점으로 살피면 丁火가 의지할 곳은 寅속의 丙뿐이지만 밖으로 드러나지도 않았다. 따라서 굉장히 나쁜 구조라고 판단할 수 있다. 大運이 木火로 흐를 때는 강한 수기들을 목으로 전달하여 총명함을 드러낸다. 또 일주 丁酉에 이르면 丁火가 酉에게 열을 전하고 酉金이 亥水와 子水에서 새끼치기를 시도한다. 水氣가 많으니 씨종자가 발아할 공간이 여러 개다. 丁亥年 당시 대학원을 졸업하고 대학교수이면서 임플란트 관련 사업도 병행 하였다. 甲申年과 乙酉年에 재물을 많이 축적했으나 丁亥年 상황은 전보다 못했다.

이 구조는 丁辛壬 조합으로 丁火가 辛에게 熱氣를 가하고 丁壬 合하여 辛金 씨종자를 木으로 바꾸는 과정이다. 丁辛壬조합이 두 개 있으니 대학교수와 사업으로 상이한 두 가지 직업을 동시에 추진하는 능력을 가졌다.

丁火日干이 時間에 있는 辛에 열을 가하면 亥에서 풀어져 丁壬 합하여 木을 만들어 내고, 일지 酉金에 열기를 가하여 子水에서 子酉 破로 또 다른 물질을 만든다. 따라서 두 가지 재능, 능력을 뜻하며 그 것을 활용하여 재물을 축적한다. 하나는 亥 속의 甲을 만들어내니 대학교수요, 다른 하나는 子酉 破로 재물을 원하니 사업하는 것이다.

坤命　　　　　陰/平 : 1978년 11월 11일 14시

時	日	月	年
乙	丙	甲	戊
未	午	子	午

81	71	61	51	41	31	21	11	01
乙	丙	丁	戊	己	庚	辛	壬	癸
卯	辰	巳	午	未	申	酉	戌	亥

子月에 火氣가 지나치게 많고 강한 것이 문제다. 다행하게 大運이 水金으로 흘러 子水가 심하게 상하지는 않는다. 火氣가 너무 강해 子水 생명체가 상할 수 있으니 金水로 흘러야만 한다. 중년이후에 대운이 土火로 흐를 때, 열기가 오르면서 재물과 건강에 문제가 생길 가능성이 높다. 서울대 치대를 졸업한 치과의사로 강한 火氣로 운에서 오는 辛酉와 庚申 치아를 다루는 치과의사 물상을 활용했다.

乾命　　　　　陰/平 : 1958년 11월 16일 4시

時	日	月	年
壬	丁	甲	戊
寅	丑	子	戌

73	63	53	43	33	23	13	03
壬	辛	庚	己	戊	丁	丙	乙
申	未	午	巳	辰	卯	寅	丑

이 구조는 甲子 月로 丁火가 기뻐하는 甲을 옆에 두고 子丑 合, 丑戌 刑하니 만약 刑의 물상을 활용하는 직업이면 의사, 검사에 어

울린다. 大運이 木, 火로 흘러 丁火가 좋아하는 열기를 채우며 월지 子水와 일지 丑土에 숨어있는 범죄자들을 戊土로 刑하여 밝혀내니 검사다.

乾命					乾命			
時	日	月	年		時	日	月	年
戊	丙	庚	丙		丁	丙	庚	丙
子	辰	子	午		酉	辰	子	午
35	25	15	05		35	25	15	05
甲	癸	壬	辛		甲	癸	壬	辛
辰	卯	寅	丑		辰	卯	寅	丑

두 구조를 비교해서 살펴보자. 왼쪽은 戊子 時로 위에서 설명한 方向으로 살피면 食神生財요, 丁酉 時는 군겁쟁재의 모습이다. 또 子月인데 戊子 時는 庚이 子水를 生하며, 丁酉 時는 庚과 酉金이 子水를 生한다. 戊子 時는 丙火 두 개가 庚을 키우면 戊土로 庚을 드러내지만, 丁酉 時는 土가 없으니 庚을 드러낼 터전이 없다. 丁酉 時는 天干에 丙, 丁火가 혼탁하지만 戊子 時는 丙, 丙으로 火氣가 單一하다.

戊子 時는 의대를 졸업하고 내과의사 하다가 丙, 庚子 조합을 활용하여 사법고시에 합격하여 변호사요, 丁酉 時는 해양대학을 졸업하고 화물선 선장이다.

乾命			
時	日	月	年
壬	乙	戊	庚
午	酉	子	戌

陰/平 : 1970년 12월 4일 12시

81	71	61	51	41	31	21	11	01
丁	丙	乙	甲	癸	壬	辛	庚	己
酉	申	未	午	巳	辰	卯	寅	丑

壬子 年生처와 두 딸을 두었으며, 2008年 이비인후과를 개업한 의사다. 乙이 子月을 만나 시절을 잃었지만 戊土와 午火로 火氣를 가졌고 庚 官星이 戊土 무대를 월간에 가졌으니 명예가 높은 구조다. 또 戊戌, 午로 火氣가 강한 듯하나, 庚과 酉金이 子水를 보호하고, 時에서 壬水가 火氣를 조절하며, 大運이 木火로 흘러가니 의사가 되었다.

乾命			
時	日	月	年
己	庚	庚	丙
卯	寅	子	辰

陰/平 : 1916년 11월 25일 6시

86	76	66	56	46	36	26	16	06
己	戊	丁	丙	乙	甲	癸	壬	辛
酉	申	未	午	巳	辰	卯	寅	丑

庚이 子月에 태어났는데, 丙火가 年上에 있어 丙, 庚子 조합을 이루며 大運이 木火로 흐른다. 子水가 많은 木氣에 수기를 공급하는데 이 구조는 오히려 月의 庚이 子水를 보호하는 구조다. 월일시 흐름이 子寅卯로 재물을 축적해가는 과정이 순탄하다. 또 시지에 卯木이 있어 乙庚 합하고 년의 丙火가 열매의 부피를 확장하니 재물에 대한 욕망이 강하다. 이렇게 乙庚 합에 丙火가 조합을 이루면 물질인연이 강하다. 대만 국태그룹 창시자다.

乾命　　　　　　陰/平 : 1949년 11월 13일 14시

時	日	月	年
乙	丙	丙	己
未	申	子	丑

88	78	68	58	48	38	28	18	08
丁	戊	己	庚	辛	壬	癸	甲	乙
卯	辰	巳	午	未	申	酉	戌	亥

丙火가 子月에 태어나고 子丑 슴으로 냉한 구조인데, 月에 丙火가 드러나 어둠을 밝히고 乙未 時이니, 子月에서 할 일인 씨종자를 새로운 생명체 乙로 바꾸어 時干에 드러냈다. 이 의미는 자신이 추구한 일들을 46세 이후에 결과를 얻을 수 있음을 암시한다. 1980 年代에 사업하는 과정에 기복이 많았는데, 1990年代 大運이 南方으로 흐를 때 광고업으로 재물을 축적하기 시작하여, 현재는 수십억 재산을 가졌다. 광고업을 한 이유는 병화가 申子辰 조합을 이루었기 때문이다. 보통은 정보, 통신, 컴퓨터와 같은 물상인데 辰土가 없으니 정보를 저장, 분석하는 능력은 떨어지기에 광고업을 하였다. 일주와 시주 丙申과 乙未 조합은 乙庚 슴으로 열매를 맺고 병화로 키우는 乙丙庚 조합이기에 재물에 대한 욕망이 강하다.

乾命　　　　　　陰/平 : 1971년 10월 26일 6시

時	日	月	年
癸	壬	庚	辛
卯	申	子	亥

81	71	61	51	41	31	21	11	01
辛	壬	癸	甲	乙	丙	丁	戊	己
卯	辰	巳	午	未	申	酉	戌	亥

子月에, 년주가 辛亥, 時에 癸水가 있으니 金水의 기세가 강하지만 화기가 없으니 강한 금기들이 지도자를 만나지 못해 방탕의 상이다. 다행하게 大運이 金火로 흐르면서 쓸모없는 金氣들을 바르게

인도한다. 체육용품 관련업으로 20억 정도의 재산가다. 이 구조는 金水가 혼잡하여 탁하지만 卯時를 얻어 乙庚 합으로 열매 맺은 상태에서 대운이 丁酉, 丙申으로 흐르면서 火氣로 열매의 크기를 확장했다. 상기 사주와 이 사주 모두 乙庚 合에 丙火가 있어 乙丙庚 조합을 이루어 재물을 축적했다.

乾命　　　　　陰/平 : 1957년 10월 22일 6시

時	日	月	年
丁	己	壬	丁
卯	未	子	酉

81	71	61	51	41	31	21	11	01
癸	甲	乙	丙	丁	戊	己	庚	辛
卯	辰	巳	午	未	申	酉	戌	亥

戊申大運까지 난방기구 관련업을 유지하다가 丁未大運 2000년 회사를 매각해버리고, 그때부터 부동산업에 뛰어들어 부동산 불경기에 땅을 매입하여 아파트를 지었다. 아파트가 완공됐을 때 부동산 경기가 好期를 맞아 폭발적으로 발전하여 현재는 수백억에 이르는 재산가다. 이 구조의 특징은 丁酉에서 壬子로 丁辛壬 조합이니 재물을 한순간 폭발적으로 축적하는 에너지를 가졌다. 초반기에는 丁酉, 壬子로 난방기구를 다루다가 일주와 시주인 己未와 丁卯에서는 卯未 조합을 부동산 물상으로 활용하여 재물을 모았다. 卯未와 유사한 己卯간지도 부동산임대업에 어울린다.

乾命　　　　　陰/平 : 1963년 11월 9일 10시

時	日	月	年
癸	辛	甲	癸
巳	丑	子	卯

85	75	65	55	45	35	25	15	05
乙	丙	丁	戊	己	庚	辛	壬	癸
卯	辰	巳	午	未	申	酉	戌	亥

子月의 시공간에 필요한 巳火가 時支에 있다. 초년에 大運이 金水로 흐른다. 辛酉大運 丙子年에 4억 정도를 벌었고, 庚申大運 癸未年에 광물 업으로 15억 정도를 벌었다. 辛이 月에 甲을 보았으니 조상과 부모의 음덕이 강하다. 다만, 水氣가 산만하고 子丑 합과 巳丑 합으로 답답한 모습이다. 재물을 축적한 시기를 보면, 酉丑조합으로 한순간에 큰 재물을 축적하고, 庚申大運에도 강한 금기가 일지 축토에 담기니 갑자기 큰 재물을 모았다. 참고로 酉丑, 酉丑辰, 丑辰 조합을 이루면 한순간 큰 재물을 모으는 에너지를 가졌다.

乾命

時	日	月	年
戊	己	戊	庚
辰	亥	子	寅

陰/平 : 1950년 11월 22일 8시

85	75	65	55	45	35	25	15	05
丁	丙	乙	甲	癸	壬	辛	庚	己
酉	申	未	午	巳	辰	卯	寅	丑

子月에 庚이 年에 드러났고, 子亥辰으로 水氣에 庚을 풀어 木氣로 바꾸는 흐름이지만 寅子亥辰으로 뒤죽박죽이다. 甲午大運 甲申年 수천만원을 대출하여 사업하였으나 파재하고, 2007년 동업으로 사업하였으나 2008년 파재했다. 甲午대운 일간과 甲己 합하여 기존에 추진하던 것을 버리고 새로운 변화를 시도한다. 문제는 년간에 있는 庚이 새롭게 출발하는 甲 에너지를 沖으로 상하게 하기에 甲은 출발하다 멈추고, 출발하다 멈추기를 반복한다. 일간 己土가 년주에 庚寅을 만났기에 己庚이 寅을 통제한다. 이 의미는 절제력 없이 자신이 원하는 대로 자신을 통제하는 寅 속의 甲을 희롱한다. 천간으로 바꾸면 己庚甲 조합으로 소위 상관견관 구조다. 보통은 관재구설로 표현하는데 傷官見官의 의미가 모두 다르기에 의미를 동일

하게 적용하면 안된다. 기 출판한 책들의 天干 合에서 설명한 것처럼 甲己 合은 己土를 기반으로 甲이 未土에서 땅으로 내려오고, 丑土에서 땅 위로 오르기에 과거의 것을 마감, 정리한 후 새롭게 출발한다는 의미다. 만약 庚金이 甲己 合을 공격하여 甲이 상하면 甲에 문제가 생기면서 새로운 출발이 중단되는 것이다.

大運은 戊土가 시절을 얻고 반대로 기토는 시절을 잃는 흐름이다. 특히 甲午大運에는 戊土가 적절한 시공간을 얻어 己土와의 경쟁에서 이길 수밖에 없으니 적절하지 않은 시기에 사업에 뛰어들어 파재했다.

乾命　　　　　陰/平 : 1979년 10월 27일 16시

時	日	月	年
戊	丁	丙	己
申	巳	子	未

82	72	62	52	42	32	22	12	02
丁	戊	己	庚	辛	壬	癸	甲	乙
卯	辰	巳	午	未	申	酉	戌	亥

子月에 丙火를 얻었으나 丁火를 적절하게 활용하지 못하는 時空間이므로 시절을 잃었다. 年支가 未이니 子水를 탁하게 하므로 나쁜 작용하지만 子月의 시공간을 맞추는 丙火가 있기에 나름의 쓰임은 있다. 다만, 전체적으로 병화가 약하게 있어야 좋음에도 일지에 巳火까지 있으니 화기가 지나치다. 직장생활하고 부인은 교사인데 부부관계는 좋은 편이 아니다.

坤命　　　　　陰/平 : 1972년 11월 16일 4시

時	日	月	年
庚	丙	壬	壬
寅	戌	子	子

85	75	65	55	45	35	25	15	05
癸	甲	乙	丙	丁	戊	己	庚	辛
卯	辰	巳	午	未	申	酉	戌	亥

　　子月 丙火日干인데 년과 월에 壬壬 水氣로 가득하다. 丙火는 쓰임을 잃어버렸고, 大運도 水金 運으로 흐르니 병화의 정체성을 적절하게 드러내지 못한다. 미용실에서 일하는데 힘들게 살아간다.

2 子午 沖 이해하기

子月의 사주예문에서 자주 보이는 子午 沖에 대해 정리해보자. 子午 沖의 개념을 水火의 沖이니 변화가 급속하다거나 年, 月의 沖은 이사나 변동이 잦다는 식으로 이해한다. 子午 沖의 개념과 물상이 각 사주마다 다르기에 단편적인 이해로는 개념을 확실하게 잡아낼 수 없다. 발현되는 물상 또한 다양하기에 기본개념을 이해한 후, 궁위와 時空間에 대입하여 물상을 읽어야 한다.

(1) 글자의 의미와 계절의 중요성

地藏干의 원리는 시간과 공간의 순환원리를 살피는 것이기에 사주팔자에서 가장 중요한 궁위는 月支며 계절을 상징한다. 子水는 申子辰의 旺地로 水 三合운동하고, 午火는 寅午戌의 旺地로 火 三合운동하기에 방향이 전혀 달라 충돌한다. 다만 子水는 一陽으로 分散을 시작했고, 午火는 一陰으로 수렴을 시작했다.

이것을 月支에 대입해보자. 子月의 時空間은 金이 水氣에 풀어져 木氣로 물형을 바꾸고자 뿌리가 생기기 시작한다. 이 시공간에서 필요한 것은, 陽氣로 木氣가 적절하게 성장하도록 하는 것이다. 따라서 子水는 木氣를 키우는 時空間이니 물질이 부족한 계절이다. 子에는 金도 水로 바뀌어 물질이 박하고 木도 나오기 전이니 木의 물질도 없다. 지장간 1에서 설명한 것처럼, 木과 金은 物質로 子月은 木金이 모두 없는 時空間이다. 따라서 子月에는 물질을 추구하는 것보다는 두뇌를 활용하는 것이 적합하다. 교육을 통하여 미래를 준비해야만 한다. 중국에서 노자, 공자, 맹자 식으로 깊은 공부를 통하여 새로운 이론을 창조하는 사람들에게 子라는 글자를 이름에 붙여 주었다. 따라서 子水를 적합하게 활용하려면 공직, 교육, 두뇌를 활용하는 전문 직업을 갖는 것이 좋다.

午月의 시공간을 살펴보자. 午月의 특징은 巳午未 계절이요, 열매들이 성장하는 시절이다. 午속의 丁火가 수렴을 통하여 열매 맺고 성숙해진다. 따라서 午月은 子月과는 정반대로 물질을 얻고자 육체를 적극적으로 활용한다. 마치 논과 밭에 나가 바쁘게 육체를 움직여서 물질을 만들어가는 이치와 같다. 따라서 子午 충 할 경우 물질에 손실을 입는 공간은 午月이다. 육체손상, 파재, 이혼 등의 물상으로 다르게 발현되지만 기본적으로 물질이 상하는 쪽은 午火일 가능성이 훨씬 높다는 뜻이다. 사주예문으로 살펴보자.

乾命

時	日	月	年
丁	甲	庚	丙
卯	午	子	子

丁	丙	乙	甲	癸	壬	辛
未	午	巳	辰	卯	寅	丑

子月에 丙火가 年에 드러나 丙, 庚子 조합을 이루고 금이 수를 통하여 목으로 바뀌는 흐름이다. 주의할 것은 子午 冲하는데 卯木이 있고, 大運도 木火로 흘러 子午 冲을 해소한다. 壬寅大運부터 발전하여 巳午未 계절에 높은 관직에 올랐다.

乾命				陰/平 : 1905년 12월 6일 12시						
時	日	月	年	66	56	46	36	26	16	06
庚午	甲辰	戊子	乙巳	辛巳	壬午	癸未	甲申	乙酉	丙戌	丁亥

子辰 合하여, 子午 冲을 완화한다. 또 子月에 丙火가 天干에 드러나지는 않았지만 년지의 巳火가 丙火작용을 대신하니 좋은 구조다. 대장군 명조다. 상기와 두 사주는 동일하게 子午 冲이 격하여 발생하니 중간에서 冲을 해소한다. 상기 사주와 달리 年과 月에 庚이 없고 木이 있는데 년, 월에서 戊乙子로 乙癸戊 조합을 이루니 공직팔자가 분명하다. 다만, 大運이 申酉戌로 흐르니 성장을 유도하는 교육과 같은 공직이 아니라 숙살의 에너지를 활용하는 군대에서 재직하였다.

乾命				陰/平 : 1858년 11월 25일 0시						
時	日	月	年	77	67	57	47	37	27	17	07
戊子	丙申	甲子	戊午	壬申	辛未	庚午	己巳	戊辰	丁卯	丙寅	乙丑

子月에 태어나고 戊午年을 만나 子午 冲하니 午火는 子水를 冲하여 사고방식을 확장하는 역할로 눈치가 빠르고 총명하다. 자월의 시공간에서 요구하는 丙火를 일간이 맞추기에 일간의 가치가 높아 사랑벼슬을 지낸 정악의 사주다.

乾命　　　　　　陰/平 : 1858년 11월 29일 0시

時	日	月	年
戊	庚	甲	戊
子	子	子	午

86	76	66	56	46	36	26	16	06
癸	壬	辛	庚	己	戊	丁	丙	乙
酉	申	未	午	巳	辰	卯	寅	丑

　　사주첩경 사주예문으로 木火 大運에 경찰국장 하다가 다시 공부하여 변호사로 활동한다. 戊午의 午火가 子水를 冲하여 총명하며 눈치가 빠르다. 子午가 만나 물불이 튀니 번개 치듯 두뇌회전이 빠르고 초년에 학업에 소질을 보인다. 이 구조는 戊庚조합으로 庚金 열매의 가치가 戊土 위에 드러나 두각을 나타내고 비록 자월의 시공간을 맞추는 丙火는 없지만 년지 午火가 丙, 庚子 조합을 이루기에 검경물상을 직업으로 활용했다.

乾命　　　　　　陰/平 : 1966년 11월 7일 4시

時	日	月	年
庚	辛	庚	丙
寅	亥	子	午

86	76	66	56	46	36	26	16	06
己	戊	丁	丙	乙	甲	癸	壬	辛
酉	申	未	午	巳	辰	卯	寅	丑

　　년, 월에서 丙, 庚子조합을 이루고 年支에서 子午 冲 하여 총명하다. 고려대를 졸업하고 국비로 美國에서 박사학위를 받았다. 이렇게 子月에는 丙火의 陽氣를 필요로 하는데 만약 年支에서 午火가 子水를 冲하면 총명하여 학업으로 발전한다.

　　반대의 상황을 살펴보자. 午月을 만나 子水가 冲하는 상황이다. 午月에는 壬水가 필요한 시공간이기에 년에서 子水가 午火를 冲하면 발전한다. 계절관점에서 子月에는 火氣가, 午月에는 水氣가 필요

하기 때문이다. 결론적으로 年, 月의 子午 冲은 午月이던 子月이던 총명하기에 학업에 전념할 경우 충분히 발전할 수 있다.

坤命　　　　陰/平 : 1972년 5월 21일 16시

時	日	月	年
庚	癸	丙	壬
申	巳	午	子

88	78	68	58	48	38	28	18	08
丁	戊	己	庚	辛	壬	癸	甲	乙
酉	戌	亥	子	丑	寅	卯	辰	巳

30세 당시 상황으로 美人이요, 국회의원 정책실장을 맡고 있다. 丙午 月이니 壬水가 필요한 상황인데 年에서 壬子로 子午 冲하여 총명하다. 癸日干이 午月에 태어나 시공간이 적절하지는 않다. 癸水에게 가장 적절한 시공간은 卯辰巳月이기 때문이다. 午月에 이르면 癸水의 발산작용이 丁火에 쓰임을 잃는다. 이때는 반드시 庚으로 水氣의 틀로 癸水의 원천을 만들어야 문제가 없다. 시주가 庚申으로 공부 많이 하는 구조다.

乾命　　　　陰/平 : 1948년 5월 18일 14시

時	日	月	年
癸	庚	戊	戊
未	辰	午	子

84	74	64	54	44	34	24	14	04
丁	丙	乙	甲	癸	壬	辛	庚	己
卯	寅	丑	子	亥	戌	酉	申	未

年, 月에서 子午 冲한다. 午月로 강하지 않게 壬水가 필요한데, 子午 冲하니 두뇌가 총명하며 大運 흐름이 壬戌, 癸亥로 흐른다. 소설가로 명성을 떨친 이 문열 씨다. 庚이 戊土에 자신의 존재가치를 드러내고, 戊癸 합으로 보이지 않는 火氣를 만들어 文明을 밝힌다.

乾命　　　　　陰/平 : 1816년 5월 18일 0시

時	日	月	年
庚	丁	甲	丙
子	酉	午	子

74	64	54	44	34	24	14	04
壬	辛	庚	己	戊	丁	丙	乙
寅	丑	子	亥	戌	酉	申	未

丙申, 丁酉大運을 무난하게 보내고 己亥大運부터 亥子로 수기가 넉넉해질 때 발전하기 시작해서 庚子, 辛丑大運에 대발하여 지부 벼슬을 지낸 吳定泉 명조다. 午月에 年支 子水가 子午 冲하여 총명하니 학력이 높다. 중년이후 더욱 발전한 이유는 丁酉子 조합 즉, 丁辛壬 조합 때문이다.

이렇게 年, 月의 子午 冲은 子月에는 午火가 冲하고, 午月에는 子水가 冲하여 몇 가지의 특징을 드러낸다. 첫째 두뇌가 총명하고 감각이 뛰어나며 잘 활용하면 공부를 많이 하고, 둘째 학업에 전념하여 직업으로 사용하거나 정신을 활용하는 직업에 종사한다.

年, 月의 子午 冲은 정신적으로 강하기에 물질과의 인연이 박하고 불안정하다. 따라서 물질을 추구하는 직업을 선택하면 직업변동이 잦다.

日支나 時支에 子水나 午火가 있을 때의 상황을 살펴보자. 이 조합은 年, 月의 子午 冲과는 의미가 다른데 계절을 상징하지 않기 때문이다. 日時 子午 冲의 문제는 물질이 상한다. 소유하고 있던 물질도 子水에 이르면 金을 木氣로 바꾸어야하기에 그때까지 모아 두었던 재물이 사라지거나 줄어든다. 이렇게 子水에서는 재물을 유지하기 쉽지 않다. 재물을 탕진하지 않으면 이혼이나 육체손상으로 발현될 수 있다. 日支가 午火일 경우도 물질이 충만한 午火가 子水로

부터 공격당하니 몸이 상하거나 재물을 잃다. 예문을 살펴보자.

乾命　　　　　　陰/平 : 1962년 5월 6일 0시

時	日	月	年
戊	丙	丙	壬
子	子	午	寅

70	60	50	40	30	20	10
癸	壬	辛	庚	己	戊	丁
丑	子	亥	戌	酉	申	未

子午 冲이 年, 月에 있지 않고, 月과 日에 있다. 子午 冲을 부족한 水氣를 채우는 물상으로 사용하여 술을 많이 마셔서 가정파탄에 이르렀다.

坤命　　　　　　陰/平 : 1960년 6월 6일 0시

時	日	月	年
壬	戊	壬	庚
子	子	午	子

58	48	38	28	18	08
丙	丁	戊	己	庚	辛
子	丑	寅	卯	辰	巳

남편이 卯 大運 壬午年 壬子 月에 간암으로 사망했다. 年, 月에 子午 冲이 있는데, 日時에도 子水가 있으니 冲의 凶이 명확하게 드러났다. 卯 大運에 官星이 子卯 刑, 卯午 破 등으로 복잡해진다.

乾命　　　　　　陰/平 : 1970년 12월 1일 0시

時	日	月	年
庚	壬	戊	庚
子	午	子	戌

83	73	63	53	43	33	23	13	03
丁	丙	乙	甲	癸	壬	辛	庚	己
酉	申	未	午	巳	辰	卯	寅	丑

辛卯大運 己卯 年에 송사에 걸리고 파재했다. 子午 冲이 月日時에서 冲한다. 이 구조도 子午 冲으로만 구성되어 있다가 운에서

卯木이 오면 子午 冲, 子卯 刑, 卯午 破로 冲刑破가 동시에 발생하니 물상이 복잡해진다. 위 사주보다 다행인 점은 年支에 戌土가 있어서 子午 冲의 상황이 심각하지는 않다.

乾命 陰/平 : 1958년 11월 9일 8시

時	日	月	年
庚	庚	甲	戊
辰	午	子	戌

86	76	66	56	46	36	26	16	06
癸	壬	辛	庚	己	戊	丁	丙	乙
酉	申	未	午	巳	辰	卯	寅	丑

평생 부모재산으로 살아가면서 사기, 술, 도박으로 보내는 사람이다. 日干과 時干이 庚庚으로 月의 甲을 대하니 경쟁으로 甲을 탐하고, 地支 구조가 子辰 合, 子午 冲, 辰戌 冲으로 子水가 상하니 정신에 문제가 있다. 月日의 子午 冲으로 월지 직업 궁이 불안정하기에 변변한 직업을 갖지 못한다.

乾命 陰/平 : 1939년 11월 1일 0시

時	日	月	年
庚	壬	丙	己
子	午	子	卯

81	71	61	51	41	31	21	11	01
丁	戊	己	庚	辛	壬	癸	甲	乙
卯	辰	巳	午	未	申	酉	戌	亥

湖南 부호의 아들로 태어나, 서울에서 법학 공부하여 법관으로 진출하고 싶었으나, 일곱 번이나 고시에 낙방하고 타락하여 주색잡기로 세월을 보냈다. 壬 大運부터 상속받은 재산을 주색잡기에 탕진하고 방황하였다. 申 大運에 가족과 함께 여름휴가를 가던 중 교통사고를 당해, 처자식을 잃고 본인도 심한부상을 당했다. 生命에는 지

장이 없으나 다리를 다쳐 절고 있다. 양쪽에서 子水가 日支 午火를 공격하는 子午 冲 구조다.

이 구조가 심각한 이유는, 子午 冲에 子卯 刑까지 子卯午가 모두 있기 때문이다. 즉, 子午 冲으로만 구성되면 정도가 약하지만, 卯木이 와서 三字가 동시에 만날 경우에는 발현되는 물상이 더욱 심각하다. 상기의 예문도 모두 子卯午 조합에서 문제가 발생한다.

乾命

時	日	月	年
辛	壬	丙	己
亥	午	子	卯

陰/平 : 1939년 11월 1일 21시

81	71	61	51	41	31	21	11	01
丁	戊	己	庚	辛	壬	癸	甲	乙
卯	辰	巳	午	未	申	酉	戌	亥

1987년 丁卯年 말에 비행기 추락으로 사망했다. 月, 日에서 子午 冲이 발생한다. 子午卯로 刑과 冲이 공존하니 흉함이 가중되었다. 이렇게 삼자간 조합을 이루면 자세히 살펴서 판단해야 한다.

坤命

時	日	月	年
壬	壬	甲	癸
寅	午	子	丑

陰/平 : 1973년 11월 18일 3시 40분

79	69	59	49	39	29	19	09
壬	辛	庚	己	戊	丁	丙	乙
申	未	午	巳	辰	卯	寅	丑

美國에서 육군병원의 간호사로 일한다. 月日에서 子午 冲이 발생하니 부부는 항상 떨어져 살며, 스스로 원하여 두 번 이혼하였다. 子午 冲이 발생하지만 午火의 작용이 좋기에 결혼하면 남편의 사랑을 받는다. 또, 寅이 子午 冲을 완화시켜주는 역할도 한다.

乾命　　　　陰/平 : 1975년 11월 24일 12시

時	日	月	年
甲	丙	戊	乙
午	午	子	卯

86	76	66	56	46	36	26	16	06
己	庚	辛	壬	癸	甲	乙	丙	丁
卯	辰	巳	午	未	申	酉	戌	亥

丙子年 시험에 낙방하고 丁丑年 대학에 합격, 2000年 庚辰年 丙戌月 肝에 문제가 생겨 사망한 중국인이다. 子卯午로 刑과 沖이 공존하니 흉하다.

坤命　　　　陰/平 : 1963년 1월 15일 0시

時	日	月	年
庚	壬	甲	癸
子	午	寅	卯

69	59	49	39	29	19	09
辛	庚	己	戊	丁	丙	乙
酉	申	未	午	巳	辰	卯

2004년 甲申年부터 건강에 문제가 생기고 갑자기 한쪽 귀가 좋지 않아 점 보러 갔더니, 神을 받으라고 해서 고심 끝에 丙午 月에 神을 받았다. 子午 沖이 日時에 있으니, 日支에 이르는 시기에 동한다.

이 구조도 子卯午 三字가 모두 있어 흉한데 戊午대운에 이르러 戊癸 합하고 癸甲戊 조합을 이루면서 수기가 줄어들기에 육체가 상할 수 있다. 대운이 丁巳, 戊午로 흐르면 水氣가 마르면서 화기에 자극받은 庚金은 甲申년에 甲庚 沖 하면서 머리에 이상이 오기에 이명과 같은 현상이 발생했다.

만약 壬, 癸子로 수기가 없었다면 심하게 정신병에 걸리거나, 교통사고 등으로 사망할 수 있다. 약간의 수시로 심한 상황에 이르지는 않았으나 운이 나쁘니 엉뚱하게 신을 받았다.

乾命

時	日	月	年
甲	甲	戊	戊
戌	子	午	申

陰/平 : 1968년 5월 28일 20시

84	74	64	54	44	34	24	14	04
丁	丙	乙	甲	癸	壬	辛	庚	己
卯	寅	丑	子	亥	戌	酉	申	未

국내최고 S그룹의 후계자 사주라 알려져 있는데, 壬戌大運 己丑年 이혼했다. 40代에 子午 沖이 발생한다. 일지의 시기에 자수가 동하면서 재물이 불안정하거나 육친이 불안정해진다.

(2) 子午 沖의 時空間 변화

刑沖破害 작용을 살필 때 반드시 궁위와 時空間을 연결하여 이해해야 한다. 예를 들어 살펴보자.

時	日	月	年
子	午	子	卯

예로 子午 沖이 月日 혹은 日時에서 발생한다면 발생 시기는 상이하다. 이 구조는 午火의 시기인 40代에 子午 沖이 동시에 발생하니 문제다.

乾命

時	日	月	年
	壬		
	子	午	

　이렇게 구성된 남자의 경우는 월지 午火가 직업 궁이요, 財星에 해당한다. 子午 沖이 발생하면 30代전에는 午火가 子水를 沖하여 문제가 없지만 40代에 이르면 子水가 午火를 沖하면 월지가 상하는 문제가 발생한다. 이런 구조를 가진 남자교수가 있는데 40代에 갑자기 몰락하여, 이혼하고 홀로 잡일을 하며 살아간다. 다른 예문을 살펴보자.

坤命　　　　　　陰/平 : 1943년 6월 4일 8시

時	日	月	年	81	71	61	51	41	31	21	11	01
戊	甲	戊	癸	丁	丙	乙	甲	癸	壬	辛	庚	己
辰	子	午	未	卯	寅	丑	子	亥	戌	酉	申	未

　여교사로 酉大運, 26歲 戊申年 戊寅生과 결혼하고 자식 낳고 잘 살았는데, 40세 壬戌年 교통사고로 남편이 사망했다. 그 후 48세 庚午年에도 교통사고가 발생했다.

　이 구조도 子午 沖이 있는데 午火의 시기에는 午火가 子水를 沖하니 결혼도 하고 자식 낳고 행복하게 살았는데, 40代에 이르면 子水가 午火를 沖한다. 이렇게 子午 沖도 時空 변화에 따라서 많은 차이를 보이니 沖하는 시기와 글자 그리고 沖 당하는 글자의 상황을 읽어야 한다. 이 구조의 단점은 일지가 좋은 역할을 하는 데 壬

戌大運 壬戌年에 子水가 천간으로 드러나 상하니 문제가 발생했다.

刑沖破害 작용은 절대로 일방적일 수 없으며 時空변화에 따라 상이한 물상으로 발현된다. 子午 沖에 대한 많은 예문이 있지만, 궁위에 대한 개념과 時空 그리고 글자의미를 살펴보았기에 충분하리라 보고 생략한다.

3 丑月의 時空間

丑月에는 생명체가 지속적으로 성장하여 안전하게 뿌리내리는 상황으로 여전히 땅밖으로 드러나지 못했지만 땅속에 안착할 수 있을 정도로 성장한 상태다. 인간의 경우, 태아가 만삭에 이르러 탄생을 준비하고 寅月에 모습을 세상에 드러낸다.

丑月에는 뿌리가 정착하면서 성장하기에, 丙火 陽氣가 필요한 時空間이다. 다만 丑月은 陽氣가 필요하면서도 丙火가 드러날 수 있는 구조가 적당하지 않다. 월주가 丁丑이라면 丁火는 子月부터 수렴에너지의 쓰임을 상실하기에 丑月의 丁火는 자신의 역할에 충실할 수 없다.

辰戌丑未 地藏干에서 살펴본 것처럼 丑月의 상황은 두 가지로, 첫째 大運이 木火로 흐르는 경우, 둘째 水金으로 흐르는 경우다. 木火로 흐르면 丑속의 癸水를 활용, 주로 창작과 교육 혹은 木을 키우는 방향으로 쓰이며, 水金으로 흐를 경우는 丑土와 巳酉丑 三合 물상을 주로 활용하기에 금융, 의료, 사채, 금속, 권력을 추구하는 삶이다.

보통 丑月의 경우, 역운 申酉戌로 흐르면 습하여 냉기를 더욱 조장하니 흉하다고 느끼지만, 丑土 내부에서 발생하는 子酉 破작용 때문에 무력해지는 金氣를 보충해주는 申酉戌이 결코 나쁘지 않거나 물질적으로는 오히려 좋을 수 있다. 木火로 흐를 때는 癸水의 사상을 활용하고, 水金으로 흐를 때는 금융, 의료, 권력, 사채, 금속, 공직물상을 활용하는 차이만 있을 뿐이다.

乾命 : 조화원약 예문

時	日	月	年
癸	甲	丁	己
酉	辰	丑	丑

丁丑 月로 丙火가 없고 丁火가 드러났기에 축토에서 丁火의 수렴하는 에너지의 작용력은 비효율적이다. 또 사주팔자가 전체적으로 습하다. 빈천한 명이라고 소개되었다.

坤命

時	日	月	年
乙	己	己	庚
亥	亥	丑	申

陰/平 : 1980년 12월 16일 22시 15분

85	75	65	55	45	35	25	15	05
庚	辛	壬	癸	甲	乙	丙	丁	戊
辰	巳	午	未	申	酉	戌	亥	子

어린이집 선생님으로 아직 미혼이다. 丙戌年에 방통대 유아교육과에 입학했으며 당시에 직장에서 보내주는 일본연수가 예정되어 있었다. 사귀는 사람은 없으며 독신으로 살고자 한다. 年, 月에 火氣가 전혀 없다. 丙 大運에 이르러 어둠 속에서 빛이 비추는 것과 같아 직장에서 혜택을 받게 되었다.

乾命 : 조화원약 예문

時	日	月	年
乙	甲	癸	癸
亥	午	丑	亥

丑月에 癸亥年이니 필요로 하는 丙火는 보이지 않고 冷氣만 더하니 甲이 적절한 성장이 어렵다. 일지에 午火가 있지만 전체적으로 구조가 밝지 않으니 고빈한 명이라고 소개되었다.

乾命　　　　　　陰/平 : 1968년 1월 6일 16시

時	日	月	年
壬	甲	癸	丁
申	辰	丑	未

89	79	69	59	49	39	29	19	09
甲	乙	丙	丁	戊	己	庚	辛	壬
辰	巳	午	未	申	酉	戌	亥	子

금형기술자다. 丑月에 년주가 丁未로 丁火가 있지만 丙火가 아니기에 작용에 한계가 있으며 더욱이 천간의 壬癸가 丁火를 다투어 상하니 좋지 않다. 이런 구조를 丁壬癸 조합이라 부르는데 교통사고, 육체손상, 재물을 탕진하는 조합이다. 大運도 흐름이 좋지 않다. 만약 시간에 壬水가 없었다면 년월 丁癸 冲 구조를 법조계 관련 직업으로 활용할 수 있다.

乾命　　　　　　陰/平 : 1968년 12월 7일 6시

時	日	月	年
丁	己	乙	戊
卯	亥	丑	申

83	73	63	53	43	33	23	13	03
甲	癸	壬	辛	庚	己	戊	丁	丙
戌	酉	申	未	午	巳	辰	卯	寅

己土가 丑月에 태어나고, 年, 月에 火氣가 전혀 없고 地支에도 없으며 유일하게 時干에 丁火가 있다. 亥卯로 木이 있으니 火氣를 만나면, 木을 키울 수는 있다. 주방장이다.

坤命 陰/平 : 1947년 12월 12일 14시

時	日	月	年
乙	丙	癸	丁
未	午	丑	亥

84	74	64	54	44	34	24	14	04
壬	辛	庚	己	戊	丁	丙	乙	甲
戌	酉	申	未	午	巳	辰	卯	寅

丑月에 癸水가 月에 드러나고 年에 丁火가 있으나 丁癸 冲한다. 丙午, 乙未로 日時가 구성되고 大運 흐름이 木火로 흐른다. 남편이 공장사장이었으나, 40代에 사별 후, 퇴직한 공직자와 50代에 재혼하였다. 자녀는 4명으로 평범하게 살아간다.

乾命 陰/平 : 1966년 12월 22일 0시

時	日	月	年
戊	丙	辛	丙
子	申	丑	午

81	71	61	51	41	31	21	11	01
庚	己	戊	丁	丙	乙	甲	癸	壬
戌	酉	申	未	午	巳	辰	卯	寅

丙火가 丑月에 태어나 쓰임을 잃었지만 年에 丙午가 있고, 大運 흐름이 木火로 흐른다. 현재 15억 정도의 재산을 가졌다.

乾命 陰/平 : 1972년 12월 29일 20시

時	日	月	年
甲	己	癸	壬
戌	巳	丑	子

81	71	61	51	41	31	21	11	01
壬	辛	庚	己	戊	丁	丙	乙	甲
戌	酉	申	未	午	巳	辰	卯	寅

丑月에 태어나고, 壬子年이니 火氣가 전혀 없다. 다행히 일지에 巳火가 있으며, 초년부터 大運이 木火로 흐른다. 재산이 20억 정도다. 日干이 己土인데 만약 戊土 日干이었다면 時空間이 적절하지 않지만 己土가 丑月에 태어나 무토에 비해 쓰임이 더 좋다. 이렇게 월지 대비, 日干이 무엇이냐에 따라 큰 차이를 보인다.

乾命　　　　　陰/平 : 1950년 12월 13일 12시

時	日	月	年	85	75	65	55	45	35	25	15	05
壬	庚	己	庚	戊	丁	丙	乙	甲	癸	壬	辛	庚
午	申	丑	寅	戌	酉	申	未	午	巳	辰	卯	寅

庚이 丑月에 태어나 庚과 己土가 年, 月에 있다. 다행히 年支가 寅이요, 時支가 午火며 大運이 木火로 흘러간다. 45세 이후에 甲午, 乙未, 丙申으로 火氣로 흘러 재산이 200억에 이른다. 또 다른 특징은 사주의 方向에서 설명한 것처럼, 천간에 印星이 강하기에 조상, 부모의 음덕이 있다.

乾命　　　　　陰/平 : 1969년 12월 4일 10시

時	日	月	年	81	71	61	51	41	31	21	11	01
甲	辛	丁	己	戊	己	庚	辛	壬	癸	甲	乙	丙
午	卯	丑	酉	辰	巳	午	未	申	酉	戌	亥	子

辛이 丑月에 태어나고 丁火가 드러났고 大運이 水金으로 흐른다. 말년에 甲午 時를 만나니 축토에서 원하는 시공간을 약간 맞추었기에 木을 키울 가능성은 있다. 대학 졸업하고 한 곳에 정착하지 못하고, 직업 따라 이곳저곳 떠도는 팔자로, 戊子年에 투자에 문제가 생

겨 자본을 거의 탕진한 상황이다.

사주의 方向이 혼란스럽다. 食神生財를 추구하려해도 정화가 드러났고, 殺印相生을 추구하고자 해도 甲재성이 드러나 있기에 재물에 대한 욕심을 버리기 힘들다. 戊子 년의 투자는 地支에서 子卯午 조합을 이루면서 문제가 생겼다.

坤命　　　　　陰/平 : 1892년 12월 10일 22시

時	日	月	年
乙	甲	癸	壬
亥	子	丑	辰

82	72	62	52	42	32	22	12	02
甲	乙	丙	丁	戊	己	庚	辛	壬
辰	巳	午	未	申	酉	戌	亥	子

중국혁명가 손 중산 두 번째 부인 송경령 사주로, 甲이 丑月에 태어나 전체적으로 濕하고 冷하며 火氣가 전혀 없는 구조요, 大運도 水金으로만 흐른다. 따라서 흉한 구조라고 판단할 수밖에 없지만 상기에서 설명한 것처럼, 丑月의 시공간에서 원하는 방향은 두 갈래로 木火로 흐르면 丑土 속의 癸水를 활용하여 목을 기르는 교육, 창작으로 활용하며 金으로 흐르면 丑土에 金氣를 보충하여 금융, 의료, 금속, 권력을 지향한다. 이 구조는 금기를 보충하면서 권력으로 활용하였다. 甲일간이 丑月을 만난 것으로 만약, 乙 日干이었다면 삶이 평탄하지 않았을 것이다.

乾命　　　　　陰/平 : 1877년 12월 11일 10시

時	日	月	年
癸	辛	癸	丁
巳	卯	丑	丑

72	62	52	42	32	22	02
丙	丁	戊	己	庚	辛	壬
午	未	申	酉	戌	亥	子

大運이 金運으로 흐르니 丑속의 金 물상인 단체, 권력, 정치 물상을 활용한다. 중국의 군사가로 신해혁명에 참가했던 인물이다. 또 年, 月에서 丁癸 冲을 활용하면 법조계, 검경으로 진출하는데 時支에 巳火가 있어서 축토의 시공간을 맞춘다.

乾命

時	日	月	年
丁	甲	癸	丁
卯	寅	丑	亥

陰/平 : 1947년 12월 20일 6시

87	77	67	57	47	37	27	17	07
甲	乙	丙	丁	戊	己	庚	辛	壬
辰	巳	午	未	申	酉	戌	亥	子

金運으로 흐르며 대만의 역사학과를 졸업, 高雄市 시장을 역임하고, 현재도 정치활동 하는 정치인이다. 丑月에 태어나 年, 月에서 丁癸 冲하고, 大運이 金運으로 흐를 경우는 丑土 단체, 권력 물상을 활용하여 政治 성향을 강하게 드러낸다.

乾命

時	日	月	年
戊	丙	乙	癸
子	申	丑	丑

陰/平 : 1913년 12월 15일 0시

81	71	61	51	41	31	21	11	01
丙	丁	戊	己	庚	辛	壬	癸	甲
辰	巳	午	未	申	酉	戌	亥	子

상기 사주예문들과는 달리, 年, 月에 丁癸 冲은 없지만 癸乙戊 조합을 이루고 천간에서 癸乙丙戊로 時間흐름이 순차적이다. 大運이 丑土에 金氣를 채우니 대만의 행정원 원장을 지냈다.

乾命 　　　　陰/平 : 1935년 12월 20일 4시

時	日	月	年
戊	乙	己	乙
寅	未	丑	亥

82	72	62	52	42	32	22	12	02
庚	辛	壬	癸	甲	乙	丙	丁	戊
辰	巳	午	未	申	酉	戌	亥	子

　　大運이 金運으로 흐르는데 乙은 丑土의 時空間을 만나 적절한 시절은 아니다. 따라서 물질보다는 정신, 학문을 추구하면 종교, 철학 등 깊은 내면의 세계에 이른다. 다만, 월주가 己丑이요 戊와 未까지 있으니 財星이 산만하게 흩어져 대학에서 己丑을 활용하여 회계학을 전공했으나, 나중에 정치에 투신하여 시장에 올랐다. 乙이 戊土를 만나서 존재를 드러내니 戊乙 조합은 주로 교육, 공직에 어울린다. 大運이 申酉戌로 흐르니 재물을 버리고 권력을 추구했다.

乾命 　　　　陰/平 : 1896년 12월 13일 10시

時	日	月	年
丁	癸	辛	丙
巳	酉	丑	申

87	77	67	57	47	37	27	17	07
庚	己	戊	丁	丙	乙	甲	癸	壬
戌	酉	申	未	午	巳	辰	卯	寅

　　癸水가 辛丑 月을 만나고, 地支에서 巳酉丑 三合을 이룬다. 癸水가 丑月에 태어나 時空間이 적절하지 않다. 다만, 丙辛 합으로 정신세계를 추구하고 물질을 탐하지 않는 삶을 택한다면 깊은 내면의 세계를 얻는다. 대운이 木火로 흐르니 丑土 속의 癸水를 활용하여 木을 기른다. 저명한 시인, 문장가다. 物質을 버리고 精神을 택하여 一家를 이룬 것이다. 이것이 時空間에 순응하는 삶이다.

乾命 　　　　　　陰/平 : 1933년 12월 19일 4시

時	日	月	年
丙	甲	乙	癸
寅	辰	丑	酉

88	78	68	58	48	38	28	18	08
丙	丁	戊	己	庚	辛	壬	癸	甲
辰	巳	午	未	申	酉	戌	亥	子

　大運이 金氣로 흐르면서 축토에 채운다. 月에 乙이 드러났을 경우에는 반드시 大運의 흐름을 살펴야 한다. 겁재의 경쟁, 투기 성향을 가지고 태어났으니, 경쟁에서 이기면 겁재를 이용하여 큰 것을 획득하고 반대로 겁재와의 경쟁에서 밀리면 자신이 소유한 것을 크게 잃는다. 이때 누가 뺏고 빼앗기냐를 판단하는 기준은 時空間이 적절한가의 여부다. 乙丑 月이니 甲은 시공간이 적절하고, 乙은 시절을 잃었다. 大運도 甲이 경쟁에서 이기는 흐름이다. 축토에 금기를 채우니 권력, 명예, 정치 지향적이며 상공업계의 회장직에 올랐다.

坤命 　　　　　　陰/平 : 1982년 4월 8일 時 모름

時	日	月	年
모	甲	甲	壬
름	申	辰	戌

88	78	68	58	48	38	28	18	08
乙	丙	丁	戊	己	庚	辛	壬	癸
未	申	酉	戌	亥	子	丑	寅	卯

　甲甲으로 경쟁, 투기 성향은 아니다. 그러나 辰月에는 乙이 성장하는 시절이니 경쟁할 수밖에 없다. 大運은 甲이 경쟁에서 항상 우위의 흐름이다. 일본의 저명 대학교를 졸업하고, 미국의 유명 대학원에서 공부한 후 미국계 금융업에 종사한다.

　경쟁에서 항상 이기는 구조를 가졌음에도 일본, 미국으로 크게 이

동하는 이유는 월주 甲辰간지 물상 때문이다. 甲辰은 甲乙이 戊에서 水氣를 다투는 문제가 있다. 辰土의 시공간은 乙이 甲보다 활동하기 적절하다. 乙은 辰月을 만나 癸水의 도움으로 戊土 위에서 좌우로 에너지를 적극적으로 펼치며 성장하는 반면에, 甲은 戊와의 관계가 辰土에서 水氣가 박하기에 좋지 않으며 時空間도 적절하지 않다.

따라서 甲辰간지는 甲보다는 乙이 경쟁력을 가졌고 戊土를 장악한 상황이다. 甲戊 조합은 좋은 관계라고 주장하는 이론도 있지만 구조에 따라 흉한 조합이다. 甲癸 조합도 四季圖에서 보듯, 甲은 겨울에 배속된 에너지고 癸水는 봄에 배속된 에너지이기에 어울리지 않는 상황에서 甲이 水氣가 부족하여 戊土에게 수기를 내놓으라고 찔러대는 구조다. 따라서 甲辰 干支의 경우 水氣가 채워지지 않으면 부부사이는 안정적이기 힘들며 戊土가 甲을 버리고 자신과 시공간이 적절한 乙에게 떠나는 문제가 발생한다.

결론적으로 甲乙이 戊土를 다투는 문제요, 水氣가 마르면 경쟁에서 밀린 甲은 戊土의 땅을 버리고 水氣를 찾을 때까지 이런 저런 시공간을 떠돌며 정착하지 못한다. **수기가 많으면 水生木으로 甲을 생하고 木剋土로 甲이 戊土를 극한다는 논리를 펼치는데 자연의 이치는 모르기 때문이다.** 마른 땅에서는 목이 성장하지 못하고 땅까지도 황폐해진다. 이 것이 진리다.

이 구조는 다양한 문제가 섞여 있는데 甲辰의 마른 땅에 년의 壬水가 채워지니 학력이 높지만 甲辰 월주에서 甲과 乙이 경쟁하기에 시공간이 적절하지 않은 甲은 乙이 장악한 辰土의 땅을 버리고 해외에 나가 새로운 땅에 정착한다. 다만, 겉으로 드러나는 사회적인 성취는 높지만 내면에서는 항상 내가 왜 이런 공간에서 살아가는가에 대한 의구심을 갖는다. 이 또한 시절을 만나지 못했을 때 발현되는 현상이다.

乾命

時	日	月	年
辛	丁	癸	丁
亥	未	丑	卯

陰/平 : 1927년 12월 16일 22시

71	61	51	41	31	21	11	01
乙	丙	丁	戊	己	庚	辛	壬
巳	午	未	申	酉	戌	亥	子

年, 月에서 丁癸 冲한다. 법조계, 군, 검경 계통인데 대운의 흐름이 축토에 금기를 보충한다. 사법관을 지냈다. 하지만 지지에 亥卯未 삼합을 이루어 성장을 추구하는 성향까지 있으니 삶의 방향이 복잡하다. 권력을 지향하려면 巳酉丑 삼합과 조화를 이루어야 하는데 亥卯未 삼합까지 섞이면서 갈등하기 때문이다. 巳酉丑 삼합으로 절제, 결단의 태도를 갖다가도 亥卯未 삼합의 인간본위의 성정 때문에 인정에 치우쳐 공정한 심판을 못하기 때문이다.

坤命

時	日	月	年
丁	甲	癸	丁
卯	申	丑	未

陰/平 : 1967년 12월 16일 6시

77	67	57	47	37	27	17	07
辛	庚	己	戊	丁	丙	乙	甲
酉	申	未	午	巳	辰	卯	寅

年, 月에서 丁癸 冲하고 있다. 법조, 군, 검경 조합에 甲申 日이니 그런 성향이 더욱 강하다. 사법고시에 합격하였다. 대운이 木火로 흐르기에 권력을 추구하기 보다는 木을 기르는 일에 더욱 집중한다. 예

로 법조계에서도 교육, 강의를 하는 직책에 어울린다.

乾命　　　　陰/平 : 1976년 11월 23일 10시

時	日	月	年
己	己	辛	丙
巳	巳	丑	辰

78	68	58	48	38	28	18	08
己	戊	丁	丙	乙	甲	癸	壬
酉	申	未	午	巳	辰	卯	寅

年, 月에서 丙辛 합한다. 깊은 내면의 세계를 추구하니 종교, 명리, 철학에 적합하다. 학업성적이 뛰어나 고시에 합격했고 판사다. 사주구조가 金氣로만 구성되어 매우 단조롭기에 권력, 정치 지향적이다.

乾命　　　　陰/平 : 1972년 12월 14일 16시

時	日	月	年
壬	甲	癸	壬
申	寅	丑	子

85	75	65	55	45	35	25	15	05
壬	辛	庚	己	戊	丁	丙	乙	甲
戌	酉	申	未	午	巳	辰	卯	寅

어려서 美國으로 이민 간 美國 시민권자로, 2012년 壬辰年 한국에 돌아와 사는데 변호사요, 기혼자로 잘 살고 있다. 원국에 水氣가 강한데 大運이 木火로 흐른다. 甲 日干이니 丑月에 水氣가 강해도 무리는 없지만 乙日干의 경우 시절을 잃는다. 대운 흐름이 목화로 흐르기에 권력을 추구하는 욕망이 강하지 않다. 대운 흐름까지 감안하면 壬甲丙 구조로 甲이 水氣를 받아들여 장기적으로 학업에 전념한 후 丙火로 가치를 발현하기에 박사급 정도의 학력이다. 壬甲丙 조합은 주로 의료, 법조계에 두각을 나타낸다.

4 寅月의 時空間

寅月의 時空間을 살펴보자. 甲은 寅月에 祿을 만나 뿌리를 단단히 내리고 丙火는 生地로 氣運이 동한다. 이런 時空間에서 요구하는 것은 무엇일까? 궁통보감에서 설명하기를 丙火와 癸水가 필요하다고 설명하기에 따뜻한 온기로 木氣의 성장을 촉진하여 땅 밖으로 오르도록 유도하는 것이 당연하다 느낄 것이다. 하지만 이런 판단에는 심한 오류가 있다.

寅月에는 木氣는 뚜렷하게 에너지를 드러냈으나 丙火의 분산에너지는 生地로 氣運을 막 드러냈을 뿐이다. 따라서 무력한 병화가 힘이 넘치는 甲을 생한다는 것은 비논리적이며 반드시 甲이 水氣를 흡수하여 丙火의 분산 에너지가 확산되도록 도와야 한다. 따라서 寅月의 시공간은 丙火의 분산에너지를 확장하는 것을 주목적으로 한다.

다만, 丙火가 寅에서 生地 상태이기에 木生火의 시간은 오래 걸릴 수밖에 없다. 이런 자연의 이치를 이해하면 丙火가 甲을 키워준다는 논리가 성립될 수 없고 甲이 丙火의 에너지를 확장한다고 판단해야 한다. 이런 오류는 丙火는 태양이요 甲은 성장하는 나무이기에 태양이 나무를 키운다고 생각하지만 천간의 十干은 시간이자 에너지라는 것을 모르고 십간을 물질에 국한하여 판단하기 때문에 발생하는 오류다.

甲乙은 수직으로 상하운동 하고 또 좌우로 확산운동을 펼치는 과정에 癸水의 도움으로 온기를 끌어올리고, 巳月에 丙火가 祿地로 에너지가 강해진다. 이것이 명리에서 설명하는 木生火 과정으로 火生木이 아닌 것이다. 사주팔자에서 丙寅月의 경우, 丙火가 寅을 키워 좋은 구조라 판단하지만 大運이 水金 運으로 흐르는 것이 목화로 흐르는 것보다 훨씬 좋다. 寅月이니 火가 필요하고 丙火가 월간에 드러났기에 좋다 생각하는데 오히려 水金 運에 발전하는 것이다.

　궁통에서 주장하는 癸水의 상황을 좀 더 살펴보자. 사주구조에 따라 판단하는 문제는 있지만 기본적으로 癸水는 子月부터 빅뱅작용으로 온기를 올리기 시작하여 卯月부터 乙을 키우기 시작한다. 따라서 癸水와 寅은 겨울과 봄에 배속되어있기에 시공간이 적절한 관계가 아니다. 天干으로 올리면 甲癸 조합으로 서로 적절하게 어울리지 못한다. 乙癸 조합이 아름다운 이유는 모두 봄에 배속된 에너지들이 서로 어울리기 때문이다. 따라서 寅月에 癸水의 작용은 쓰임이 적절하지 않다.

　이렇게 寅月의 時空間은 丙火를 쓰기도 어렵고, 癸水를 쓰기도 어렵다. 寅 속의 甲으로 丙火의 분산작용을 도우려면 많은 時間이 필요하고, 癸水로 온기를 올리고 싶어도 寅月이니 癸水는 여전히 서리나 눈처럼 작용하며, 寅이 癸水의 온기 올리는 작용을 받아들이지 못한다.

　또, 寅月은 땅 밖으로 드러난 생명체가 아니라 땅 속에서 안정적으로 뿌리내리는 시절이다. 이 시기에는 火氣가 필요한 것이 아니라 水氣가 필요하며, 하강하는 에너지로 寅은 땅 밑으로 뿌리를 깊고 안정적으로 내린 후에서야 비로소 癸水의 폭발하는 에너지로 땅위로 오르기 시작한다. 이런 작용 때문에 卯月에 땅 밖으로 새싹이 오르는 것이다.

丙火가 天干에 드러난 사주구조는 地支에서 水氣를 보충해주어야 하고, 天干에서 壬水가 드러나 水氣가 안정적이라면 火氣를 보충해줄 때 좋은 구조가 된다. 따라서 寅月의 시공간에 가장 적절한 것은 壬寅干支로 가장 좋은 물상으로 발현되는 이유다.

寅月을 정리해보자. 조건을 맞추기가 굉장히 까다로운 시공간으로, 寅月의 특징은 땅 속에 뿌리내리는 과정이기에 결실을 얻기 위해서 많은 시간이 필요하고 이런 이유로 인내심을 필요로 한다. 직업으로는 교육, 기획업무, 연구업무, 月의 지장간 내부에 있는 寅巳 刑 물상으로 의사, 공무원 등이 가장 좋다.

만약 재물을 추구한다면 인내심이 필요하다. 寅은 장기적으로 미래를 설계하는 시공간으로 공부가 충분하지 않은 상태에서 초년부터 火運으로 흐르면 어린 나이에 사회에 진출하여 돈을 벌기에 공부와 인연이 박하다.

사주 예문을 살펴보자.

乾命

時	日	月	年
丙	甲	丙	己
寅	辰	寅	亥

陰/平 : 1898년 12월 25일 4시

50	40	30	20	10	0
庚	辛	壬	癸	甲	乙
申	酉	戌	亥	子	丑

의학박사로 성공했다. 寅月에 丙火가 天干에 드러난 구조로, 寅卯

辰亥로 地支에 성장하는 木의 기세가 강하니 보통은 火氣로 성장을 촉진해야 한다고 주장하지만 뿌리를 안정적으로 내리기 위해서는 오히려 水氣가 필요하다. 대운이 초년부터 수기로 흘러 오래도록 학업에 전념하여 의학박사로 성공했다.

乾命

時	日	月	年
丙	乙	壬	丁
子	卯	寅	丑

陰/平 : 1876년 12월 29일 0시

61	51	41	31	21	11	01
乙	丙	丁	戊	己	庚	辛
未	申	酉	戌	亥	子	丑

壬寅 月에 태어났다. 年에 丁火, 時에 丙火가 드러나고 丁壬 合하며 大運 흐름이 水氣로 寅을 키운다. 이 구조를 살필 때, 壬水에 丁壬 合, 丑土, 子水로 수기가 충분해보이니 丙火가 용신이요, 火運으로 흘러야 좋다고 판단하겠지만 寅月의 時空間에서 원하는 구조를 이룰 때에서야 비로소 평탄한 인생을 살아간다. 인간의 잣대로 木은 무조건 태양 火로 키워야 한다는 판단은 바르지 않다. 대운이 火運으로 흐를 때에 불행한 사주들을 많이 본다. 尙書 벼슬을 하였다.

坤命

時	日	月	年
壬	辛	庚	辛
辰	未	寅	酉

陰/平 : 1981년 1월 18일 9시

83	73	63	53	43	33	23	13	03
己	戊	丁	丙	乙	甲	癸	壬	辛
亥	戌	酉	申	未	午	巳	辰	卯

27세 癸 大運의 상황이다. 캐나다 영어연수 포함, 대학을 졸업하고 학원에서 영어강사로 일하며 외국인과 동거중이다. 이 구조는 寅

月 임에도 년과 월에서 목금이 싸우고 水氣가 부족하다. 大運도 木火로 흘러 좋은 흐름은 아니다. 다행하게 천간에서 壬癸로 약간의 수기를 보충하고 시간에 있는 壬水를 활용하여 영어강사로 일한다.

乾命

時	日	月	年
己	己	丙	己
亥	未	寅	巳

링컨 미국의 제16대 대통령

63	53	43	33	23	13	03
己	庚	辛	壬	癸	甲	乙
未	申	酉	戌	亥	子	丑

寅月에 월간에 丙火가 드러나 관인상생의 팔자이니 공직에 종사할 것이라 판단한다. 己巳年 丙寅月 己未日로 水氣가 매우 부족한 상태이기에 寅은 뿌리를 깊이 내리지 못한다. 따라서 현재의 조건에서 가장 필요한 것은 水氣를 보충하여 뿌리 깊은 나무가 되도록 유도하는 것이다. 다행하게 大運이 水金으로 흘러 뿌리를 내릴 수 있었다. 年과 月 구조가 오래도록 공부할 수 없기에 학교교육은 거의 받지 못했지만 대운의 도움으로 독학하여 1837년 변호사가 되어 스프링필드에서 개업하였다. 癸亥大運 25세 주의회 의원으로 선출되고, 38세 戌 大運에 인기가 떨어져 하원의원직을 접고 변호사 생활하다가 1860년 대통령에 출마하여 당선되었다. 대통령 재위 기간 중 庚申大運 1865년 4월 15일 乙丑年 庚辰月 乙卯日에 피살되었다.

乾命

時	日	月	年
丙	乙	丙	己
子	丑	寅	亥

戊	己	庚	辛	壬	癸	甲	乙
午	未	申	酉	戌	亥	子	丑

丙寅 月에 丙火가 하나 더 있으니 水氣가 필요함을 쉽게 판단할 수 있다. 地支에 寅을 제외하고 亥子丑으로 水氣도 충분한 상태다. 이런 구조는 壬甲丙 조합으로 균형을 갖추었다. 庚申, 辛酉大運에는 평범하게 지내다 己未, 戊午大運에 이부상서 벼슬에 올랐다.

乾命   陰/平 : 1967년 1월 2일 8시

時	日	月	年
庚	乙	壬	丁
辰	巳	寅	未

81	71	61	51	41	31	21	11	01
癸	甲	乙	丙	丁	戊	己	庚	辛
巳	午	未	申	酉	戌	亥	子	丑

壬寅 月인데 丁壬 合하고 水氣가 부족한 상황이다. 어릴 적 大運이 亥子丑으로 水氣를 보충하였다. 戊戌大運 丁亥年 금속계통 영업 관리과장으로 재직 중, 회사규모의 축소와 더불어 퇴직문제로 진로를 고민하였고 당시 미혼이었다.

乾命

時	日	月	年
丙	乙	壬	丁
子	卯	寅	巳

甲	乙	丙	丁	戊	己	庚	辛
午	未	申	酉	戌	亥	子	丑

년과 월에서 丁壬 合으로 水氣가 부족한 상황이다. 丁巳, 寅卯,

丙으로 木火의 기세가 강하고, 水氣는 부족하지만 大運에서 水金으로 보충하니 상서벼슬에 오른 曹某氏 명조다. 세 개 사주를 비교해 보면 차이가 명확해진다.

坤命

陰/平 : 1979년 12월 29일 6시

時	日	月	年
乙	戊	戊	庚
卯	午	寅	申

83	73	63	53	43	33	23	13	03
己	庚	辛	壬	癸	甲	乙	丙	丁
巳	午	未	申	酉	戌	亥	子	丑

寅月인데 水氣가 없기에 좋은 구조는 아니다. 다행하게 大運이 亥子丑으로 흐른다. 年時에서 乙庚 합하니 대학을 졸업하고 금융업에 종사한다. 丁亥年까지 미혼이었다.

坤命

陰/平 : 1971년 12월 21일 14시

時	日	月	年
乙	丙	壬	壬
未	寅	寅	子

61	51	41	31	21	11	01
乙	丙	丁	戊	己	庚	辛
未	申	酉	戌	亥	子	丑

이런 구조를 판단할 때, 寅月에 火氣가 약하니 흉하고 大運도 金水 運으로 흘러 더욱 나쁘다고 판단할 가능성이 높다. 寅月에 火氣보다 더 필요한 것이 水氣다. 壬寅月이니 교육물상을 활용하여 피아노를 가르치며 경제적으로 넉넉하게 생활한다.

坤命　　　陰/平 : 1967년 1월 24일 22시

時	日	月	年
辛	丁	壬	丁
亥	卯	寅	未

81	71	61	51	41	31	21	11	01
辛	庚	己	戊	丁	丙	乙	甲	癸
亥	戌	酉	申	未	午	巳	辰	卯

寅月이니 火氣로 흐르면 좋을 듯해도 年과 月에서 丁壬 합하고 大運도 火로 흘러 두 명의 남편과 사별하였다. 사별의 원인은 壬水가 두 개의 丁火가 합하고 있으니 기본적으로 결혼생활은 불미한 구조다. 또, 일지를 기준으로 亥卯未 삼합을 이루기에 이혼이나 사별하기 쉬운 구조다. 또 일지 묘목을 기준으로 寅卯, 미토 속의 묘목, 亥水 속의 甲木으로 4개의 목기가 혼잡하여 최소 4번 이상 결혼해야할 운명이다.

乾命　　　陰/平 : 1957년 1월 24일 18시

時	日	月	年
丁	丙	壬	丁
酉	寅	寅	酉

66	56	46	36	26	16	06
乙	丙	丁	戊	己	庚	辛
未	申	酉	戌	亥	子	丑

상기와 비교하면, 丁壬 합하기에 水氣가 더욱 필요하다. 大運이 水로 흐르니 화기에 달구어진 酉金을 水氣에 풀어 총명하기에 서울대를 졸업하고 판사가 되었다. 丙丁壬 구조는 변호사, 전화교환수 등, 내가 직접 상대하기 어려운 상대를 중간에서 관계를 개선해줄 사람을 고용하여 3자가 타협, 조정, 소통하는 행위다. 이렇게 大運이 水氣를 보충해주느냐 火氣로 더욱 마르게 하느냐에 따라서 삶이 방향이 크게 달라진다.

乾命 　　　　　　　陰/平 : 1974년 2월 5일 10시

時	日	月	年
丁	戊	丙	甲
巳	戌	寅	寅

82	72	62	52	42	32	22	12	02
乙	甲	癸	壬	辛	庚	己	戊	丁
亥	戌	酉	申	未	午	巳	辰	卯

丙寅 月인데 火氣 탱천하고 大運도 火運으로 흐른다. 2000년 庚辰年 27세에 사소한 일로 전과기록을 남기고 직장을 잃게 된 후, 사람들의 냉대로 丙戌年에 완전히 갈 길을 잃었다. 이 구조도 살인상생 하므로 좋은 사주라고 판단할 것이지만 수기가 부족하기에 불행한 일들이 발생한다.

坤命 　　　　　　　陰/平 : 1988년 1월 6일 12시

時	日	月	年
戊	戊	甲	戊
午	申	寅	辰

86	76	66	56	46	36	26	16	06
乙	丙	丁	戊	己	庚	辛	壬	癸
巳	午	未	申	酉	戌	亥	子	丑

이 사주 당사자가 공부를 잘하는 이유는, 大運이 水運으로 흐르기 때문이다. 水生木으로 戊土를 극한다는 생각은 자연의 이치를 이해하지 못하고 정반대로 판단한 것이다. 수기가 넉넉한 땅에서 굵은 나무들이 깊게 뿌리내리고 성장한다.

만약 이 구조가 火 대운으로 흘러간다면 땅은 마르고 수기가 부족한 甲寅은 戊에게 수기를 내놓으라고 독촉하면서 갑인도 마르고 戊土의 땅도 갈라져 황무지처럼 변해버린다. 연세대학 공대생이다. 이 사주는 寅月에 申辰 합으로 약간의 水氣를 가졌는데 大運에서 水氣를 충분하게 보충했다.

乾命 　　　　　　陰/平 : 1984년 12월 26일 18시

時	日	月	年
乙	乙	戊	乙
酉	酉	寅	丑

83	73	63	53	43	33	23	13	03
己	庚	辛	壬	癸	甲	乙	丙	丁
巳	午	未	申	酉	戌	亥	子	丑

寅月에 水運으로 흘렀다. 다만 寅月임에도 金氣가 강하니 공대를 택한 차이가 있을 뿐이다. 乙이 월간에 안정적인 터전인 戊土를 얻어 자신을 드러낼 무대가 있으니 대부분 공직에서 발전한다. 서울대학 공대생이다.

坤命 　　　　　　陰/平 : 1973년 1월 25일 0시

時	日	月	年
甲	甲	甲	癸
子	午	寅	丑

82	72	62	52	42	32	22	12	02
癸	壬	辛	庚	己	戊	丁	丙	乙
亥	戌	酉	申	未	午	巳	辰	卯

寅月에 癸丑과 寅, 午가 있으니 아름다운 사주처럼 보이지만 大運이 火運으로 흐른다. 甲이 水氣가 부족하면 土를 찌른다. 이 여인은 직업이 불안정하여 다양한 직업을 가졌고 슈퍼마켓 도둑질을 업으로 한 적도 있다. 남편의 품행도 좋지 못하여 이혼했다.

乾命 　　　　　　陰/平 : 1966년 1월 21일 6시

時	日	月	年
辛	辛	庚	丙
卯	丑	寅	午

87	77	67	57	47	37	27	17	07
己	戊	丁	丙	乙	甲	癸	壬	辛
亥	戌	酉	申	未	午	巳	辰	卯

이 구조도 寅月에 丙午年으로 매우 좋아 보이는가? 중년이후 大

運이 火運으로 흐른다. 양식장을 운영하는데 부친과 사이가 나쁘고 1999년 己卯年 심장병에 걸렸다. 庚寅 月이니 겁재가 月에 있고, 大運 흐름 또한 경쟁에서 항상 밀리는 상황이다. 명리학도 공부하고 있다.

乾命 　　　　　　陰/平 : 1963년 1월 14일 18시

時	日	月	年
丁	辛	甲	癸
酉	巳	寅	卯

84	74	64	54	44	34	24	14	04
乙	丙	丁	戊	己	庚	辛	壬	癸
巳	午	未	申	酉	戌	亥	子	丑

地藏干에서 언급한, 辛 日干이 甲寅 月을 만나 자신이 만들어야 하는 목적물을 월주에서 얻었으니 조상, 부모의 음덕이 있다. 大運도 水金로 흐르니 日干이 적절한 시공간을 얻었다. 월주가 아름다우며 寅月에 水運으로 흐르니 조화를 이루어 아름다운 사주다. 200억대 재산가다.

乾命 　　　　　　陰/平 : 1966년 1월 26일 22시

時	日	月	年
己	丙	庚	丙
亥	午	寅	午

85	75	65	55	45	35	25	15	05
己	戊	丁	丙	乙	甲	癸	壬	辛
亥	戌	酉	申	未	午	巳	辰	卯

회사의 사장이었는데, 1996년 丙子年 선물환 투자로 15억 정도 손실을 보자, 복수로 청부살인하고, 2006년 甲午大運 丙戌年 구속되고 사형 당했다. 甲午大運 寅午戌 三合으로 亥水가 말라 버리기에 寅속의 甲이 수기를 달라고 난동을 부리며 말라간다. 또 다른 문제는 丙일간에게 月干 庚은 재성으로 木火가 강해지면서 삶의 터전과

도 같은 庚이 심하게 상해 삶의 터전을 잃어버리고 사형당한 것이다.

乾命

時	日	月	年
丙	乙	庚	丙
戌	巳	寅	午

陰/平 : 1966년 1월 25일 20시

86	76	66	56	46	36	26	16	06
己	戊	丁	丙	乙	甲	癸	壬	辛
亥	戌	酉	申	未	午	巳	辰	卯

乙이 寅月에 태어나 근거지를 얻었다. 寅은 乙이 성장할 근거지와 같지만, 땅속과 땅밖의 차이처럼 가까이 하기는 어려운 관계다. 물리학을 전공하고 비철금속 연구소에서 일하다가 1995년 퇴직한 후에 피아트라는 회사를 설립, 몇 년 만에 세계 제2의 배터리 공급상으로 급부상, 재산이 수조에 이른다. 이 구조는 日干이 乙이기에 甲과는 달리 적절한 시공간을 만났다. 만약 甲이었다면 수기가 부족하여 힘들어졌을 것이다. 月의 庚이 種子를 寅에 내놓고 巳火로 寅巳 刑하여 팽창시켜 戌土에 火氣를 저장하는 구조이니 배터리의 물상과 유사하다. 乙丙庚 조합으로 물질을 부풀리는 능력이 뛰어나다.

坤命

時	日	月	年
乙	甲	戊	庚
丑	子	寅	子

陰/平 : 1960년 1월 10일 2시

81	71	61	51	41	31	21	11	01
己	庚	辛	壬	癸	甲	乙	丙	丁
巳	午	未	申	酉	戌	亥	子	丑

乙이 아니라 甲 日干이다. 大運이 계속 水金으로 흐른다. 홍콩의 유명 영화배우 종 초홍 사주다.

坤命　　　　　陰/平 : 1973년 1월 25일 2시

時	日	月	年
乙	甲	甲	癸
丑	午	寅	丑

82	72	62	52	42	32	22	12	02
癸	壬	辛	庚	己	戊	丁	丙	乙
亥	戌	酉	申	未	午	巳	辰	卯

甲이 寅月에 태어나고, 大運이 火運으로 흘러 좋지 못한데 다행히 甲에게 水氣를 공급하는 丑土가 年과 時에 있다. 이 사람이 유명해진 해를 보면 甲申年, 丁亥年, 己丑年 모두 水氣가 충분한 해이다. 즉, 水氣를 보충해줄 때 甲이 좋아진다. 중국 영화배우 이빙빙 사주다.

乾命　　　　　陰/平 : 1933년 1월 13일 8시

時	日	月	年
戊	甲	甲	癸
辰	辰	寅	酉

51	41	31	21	11	01
戊	己	庚	辛	壬	癸
申	酉	戌	亥	子	丑

甲寅月 甲日干인데 年에 癸水가 金生水로 水氣가 있고, 大運도 水運으로 흐른다. 다만 차이점은 壬水나 亥水가 아니고 癸水이기에 임수로 뿌리를 내리는 甲寅 입장에서는 충분하게 뿌리내리지 못하고 위로 오르기에 깊은 공부는 못한다. 대운에서 수기를 보충하니 학창시절에 학업에 전념을 수 있는 구조다. 건축회사 부장으로 일한다.

5 卯月의 時空間

卯月에는 땅속에서 甲의 뿌리내림이 완성되고, 甲은 땅 위로 수직 상승하기 시작한다. 이런 작용으로 지하에 존재하던 壬水가 癸水화 되면서 발산에너지로 바뀌어 온도가 오르기 시작한다. 甲이 땅을 뚫고 오르는 순간부터는 甲의 물형이 乙로 바뀌면서 땅 밖으로 정체를 드러낸다. 따라서 卯月에서 요구하는 時空間이란 卯木이 지속적으로 좌우로 확산할 수 있도록 돕는 것이다.

이런 조건에 부합한 에너지를 찾아야 하는데 일반적으로는 卯月도 양기발산 해야 하기에 무조건 丙火가 가장 먼저 필요하다는 식의 논리를 펼친다. 하지만 甲에서 乙로 변화하는 과정은 결코 병화에 의해 이루어지지 않는다.

四季圖에서 설명한 것처럼 겨울에는 壬甲 조합으로 하강하여 뿌리내리고 봄에는 癸乙 조합으로 새싹을 사방팔방에 퍼트려야한다. 따라서 甲에서 乙로 변화하는 과정은 丙火에 의해 이루어지는 것이 아니라 壬水와 癸水의 주도적 역할로 이루어진다. 따라서 卯月에 필요한 에너지는 癸水, 혹은 亥子丑 水氣가 필요하다. 만약 사주팔자에 이미 丙火가 강하면 반드시 水氣를 보충해 주어야 卯木이 좌우로 확산하는 운동을 적절하게 할 수 있다.

寅月에 원하는 것은 水氣로 뿌리를 튼실하게 내려서 안정시키는 것이 가장 중요하고, 卯月은 癸水로 온기를 올려서 卯木을 좌우로 퍼트리거나 혹은 地支에서 水氣를 공급하여 卯木이 적절하게 성장하도록 해야 한다. 따라서 寅月과 卯月에 무조건 火가 필요하다는 판단은 옳지 않은 것이다. 사주예문으로 살펴보자.

坤命　　　　　陰/平 : 1966년 3월 15일 6시

時	日	月	年	89	79	69	59	49	39	29	19	09
丁	甲	辛	丙	壬	癸	甲	乙	丙	丁	戊	己	庚
卯	午	卯	午	午	未	申	酉	戌	亥	子	丑	寅

일찍 집장만도 했고 남편은 대기업에 근무하며, 결혼 후 줄곧 해외에서 살아간다. 水氣가 전혀 없고, 正官 辛도 세력이 전혀 없어 보인다. 따라서 남편도 무능하며 좋지 않은 사주팔자라고 통변하기 쉽다. 이렇게 十神과 강약으로만 사주를 판단하면 오류를 범하기 쉽다.

초년부터 大運이 亥子丑으로 흘러 49세 丙戌大運까지는 항상 卯木 속에 있는 경쟁자 乙보다 경쟁우위의 삶을 살아간다. 또 年과 月에서 丙辛 합으로 水氣를 만들어내면 창의력이 뛰어나고 종교, 명리, 철학과 인연이 깊다.

다만, 乙이 월지를 차지해서 타고난 고향에서 살면 경쟁을 피하기 힘들기에 고향이 싫어지고 타향에서 살거나, 해외에서 살아간다. 이렇게 시공간에 변화를 주면 원래 정해진 乙과 경쟁하는 삶에서 벗어나 평탄해진다.

남편은 월간 辛으로 수많은 火氣에 둘러싸여 굉장히 절제된 모습이다. 수많은 화기들은 월간 辛을 찾아와 열기를 식혀주기 원하며 丙火에 비추어진 辛의 존재가치가 빛나기에 남편의 능력이 뛰어남을 암시한다. 다만, 일지가 午火요 오행이 혼잡하기에 중년 이후에 이혼가능성이 높다.

坤命 　　　　陰/平 : 1963년 3월 3일 9시

時	日	月	年		83	73	63	53	43	33	23	13	03
戊	己	乙	癸		甲	癸	壬	辛	庚	己	戊	丁	丙
辰	巳	卯	卯		子	亥	戌	酉	申	未	午	巳	辰

卯月에 년에 癸水가 있어 을묘를 키운다. 그러나 癸水는 많은 乙卯의 성장을 돕는데 한계를 느낀다. 巳月의 시공간이었다면 많은 水氣를 필요로 하지 않기에 癸水의 쓰임에 문제가 없지만 卯月에는 여전히 卯木이 좌우로 펼치면서 성장해야 하기에 癸水에너지의 역량이 약하다.

大運이 火運으로 흐르기에 성장기에는 폭발적으로 발전하지만 어느 일정 시기에 이르면 癸水의 발산에너지가 부족해지면서 갑자기 성장을 멈춘다. 다만, 수많은 乙卯가 모두 일지 巳火 속에 있는 庚과 乙庚 합하고자 찾아오고 巳火 속의 丙火가 그 열매를 키우니 수많은 성장해야만 하는 무리들이 모두 일지에 모여들어 고개를 숙인다.

또 시주에 있는 戊辰의 무리들과 辰土 속의 수많은 乙 또한 일지 巳火 속의 庚과 합할 수밖에 없기에 마치 주위의 모든 사람들이 日支에 모여 고개를 조아리는 형상이다. 이대를 졸업하고, 공부를 더 하기 원했으나 부모덕이 없어 학업을 중단하고 취직하여 현재 대규

모 의류회사에서 임원으로 일한다.

坤命　　　　　陰/平 : 1941년 3월 6일 8시

時	日	月	年
庚	庚	辛	辛
辰	辰	卯	巳

81	71	61	51	41	31	21	11	01
庚	己	戊	丁	丙	乙	甲	癸	壬
子	亥	戌	酉	申	未	午	巳	辰

天干이 庚庚辛辛이다. 癸水는 없으나 年月의 辛이 온도를 올리는 巳火 속의 丙火와 합하여 빛을 약하게 만들면서 보이지는 않지만 약하게나마 水氣를 만들어 낸다. 大運이 火金으로 수많은 金의 무리들이 올바른 지도자를 만나 방탕하지 않고 절제된 행동을 보인다. 卯月이니 庚과 乙庚 합하여 년지 巳火로 열매를 키우니 물질에 흥미도 많은 구조다.

서울대교수로 재직하다 퇴직했으며 남편도 교수다. 결혼생활에는 문제가 없으나, 사주구조대로 년에 辛이 巳火와 먼저 合하였기에 첫 결혼을 재취로 가고 남편이 낳은 자식들을 키웠으나 사망하였다. 일시에 辰辰은 申子辰 삼합의 흐름이 멈춘 곳으로 성장, 발육에 문제가 있어 불임 가능성이 높다. 癸未年에는 갑상선 수술을 했다.

乾命　　　　　陰/平 : 1975년 2월 10일 2시 53분

時	日	月	年
辛	丁	己	乙
丑	卯	卯	卯

75	65	55	45	35	25	15	05
辛	壬	癸	甲	乙	丙	丁	戊
未	申	酉	戌	亥	子	丑	寅

丙火大運 2001년 27세 辛巳年에 사법고시에 합격하고, 甲申年에

판사로 임명되었다. 이 구조는 일견 보기에는 좋아 보이지 않지만 大運이 亥子丑으로 흐르기에 학업에 전념할 수 있다. 寅月, 卯月 모두 水運으로 흐를 때, 寅卯 月의 時空間에서 반드시 해야 하는 미래를 준비하는 행위에 전념할 수 있다. 자연에서는 열매를 튼실하게 맺고자 봄에 새싹을 좌우로 펼치는데, 이와 동일한 인간의 행위는 사회에서 적극적으로 활동하기 위해서 어려서부터 학업에 전념하는 것이다. 만약 水氣가 부족하고 火運을 만나면 차분하게 앉아서 학업에 전념하지 못하고 밖으로 나가 돈을 벌고자 동분서주한다.

水氣가 강해지면 수많은 卯木들이 水氣를 빨아올리면서 차분하게 성장하지만 火運으로 흐르면 월간 己土가 마르면서 수많은 乙卯들은 己의 터전을 뚫어버린다.

乾命

時	日	月	年
壬	丁	丁	己
寅	丑	卯	未

陰/平 : 1979년 2월 13일 4시

62	52	42	32	22	12	02
庚	辛	壬	癸	甲	乙	丙
申	酉	戌	亥	子	丑	寅

대학교를 졸업하고 현재 미혼으로 G20, 정상외교 등에서 경호원으로 일한다. 己丑年부터 선물투자 하여 현재까지 많은 재산을 탕진했다. 이 구조도 卯月인데 大運은 亥子丑 흐름이니 좋다. 문제는 이런 구조는 사업하거나 재물을 추구하는 것과는 거리가 있다. 즉, 大運 흐름이 나쁜 것이 아니라 물질을 탐하기 어려운 구조인데도 불구하고 잘못된 선택을 한 것이다.

공직, 직장생활, 명예를 추구하면 문제가 없는데, 돈을 추구하면 문제가 생기니 재물을 추구하는 팔자인지 공직, 직장생활인지를 먼저 파악하는 것이 중요하다. 寅卯 月의 경우는 성장하는 과정이 필요하기 때문에 이에 어울리는 물상으로 공직, 교육이나 직장생활이 무난하다. 다만 일지가 丑土로 巳酉丑 삼합 물질을 담아서 겉으로는 전혀 드러나지 않는 물질에 대한 욕망이 강한데 己丑 년에 축토가 들어오니 반응하여 재물욕심을 부리다 큰 손실을 본 것이다.

乾命

時	日	月	年
丙	戊	丁	甲
辰	辰	卯	寅

陰/平 : 1974년 3월 5일 8시

82	72	62	52	42	32	22	12	02
丙	乙	甲	癸	壬	辛	庚	己	戊
子	亥	戌	酉	申	未	午	巳	辰

己巳大運 1992年 壬申年 19세에 사람을 다치게 하여 사형선고를 받았다. 卯月에 태어나고 火氣는 충분하니 官印相生이며 좋은 사주라고 판단하면 안된다.

木氣가 寅卯辰으로 매우 강하니 반드시 水氣로 木氣의 난동을 막아야 한다. 火氣가 오면 木氣들은 서로 성장하고자 많은 水氣를 필요로 하고 水氣가 부족해지면 水氣를 달라고 戊土의 땅을 갈라버린다. 이런 문제가 발생하면 위장에 문제가 생기거나, 관재구설에 시달리거나 水氣 재물을 밖으로 꺼내서 戊土의 땅을 적셔야하기에 재산을 탕진한다. 일반적으로 사주팔자에 火氣가 강해지면 인내심이 부족하고 조급하며 욱하는 성정을 갖는다.

乾命　　　　　陰/平 : 1974년 3월 6일 22시

時	日	月	年
乙	己	丁	甲
亥	巳	卯	寅

82	72	62	52	42	32	22	12	02
丙	乙	甲	癸	壬	辛	庚	己	戊
子	亥	戌	酉	申	未	午	巳	辰

卯月에 寅卯丁巳로 木火의 氣는 충분하다. 따라서 水氣가 적절하게 배합되어야 하는 구조다. 다행하게 시지에 亥水가 있어 월지와 亥卯 합하지만 大運이 火氣로 흐른다. 판사지만 大運이 水氣로 흐르는 것보다는 곡절이 많이 발생한다. 大運에서 亥水가 천간으로 드러나 丁壬 합하는 시기에 수기는 증발되고 火氣는 더 강해지면 문제가 될 수 있는 구조다.

乾命　　　　　陰/平 : 1938년 2월 18일 0시

時	日	月	年
丙	庚	乙	戊
子	戌	卯	寅

85	75	65	55	45	35	25	15	05
甲	癸	壬	辛	庚	己	戊	丁	丙
子	亥	戌	酉	申	未	午	巳	辰

살생을 즐기며 힘자랑을 좋아하고 부모, 형제, 처자를 못살게 굴며 주정뱅이로 지내다가 戊辰年 51세에 요절했다. 卯月인데 大運이 巳午未로 흐르니 좋을 듯해도 水氣보다 훨씬 격 떨어지는 삶을 살았다. 寅月, 卯月의 경우 丙火로 木을 키워야 한다는 생각에 사로잡히면 안 된다.

寅卯 月에는 아직 丙火의 쓰임이 적절하지 않은 시공간이다. 丙火의 분산에너지는 무력하기에 甲乙의 성장을 통하여 丙火의 분산에너지

를 확장해주어야 한다. 따라서 甲乙, 寅卯의 성장을 위해서는 반드시 寅月에는 壬亥가 필요하고, 卯月에는 癸子가 필요하다.

이 구조처럼 庚이 박한데 火氣만 강해지면 庚의 정체성을 유지하지 못하기에 종교에 귀의하거나, 명리, 철학을 공부해야 뜨거운 화기를 통제하는데 견디지 못하면 조폭으로 진출하거나, 스스로 육체를 학대한다. 또 강한 火氣에 부풀려진 庚은 자신의 능력을 복어처럼 과장하고 허풍을 떠는데 이런 의미를 명리에서는 괴강이라 부른다. 이 사람은 조폭과 같은 인생을 택하다가 단명했다. 유사한 사주예문을 살펴보도록 하자.

乾命

時	日	月	年
戊	庚	乙	癸
寅	戌	卯	巳

陰/平 : 1893년 1월 26일 4시

87	77	67	57	47	37	27	17	07
丙	丁	戊	己	庚	辛	壬	癸	甲
午	未	申	酉	戌	亥	子	丑	寅

大運이 水運으로 흘러 戊申大運 국방부 부장이 되었다. 상기에서 살펴본 주정뱅이 팔자와 다른 점은 癸水가 年에 있고 大運이 강한 水氣로 흘러주었기에 국가를 위해 봉사하는 그릇이다. 大運흐름에 따라서 전혀 다른 인생으로 바뀌었다.

乾命

時	日	月	年
甲	庚	癸	壬
申	子	卯	子

陰/平 : 1972년 1월 25일 16시

38	28	18	08
丁	丙	乙	甲
未	午	巳	辰

卯月에 水氣는 충분하다. 따라서 火氣를 보충해주면 좋은 흐름이 된다. 하지만 水氣가 산만하고 쌍으로 子卯 刑하기에 인생에서 가장 중요한 것이 돈과 여자라고 간주한다. 학창시절 학업에 성취는 있었으나 원하는 대학에 진학하지는 못했다. 甲申年부터 재물을 모으기 시작해서 현재 10억 이상의 재산을 가졌는데 주로 부동산 임대수입이다.

坤命　　　　　陰/平 : 1926년 2월 18일 0시

時	日	月	年	88	78	68	58	48	38	28	18	08
甲	己	辛	丙	壬	癸	甲	乙	丙	丁	戊	己	庚
子	未	卯	寅	午	未	申	酉	戌	亥	子	丑	寅

卯月에 태어나고 寅卯未로 木氣가 왕하고, 丙寅으로 火氣도 氣勢가 있으나, 月의 辛과 丙辛 合하고 大運이 水運으로 흘러간다. 대만 총통 이등휘 부인이다. 위의 사주예문에서 보이는 것과 마찬가지로 年, 月 丙辛 合은 비록 보이지는 않지만 水氣를 만들어 총명하며 종교, 명리, 철학과 깊은 인연이다.

乾命　　　　　陰/平 : 1982년 3월 5일 16시

時	日	月	年	82	72	62	52	42	32	22	12	02
丙	辛	癸	壬	壬	辛	庚	己	戊	丁	丙	乙	甲
申	亥	卯	戌	子	亥	戌	酉	申	未	午	巳	辰

대학을 졸업한 癸未年 직장을 구하지 못하고, 乙酉年에도 직업이 없었는데 현재는 안정적인 월급생활을 하고 있다. 卯月에 壬癸亥로 水氣가 충분하기에 火氣로 흘러도 무방하다. 하지만 辛 日干이 卯

月을 만나고, 巳午未로 흐르니 시공간이 적절한 것은 아니다. 또, 卯月에 卯戌 合하니 卯의 성장에 제약이 따른다.

乾命　　　　　陰/平 : 1952년 2월 21일 20시

時	日	月	年
戊	辛	癸	壬
戌	酉	卯	辰

86	76	66	56	46	36	26	16	06
壬	辛	庚	己	戊	丁	丙	乙	甲
子	亥	戌	酉	申	未	午	巳	辰

卯月에 癸卯와 壬水가 있다. 水氣가 충분한 구조이기에 火 大運으로 흐르는 것을 두려워하지 않는다. 유명작가로 많은 작품을 발표하고, 문학대상도 여러 차례 수상했다.

乾命　　　　　陰/平 : 1935년 2월 4일 16시

時	日	月	年
庚	癸	己	乙
申	未	卯	亥

81	71	61	51	41	31	21	11	01
庚	辛	壬	癸	甲	乙	丙	丁	戊
午	未	申	酉	戌	亥	子	丑	寅

외무부 장관할 정도의 사주로 보이는가? 卯月에 大運이 水金으로 흘렀다. 전 외무부장관 최 광수 씨의 사주다. 地支는 亥卯未申으로 흐름이 매우 바르기에 인생흐름에 막힘이 없다. 천간에서는 년과 시에서 乙庚 합하기에 개인능력을 활용하여 시간에 이르면 단체를 구성한다.

乾命 　　　　　陰/平 : 1977년 2월 9일 6시

時	日	月	年
丁	甲	癸	丁
卯	申	卯	巳

87	77	67	57	47	37	27	17	07
甲	乙	丙	丁	戊	己	庚	辛	壬
午	未	申	酉	戌	亥	子	丑	寅

26세 壬午年에 사법고시에 합격하여, 甲申年 군법무관으로 근무했다. 구조가 좋지 않아 보이지만 年月 丁癸 冲은 법조계, 군, 검경 물상이고 大運이 水氣로 흘러 卯木을 키워주었다. 이런 구조들을 통하여 배울 점은 卯月이니 丙火로 키워야한다는 관점이 맞지 않다는 것이다.

乾命 　　　　　陰/平 : 1978년 2월 2일 23시

時	日	月	年
己	辛	乙	戊
亥	未	卯	午

88	78	68	58	48	38	28	18	08
甲	癸	壬	辛	庚	己	戊	丁	丙
子	亥	戌	酉	申	未	午	巳	辰

대학교를 졸업하고 삼성에서 근무당시 대리로 승진했으나 연봉이 높은 증권회사로 이직하였고, 丁亥 년에 승진했으며 戊午年 애인과 결혼예정이었다. 이 구조는 亥水가 時支에 있고, 乙卯를 담아줄 戊土가 年에 있어 乙戊 조합을 이루기에 교육, 공직에 어울린다. 다만, 신금이 乙卯월을 만나서 재물을 다루는 것에 흥미가 강하기에 교육, 공직으로 나가지 못하고 증권회사로 이직한 것이다.

卯月을 종합하여 정리하면, 火運보다는 水運을 원하며 원국에서 水氣가 충분할 경우에는 火氣를 보충해주는 것을 기뻐하지만 大運이 水氣로 흐르는 팔자에는 미치지 못한다.

6 辰月의 時空間

辰月은 申子辰 三合 마감으로 지하수 壬水는 고갈되고 이때부터 천수답으로 농사를 지어야 하는 時空間이다. 卯月부터 온기를 끌어 올린 癸水는 辰月에 이르면 더욱 적극적으로 온기를 올리는데, 卯月의 좌우확산의 성장세를 辰月까지 유지하기 위함이다. 이 시기에 이르면 지하수는 모두 땅밖으로 드러나 발산하면서 작용력을 상실한다. 따라서 辰月에는 온기가 충분하게 올랐기에 水氣가 더욱 강하게 필요한 時空間이다.

명리에서 辰土를 설명할 때, 물이 가득한 土로 간주하는데 적합하지 않은 주장이다. 辰月에 용을 얻은 癸水는 온기를 지속적으로 올려서 乙의 좌우확산 운동을 도왔다. 따라서 辰土에는 수기가 부족하여 마른 땅이요, 열기가 가득하여 당뇨와 고혈압, 피부병, 조급한 성정 등의 물상으로 발현된다.

따라서 辰土에 水氣를 보충하지 못하면 마르고 건조한 땅이다. 결론적으로 辰月의 時空間에서 요구하는 것은 癸水로 열기를 올려야 함은 물론이고, 地支에서 水氣를 충족시켜야만 만물이 지속적으로 성장할 수 있다.

辰月에 水氣가 부족한 이유는, 辰戌丑未를 언급하면서 설명하였는데, 辰土의 지장간에 乙癸戊가 있으며 地支로 내리면 乙은 卯요 癸는 子水며 子卯 刑 관계다.

따라서 子水가 卯木에 의해 증발되는 과정이다. 또 열기는 강해져 水氣는 증발할 수밖에 없고 그런 이유로 辰土에서 申子辰 三合운동을 마감하는 것이다. 결론적으로 水氣를 극도로 축소하여 정반대로 火氣를 증가시키겠다는 것이 자연의 의지다.

乾命　　　　陰/平 : 1974년 4월 8일 15시

時	日	月	年	82	72	62	52	42	32	22	12	02
癸	庚	戊	甲	丁	丙	乙	甲	癸	壬	辛	庚	己
未	子	辰	寅	丑	子	亥	戌	酉	申	未	午	巳

戊辰 月인데 일지에 子水가 있고 癸水가 時에 드러났다. 다만, 子水는 子未로 未의 열기에 상하고, 癸水는 戊癸 合하여 증발하며 癸未로 시절이 적절하지 않은 공간에 처했다. 大運 흐름도 火運으로 크게 좋은 것은 아니다. 다만, 일간 庚金 입장에서 살펴보면 庚戌 조합으로 경금 열매가 무토에 존재가치를 드러낼 터전을 가졌고 火氣로 흐르면서 庚金의 부피를 확장하여 존재가치를 드러낸다.

지방대 화공학과를 졸업, 대기업에 근무 중이다. 庚辰年에 취직, 丙戌年에 승진했다. 丁亥年까지 미혼이었다. 결혼하지 못하는 이유는 辰月의 시공간에 필요한 子水가 일지에 있기에 결혼을 간절히 바라지만 이 남자와 결혼하는 여자는 未辰 사이에 치여 증발하기에 위협을 느껴 들어오지 못한다.

坤命			
時	日	月	年
庚	癸	甲	丁
申	丑	辰	巳

陰/平 : 1977년 3월 9일 16시

83	73	63	53	43	33	23	13	03
癸	壬	辛	庚	己	戊	丁	丙	乙
丑	子	亥	戌	酉	申	未	午	巳

丁巳, 甲辰으로 水氣가 몹시 부족하고 大運도 火運으로 흐른다. 이럴 때 가장 좋은 개운 방법은 水氣를 찾아 공부하는 것으로 예술학교에서 대학원을 졸업하고 그림을 그리는데 丁亥年 당시 미혼이었다. 宮位論에서 밝힌 것처럼 癸, 甲辰, 癸, 甲戌, 癸, 甲戌 조합을 가진 여자의 경우 해로하기 쉽지 않다.

坤命			
時	日	月	年
丁	庚	壬	丙
亥	寅	辰	辰

陰/平 : 1976년 3월 9일 23시

81	71	61	51	41	31	21	11	01
癸	甲	乙	丙	丁	戊	己	庚	辛
未	申	酉	戌	亥	子	丑	寅	卯

壬辰月로 시공간이 좋은데 年에 丙火가 드러나고 年, 月에 辰辰으로 水氣가 마르며, 時에 丁火가 丁壬 합한다. 또 21세 이후에 大運이 己丑, 戊로 壬水를 말리니 좋지 않은 흐름이다.

이 여인은 고등학교를 졸업하고, 일본에서 유흥주점에 근무하다가 무비자라는 이유로 丙戌年 乙巳月에 한국으로 추방당했으나 丁亥年에 다시 일본에 가려는 상황이었다.

庚은 여름에 성장하는 열매와 같아서 반드시 丙火 지도자를 필요로 하는데 이 여인처럼 庚壬으로 조합을 이루면 지도자가 없기에 방종, 방탕하거나 예술, 기술 업에 적합하다.

다만, 년에 丙火가 있어 壬水와 丙火가 접촉하면 丙壬 사이에 모종의 관계가 형성된다. 이런 이유로 월간 임수의 시기 16세 이후부터 나이 많은 丙火 남자들과 접촉하기 시작한다. 즉, 일찍 남자를 알게 되는 것이다.

乾命　　　　陰/平 : 1973년 3월 24일 7시

時	日	月	年
癸	壬	丙	癸
卯	辰	辰	丑

87	77	67	57	47	37	27	17	07
丁	戊	己	庚	辛	壬	癸	甲	乙
未	申	酉	戌	亥	子	丑	寅	卯

서울대학 공대를 졸업하고 판사로 재직한다. 辰月에 年日時에 癸壬癸로 水氣가 충분하며 大運도 水運으로 흘러 水氣가 넘치기에 좋지 않은 사주라 보인다. 地支가 매우 습한 듯 보이지만 辰土가 마른 땅이기에 癸壬癸 그리고 丑土의 쓰임이 좋은 구조다. 大運은 木에서 水로 흘러간다. 丙火와 癸水가 가까이에 있으나 大運 흐름이 좋아 장애가 되지 않는다.

乾命　　　　陰/平 : 1973년 3월 4일 22시

時	日	月	年
辛	壬	丙	癸
亥	申	辰	丑

81	71	61	51	41	31	21	11	01
丁	戊	己	庚	辛	壬	癸	甲	乙
未	申	酉	戌	亥	子	丑	寅	卯

대학에서 회계학을 전공하고, 졸업 후 2년간 방황하다 산속으로 들어가 5년간 수도생활하고, 下山후 운전하며 살아간다. 위의 사주와 비교하면 日, 時가 다르다.

이 정도면 水氣가 충분한 구조인데 月, 時에서 丙辛이 合하기에 종교, 명리, 철학과 인연이 깊고 정신세계를 추구하는 팔자다. 大運도 水運으로 물처럼 흘러 운전하며 살아간다. 즉, 도를 닦거나, 운전하거나, 한곳에 정착 못하는 물의 속성대로 행동한다.

위에서 보았던 판사 사주는 辰辰으로 水氣가 마르는 상황이요, 卯까지 있으니 木을 키우는 과정에 반드시 水氣가 절실하고, 이 사주는 地支에 申亥로 水氣가 강하고 丙辛 合까지 있기에 차이를 보이는 것이다. 辛은 고독, 죽음을 상징하는 시공간부호이기에 이 사주는 정신적으로 방황했다.(時空間부호 甲乙丙丁 참조)

坤命

時	日	月	年
丁	己	丙	戊
卯	卯	辰	戌

陰/平 : 1958년 3월 14일 6시

69	59	49	39	29	19	09
己	庚	辛	壬	癸	甲	乙
酉	戌	亥	子	丑	寅	卯

20代에 파혼 후 결혼하지 않고 독신으로 살아간다. 수백억 재산을 소유했으며, 벤츠 600에 골프가 생활인 여성이다. 부모로부터 받은 자금으로 부동산 투자에 성공해 축재하였다. 지금도 부동산 및 주식에 지속적으로 투자한다.

이 구조가 수백억 재산을 가질 수 있는 이유는 辰月 마른 땅에 水氣를 가득 채웠기 때문이다. 또 年上의 戊戌과 비교할 때 大運 흐름이 水運으로 계속 흘러 경쟁우위의 삶으로 戊戌 경쟁자를 항상 이기는 구조다. 년에 있는 경쟁자를 이긴다는 의미는 조상의 음덕이 좋고, 사회에서 윗사람들의 도움을 받으며 남들보다 크고 빠르게 재물을 축적한다.

乾命 / 陰/平 : 1948년 3월 6일 18시

時	日	月	年
癸	己	丙	戊
酉	巳	辰	子

87	77	67	57	47	37	27	17	07
乙	甲	癸	壬	辛	庚	己	戊	丁
丑	子	亥	戌	酉	申	未	午	巳

己未大運 戊午年에 교통사고로 목숨을 잃었다. 年支 子水요 月支가 辰土며, 時에 癸水가 있으니 水氣가 강한 것처럼 보이지만 辰月에 丙火가 있고 年에 戊土까지 드러나 水氣가 많지 않다. 己未大運 戊午年 子水가 심하게 마르면서 상하기에 교통사고로 사망했다.

乾命 / 陰/平 : 1974년 4월 7일 14시

時	日	月	年
辛	己	戊	甲
未	亥	辰	寅

73	63	53	43	33	23	13	03
丙	乙	甲	癸	壬	辛	庚	己
子	亥	戌	酉	申	未	午	巳

己 日干이 戊辰 月을 만나니, 戊土가 時空間을 장악하였다. 이럴 경우 己土는 쓰임을 잃은 것인데, 大運도 巳午未로 흘러 戊土에게만 좋은 시절이다. 포크레인 기사로 33세까지 연애도 못해보았다. 일지 亥水가 간절히 필요한데 亥水 부인은 결혼하면 辰土에 마르고 未土에 마르기에 여자들이 접근하기를 꺼린다.

坤命　　　　　　陰/平 : 1969년 3월 17일 10시

時	日	月	年
丁	戊	戊	己
巳	寅	辰	酉

81	71	61	51	41	31	21	11	01
丁	丙	乙	甲	癸	壬	辛	庚	己
丑	子	亥	戌	酉	申	未	午	巳

辰月에 水氣가 마르고, 大運도 火運으로만 흘러 재혼한 미싱사다. 전남편의 외도와 폭행으로 30代 초에 집을 나온 후, 재혼하여 쓰러져 가는 초가집에서 남편이 데리고 온 자식을 훌륭히 키워낸 억척스런 여인이지만 남편의 폭행으로 다시 도망칠 수밖에 없는 운명이었다.

사주팔자에 水氣가 전혀 없으니 木이 살 수 없는 땅이다. 따라서 殺氣를 느낀 남자들은 이 여인으로부터 탈출하고자 외도, 구타, 폭행을 일삼는다. 생극 관점으로 일간도 강하고 일지에 남편성이 있으니 문제없다고 생각하지만 水氣가 없는 마른 땅에서 살아가는 寅은 水氣를 빨아올려야 성장하는데 없으니 水氣를 달라고 戊土를 뚫어 버린다. 이런 행위가 외도, 구타물상이다.

坤命　　　　　　陰/平 : 1959년 3월 5일 4시

時	日	月	年
丙	甲	戊	己
寅	子	辰	亥

68	58	48	38	28	18	08
乙	甲	癸	壬	辛	庚	己
亥	戌	酉	申	未	午	巳

戊辰 月에 태어나 水氣가 부족한데 다행하게 年支 亥水요, 일지 子水가 있어 수기를 적절하게 채운다. 공직자 집안에서 태어나 재정 공무원으로 근무하며 壬申大運 甲申年에 승진하였다.

乾命　　　　　陰/平 : 1972년 3월 20일 12시

時	日	月	年
庚	甲	甲	壬
午	午	辰	子

81	71	61	51	41	31	21	11	01
癸	壬	辛	庚	己	戊	丁	丙	乙
丑	子	亥	戌	酉	申	未	午	巳

辰月의 시공간이니 수기로 보충해주어야 하는데 년주가 壬子로 넉넉하게 水氣를 채워준다. 공직자 집안에서 태어났고 본인도 대학 졸업하고 공직자로 근무한다. 壬申大運 辛巳年에 승진하고 甲申年에 모 도시의 부시장에 올랐다.

坤命　　　　　陰/平 : 1961년 3월 17일 8시

時	日	月	年
戊	甲	壬	辛
辰	午	辰	丑

81	71	61	51	41	31	21	11	01
辛	庚	己	戊	丁	丙	乙	甲	癸
丑	子	亥	戌	酉	申	未	午	巳

辛丑年, 壬辰 月이다. 비록 水氣를 직접적으로 보충하는 것은 아니지만 월간에 壬水가 있고 년주 辛丑이 계속 水氣를 보충하여 돕는다. 대학교를 졸업하고 재정국 국장직을 맡고 있다.

乾命　　　　　陰/平 : 1966년 3월 21일 16시

時	日	月	年
甲	庚	壬	丙
申	子	辰	午

89	79	69	59	49	39	29	19	09
辛	庚	己	戊	丁	丙	乙	甲	癸
丑	子	亥	戌	酉	申	未	午	巳

壬辰月이요 地支에서 申子辰 三合을 구성하여 水氣가 충분한 구조다. 따라서 화기를 보충해주어도 문제가 없다. 庚金 일간 입장에

서 丙午 년을 만났기에 년에서 올바른 지도자를 만나 대운도 초년부터 화기로 흘러 절제된 삶을 살아간다. 대학을 졸업하고 공무원으로 재직 중이며, 부인과 자식 모두 문제없이 행복한 삶을 살아간다.

　지금까지 살펴본 寅卯辰 月을 종합적으로 정리하면 궁통의 설명처럼 火氣가 필요한 時空間이 아니다. 寅卯辰 月에 가장 필요로 하는 것은 水氣다. 다만, 만약 원국에서 水氣가 충분할 경우에는 火氣로 보충해주면 좋은 구조가 된다. 다시 강조하지만, 辰土의 시공간은 水氣로 보충해 주지 않는 한, 마르고 열 오르는 땅이다.

7 巳月의 時空間

巳月의 時空間은 巳酉丑 三合의 출발점인데, 이때부터 자연에서는 꽃피우고 열매 맺을 준비한다. 즉, 육양의 공간에서 무한분산 작용을 통하여 꽃을 활짝 피우는 것이다.

巳火 地藏干을 살펴보자. 丙火는 祿地를 만나고, 庚은 生地를 만난다. 의미하는 바는 祿地를 만난 丙火가 生地를 만난 庚의 성장을 돕는다. 따라서 巳火에서는 六陽으로 丙火 에너지가 강력해졌으니 水氣로 적절하게 水火의 균형을 맞춰주어야 한다. 이것이 巳月에 요구하는 時空間이다.

이런 상황에서 巳月의 時空間에 가장 필요한 에너지는 무엇일까? 먼저 고려할 대상은 壬水와 癸水인데 壬水의 특징은 무한 응축하는 것으로 겨울에 활용하는 에너지다. 이런 임수를 巳月에 꽃을 피울 때 사용하는 것은 결코 바람직하지 않다. 巳火는 六陽으로 분산하는데, 壬水, 亥水는 응축작용으로 꽃피우지 못하도록 방해하기에 전혀 어울리지 않는 행위를 한다.

癸水는 발산에너지로 병화와 짝을 이루어 봄과 여름에 새싹을 퍼트리고 꽃피워서 열매 맺도록 돕기에 巳月의 時空間과 조화를 이룬다. 이런 이유로 巳月에 적합한 에너지는 癸水가 분명하다. 또, 화기가 너무 강할 경우에 地支에서 적절하게 丑土 혹은 子水로 배합해주면 좋은 구조가 된다.

만약 癸水가 없고 壬水만 있다면, 기존의 명리 이론에서는 水용신, 火용신 등으로 水氣의 陽陰인 壬水와 癸水가 마치 동일한 에너지 특징을 가진 것처럼 壬水를 대신 사용한다고 주장한다. 하지만 이런 판단은 심각한 문제가 있다.

임수는 겨울처럼 만물을 움츠리게 만들어버린다. 癸水는 봄에 발산작용으로 만물을 좌우로 펼치도록 돕는다. 따라서 巳月에 꽃피우기 위해서는 절대적으로 癸水가 적합하고 壬水는 오히려 꽃 피우지 못하게 방해해버리기에 동일한 水氣임에도 쓰임은 전혀 다르다.

坤命

陰/平 : 1977년 4월 1일 13시

時	日	月	年	66	56	46	36	26	16	06
壬	乙	乙	丁	壬	辛	庚	己	戊	丁	丙
午	亥	巳	巳	子	亥	戌	酉	申	未	午

庚寅年 당시 미혼이었고 미술 강사하며 연애도 못하고 경제적으로도 넉넉하지 못한 상태였다. 巳月에 태어나면 年, 月에 癸水로 배합해주어야 꽃을 활짝 피는데 없으며 大運도 丙午, 丁未로 흘러 꽃을 피우지 못할 정도로 화기가 탱천한 상황이다.

이 구조처럼 丁巳, 乙巳로 화기의 기세가 좋으면 년, 월에 庚辛이나 申酉가 있어서 화기의 할 일이 있어야 하는데 없으니 몸을 활용하고 입과 기술을 활용하는 정도에 그칠 수밖에 없다.

일지 亥水에 이르면 水氣를 보충하니 그때 가서야 발전할 수 있지만 큰 발전은 어렵다. 그 이유는 癸水가 아니고 亥水와 壬水로 巳火의 時空間과는 어울리지 않기 때문이다.

坤命　　陰/平 : 1988년 4월 6일 20시

時	日	月	年
戊	丙	丁	戊
戌	子	巳	辰

85	75	65	55	45	35	25	15	05
戊	己	庚	辛	壬	癸	甲	乙	丙
申	酉	戌	亥	子	丑	寅	卯	辰

　　乙卯大運 辛卯年에 사법고시에 패스한 여명이다. 이 구조는 위의 사주와는 다르게 子水만이 무력하게 日支에 있고, 子辰 合으로 약간의 水氣를 만드는 구조다. 또 하나 살필 것은 天干의 구조가 매우 단조로운데 겁재와 식신으로 地支에서도 천간의 구조를 깨지 않으며 乙卯 대운까지는 월간 丁火와의 경쟁에서 항상 이긴다.

　　년, 월지에서 辰巳조합을 이루어 지장간 내부에서 乙庚 합하고 丙火로 열매를 확장하는 乙丙庚 조합이다. 하지만 庚이나 申이 명확하게 천간, 지지에 드러나지 않았기에 직접 사업하여 재물을 추구하기는 어렵다.

　　이 구조에서 辰巳의 다른 의미를 살펴보자. 戌亥를 천라, 辰巳를 지망이라 부른다. 天羅를 간단하게 표현하면 인간이 色界를 살면서 지녔던 육체를 丁壬 합으로 버리고 영혼의 세계로 돌아가는 시공간이고, 辰巳는 地網으로 戊癸 합을 통하여 새로운 육체와 영혼을 얻어 色界로 나가는 시공간이다. 따라서 천라와 지망은 기본적으로 殺氣를 가진 시공간이다.

　　이 의미를 확장하면, 보이지는 않지만 인간의 生死를 하늘에서 직접 관여한다는 의미다. 인간세계에서는 육체와 정신을 자신의 의지대로 활발하게 활용하지 못하고 억압, 통제 당하거나 관재구설로 시달리거나, 육체손상, 죽음, 질병, 감옥, 이혼이나 사별, 인간관계 단절등과 같은 물상으로 발현된다. 이런 문제를 해결하고자 종교, 명리, 철학에 심취하거나 법조계, 검사, 경찰처럼 자신이 하늘을 대신해서 직접 심판자가 되어 인간의 생살에 관여하거나, 의사, 간호사, 약사, 역술인, 교육, 찜질방, 목욕탕, 헬스클럽 등도 인간의 육체와 정신문제를 해소해주는 직업이다.

천라와 지망에서 보여주는 시공간은 현재와는 전혀 다른 시공간으로 떠나야 한다는 의미다. 戌亥의 경우, 寅午戌 삼합운동이 끝나고 亥水에서 火氣와는 정반대 속성인 水氣를 만났고 또, 申子辰 삼합운동이 끝나고 巳火에서 水氣와는 정반대 속성인 火氣를 만났기 때문이다.

따라서 이런 의미를 적극 활용하는 개운방법은 현재의 시공간에서 벗어나 멀리 떠나는 것이다. 예로 타향이나 해외로 나간다. 현재의 공간에서는 반드시 생사의 문제나 큰 변화의 문제를 겪어야하기 때문에 그런 에너지에서 벗어나기 위한 방편이다.

坤命				陰/平 : 1970년 4월 20일 8시								
時	日	月	年	86	76	66	56	46	36	26	16	06
戊	甲	辛	庚	壬	癸	甲	乙	丙	丁	戊	己	庚
辰	辰	巳	戌	申	酉	戌	亥	子	丑	寅	卯	辰

甲이 巳月에 태어나 구조 전체에 水氣가 없다. 年, 月에 正, 偏 官까지 있으며 地支에는 갑이 뿌리내릴 공간도 적절하지 않다. 결혼하고 이혼한 후, 일본 유흥주점 마담으로 근무 중 乙酉年 음력 12

月 체포, 구속되었다가 丙戌年 8月 출옥한 후, 지인의 도움으로 살고 있다. 이 구조도 사월 진일이 만나면 辰巳로 조합을 이루니 감옥에 수감되었다.

坤命

時	日	月	年
甲	己	癸	丙
戌	卯	巳	辰

陰/平 : 1976년 4월 29일 21시

87	77	67	57	47	37	27	17	07
甲	乙	丙	丁	戊	己	庚	辛	壬
申	酉	戌	亥	子	丑	寅	卯	辰

己土가 巳月에 태어나 癸巳 月의 시공간이기에 쓰임이 좋다. 다만 전체적으로 너무 건조하고, 己巳, 丙으로 癸水가 月에서 증발하니 癸水의 정체성을 유지하기 어렵다. 서강대를 졸업하고 학원 강사로 재직하는 미혼여성으로 癸未年 辛丑月 부친이 혈액 암으로 사망했다.

乙酉年에 결혼날짜를 잡고 집까지 계약하였으나, 결혼할 남자가 마마보이라는 사실을 알고 갈등하다 파혼하고, 戊子年 교통사고로 다친 곳은 없으나 가해자와 일이 꼬여 當時에 병원에 입원 중이었다. 좋은 월주를 만났음에도 상하좌우에서 癸水를 증발시키는 것이 문제다.

乾命

時	日	月	年
乙	丁	癸	辛
巳	巳	巳	酉

陰/平 : 1861년 3월 29일 10시

77	67	57	47	37	27	17	07
乙	丙	丁	戊	己	庚	辛	壬
酉	戌	亥	子	丑	寅	卯	辰

癸水가 巳月의 시공간에서 원하는 조건을 맞춘다. 이런 구조를 火

氣가 탱천하여 癸水가 역할을 못한다고 판단하는 것은 바르지 않다. 癸水는 巳月까지 스스로 충분하게 발산작용 할 수 있기 때문이다. 더욱이 년에서 辛酉까지 癸水의 발산에너지를 보충해주기에 癸水의 역할이 적절하다. 大運도 中年에 강하지 않은 水運으로 흘러서 侍郎 벼슬을 하였다.

乾命　　　　　陰/平 : 1723년 4월 8일 10시

時	日	月	年	72	62	52	42	32	22	12	02
乙	丁	丁	癸	己	庚	辛	壬	癸	甲	乙	丙
巳	巳	巳	卯	酉	戌	亥	子	丑	寅	卯	辰

이 구조도 癸水가 무기력하다 판단할만한 구조인데 巳月의 癸水를 우로수라고 보기에 발생하는 착오다. 사월에 癸水는 온기를 따뜻하게 올려주는 발산에너지로 자신의 역량을 충분하게 발휘한다. 癸丑, 壬子, 辛亥로 발전하여 편수 벼슬한 項 某氏의 사주다.

乾命　　　　　陰/平 : 1973년 4월 23일 0시

時	日	月	年	86	76	66	56	46	36	26	16	06
戊	辛	丁	癸	戊	己	庚	辛	壬	癸	甲	乙	丙
子	酉	巳	丑	申	酉	戌	亥	子	丑	寅	卯	辰

癸水가 年에 있고 丁癸 冲하니 법조, 군, 검경 물상에 어울리며 巳酉丑 三合을 이루어 금융, 권력, 의료, 조직 물상에 어울린다. 또 시지에 子水도 있으니 짜임이 좋다. 甲寅大運 32세 甲申年 사법고시에 합격하였다.

乾命　　　　　　陰/平 : 1963년 4월 25일 11시

時	日	月	年
癸	辛	丁	癸
巳	酉	巳	卯

83	73	63	53	43	33	23	13	03
戊	己	庚	辛	壬	癸	甲	乙	丙
申	酉	戌	亥	子	丑	寅	卯	辰

辛 日干이 丁巳月 강한 火氣에 뜨거워지는데 年時에 癸水가 드러나 사월의 시공간에서 원하는 조건을 맞춘다. 부모덕은 없으나 대학원 졸업 후 외국인 회사에서 상무이사로 근무하며 명예와 부를 누리며 카리스마가 있다.

乾命　　　　　　陰/平 : 1953년 4월 4일 6시

時	日	月	年
癸	丁	丁	癸
卯	卯	巳	巳

83	73	63	53	43	33	23	13	03
戊	己	庚	辛	壬	癸	甲	乙	丙
申	酉	戌	亥	子	丑	寅	卯	辰

年時에 癸水가 드러났고 巳火와 짝을 이루어 분산 작용을 돕는다. 사월의 시공간에 적절한 구조를 갖추었기에 부잣집 아들로 태어나 60代 초반에 백억 대 자산을 보유하였다.

乾命　　　　　　陰/平 : 1781년 4월 24일 6시

時	日	月	年
癸	丁	癸	辛
卯	卯	巳	丑

79	69	59	49	39	29	19	09
乙	丙	丁	戊	己	庚	辛	壬
酉	戌	亥	子	丑	寅	卯	辰

癸水가 월과 시에 있고 년에서 辛이 癸水의 발산하는 기세를 적절하게 보충한다. 己丑, 戊子大運 대발하여 尙書 벼슬한 양 백천

명조다. 이렇게 癸水를 우로수로 판단할 것이 아니라, 발산작용으로 온기를 올려 巳火 꽃을 활짝 피우는 에너지로 이해하는 것이 더욱 합리적이다. 大運 흐름도 발산, 분산작용을 적절하게 해주는 흐름이다.

상기 사주와 이 사주의 공통점은 구조가 단조롭다는 것이다. 즉, 정화 본래의 체성인 熱氣를 충분히 활용할 에너지를 가졌고 癸水가 적절하게 배합되었으며 卯巳로 흐르면서 乙庚 합하여 재물을 축적하거나 단체, 조직생활에 어울린다.

乾命

陰/閏 : 1974년 4월 15일 14시

時	日	月	年
丁	丁	己	甲
未	丑	巳	寅

81	71	61	51	41	31	21	11	01
戊	丁	丙	乙	甲	癸	壬	辛	庚
寅	丑	子	亥	戌	酉	申	未	午

이런 구조는 年, 月이 甲寅, 己巳로 水氣가 부족한데 다행히 癸水가 丑土에 숨어있고 巳丑으로 合한다. 壬申大運 재력가의 여인과 결혼해 돈은 잘 벌지만 기복이 심하다. 丑속에 있는 癸水의 쓰임이 좋으니 부인 덕을 많이 보는 것이다.

乾命

陰/平 : 1970년 4월 7일 1시

時	日	月	年
戊	辛	辛	庚
子	卯	巳	戌

88	78	68	58	48	38	28	18	08
庚	己	戊	丁	丙	乙	甲	癸	壬
寅	丑	子	亥	戌	酉	申	未	午

중학교를 졸업하고 분양회사 비정규직으로 근무했으나 그만두고 직업이 없다. 丁亥年 대장암 3기로 丙午 月에 수술하고 당시에 입

원 중이었다. 생활력이 약하고 물질에 흥미가 없어서 경제활동하려는 의지가 약하다.

辛이 巳月에 태어나 시공간이 적절하지 않고 년과 월에 癸水가 드러나지 않아 발산작용하지 못한다. 비록 時支에 子水가 있으나 子卯 刑으로 水氣가 마른다. 건강이 좋지 않은 이유는 천간에서 일지에 있는 卯木 활력에너지를 통제하고 卯戌로 합하여 상하기 때문이다.

坤命

時	日	月	年
辛	癸	癸	辛
酉	酉	巳	巳

陰/平 : 1941년 4월 30일 18시

73	63	53	43	33	23	13	03
辛	庚	己	戊	丁	丙	乙	甲
丑	子	亥	戌	酉	申	未	午

癸巳 月이요, 年에서 辛이 癸水의 발산에너지가 고갈되지 않도록 돕는다. 또 巳酉 합하여 金氣를 만들어낸다. 대학교수인 남편과 해로하며 대학학장을 지냈다. 사주에 木氣가 전혀 없으니 자식을 얻지 못했다. 이렇게 화금수로 단일한 구조에 목기가 섞이면 좋지 않은데 그 이유는 목금이 타협하지 못해서 생기가 상하면서 문제가 발생하기 때문이다.

乾命 : 조화원약 예문

時	日	月	年
戊	己	己	己
辰	酉	巳	丑

天干에 癸水가 없으나, 丑속에 있고, 巳酉丑 삼합을 이루며 辰土에 癸水가 암장되었다. 巳酉丑으로 물질인연은 좋아 보인다. 부귀격을 이룬 사주다.

乾命 : 조화원약 사주

時	日	月	年
庚	辛	己	甲
寅	未	巳	午

己巳 月이며 水氣가 전혀 없다. 고빈한 명이다. 이 구조의 가장 큰 문제는 년에 있는 甲의 쓰임이 좋음에도 불구하고 甲己 합으로 마른 己에 甲의 生氣가 상하고 巳午 火로 더욱 마르니 신금이 가장 필요로 하는 갑이 상했다. 따라서 조상의 음덕은 좋지만 조부 대부터 집안이 몰락한다.

乾命 : 조화원약 사주

時	日	月	年
戊	辛	丁	癸
子	酉	巳	卯

위 구조와 비교해보면, 癸水가 年에 드러나고 子水가 時支에 있으며 巳酉로 합하니 적절하게 水氣가 충족되었다. 乙卯, 甲寅大運을 지날 때 군수사령관과 육군소장이 되었다. 지지에서 卯巳酉子로 매우 아름답게 흐르니 평생 평탄한 삶이다. 년, 월에 있는 丁癸 충을 군대물상으로 활용했다.

乾命　　　　陰/平 : 1956년 4월 16일 12시

時	日	月	年
丙	壬	癸	丙
午	辰	巳	申

83	73	63	53	43	33	23	13	03
壬	辛	庚	己	戊	丁	丙	乙	甲
寅	丑	子	亥	戌	酉	申	未	午

辛卯年에 상당한 직위를 가진 공직자로, 己亥大運에도 승진할 가능성이 높다. 壬水가 巳月에 태어나 시절을 잃고, 癸巳월이니 壬日干이 癸水에게 경쟁력을 상실한다. 하지만 大運이 申酉戌, 亥子丑으로 경쟁우위의 구조로 바뀐다. 월주가 겁재인 경우에는 겁재와의 경쟁상황이 어떤가를 따져야 한다. 大運이 누구에게 경쟁우위의 상황을 만들어주느냐에 따라서 겁재의 도움을 크게 받거나, 겁재에게 크게 도움을 주어야 한다. 달리 설명하면, 크게 얻거나, 크게 잃기에 기복이 심해진다.

乾命　　　　陰/平 : 1958년 3월 27일 20시

時	日	月	年
庚	壬	丁	戊
戌	辰	巳	戌

87	77	67	57	47	37	27	17	07
丙	乙	甲	癸	壬	辛	庚	己	戊
寅	丑	子	亥	戌	酉	申	未	午

壬辰日이 巳月에 태어나고 年, 月에 사월의 시공간을 충족시켜주는 癸水가 없기에 좋은 구조가 아니다. 가난한 집에서 태어나서 공부도 못하고 戊午, 己未大運 동안 힘들게 살다가 庚申, 辛酉에서 밥 먹고 살 정도는 되었다. 壬戌大運 丁亥年 차와 충돌하여 크게 다쳤다.

乾命

時	日	月	年
丁	乙	乙	丁
丑	酉	巳	巳

陰/平 : 1977년 4월 11일 2시

87	77	67	57	47	37	27	17	07
丙	丁	戊	己	庚	辛	壬	癸	甲
申	酉	戌	亥	子	丑	寅	卯	辰

乙이 巳月에 태어나, 年, 月에 癸水가 전혀 없다. 다만, 巳酉丑 삼합을 이루고 丑속에 癸水가 암장되었다. 초년에 매우 가난한 집에서 태어났고 甲辰大運 고향을 떠나 타향에서 양부모를 얻어 살아간다. 월일이 乙乙 복음으로 부친과의 인연이 없는데 년, 월지가 巳巳로 모친 또한 복음이니 친부모와의 인연은 박할 수밖에 없다.

坤命

時	日	月	年
壬	乙	乙	丁
午	丑	巳	巳

陰/平 : 1977년 3월 21일 12시

39	29	19	09
己	戊	丁	丙
酉	申	未	午

이 여명도 巳月에 태어나고, 年, 月에 水氣가 전혀 없다. 초년에 매우 힘들게 살았고, 초등학교를 졸업 후, 丁未大運 庚辰年에 결혼하였으나 辛巳年에 사고로 사망하였다.

坤命

時	日	月	年
乙	辛	乙	壬
未	卯	巳	戌

陰/平 : 1982년 4월 15일 14시

84	74	64	54	44	34	24	14	04
丙	丁	戊	己	庚	辛	壬	癸	甲
申	酉	戌	亥	子	丑	寅	卯	辰

辛이 巳月에 태어나 시절을 잃었으나, 年에 壬戌로 癸水는 아니

지만 수기를 보충했고 大運이 壬寅, 辛丑, 庚子, 己亥로 흐르니 辛日干이 적절한 시공간을 얻는다. 대학을 졸업하고 壬寅大運 공무원이 되었고, 丙戌年 결혼하였다. 남편집안은 공장을 운영하며 경제적으로 넉넉하다. 庚寅年에 승진하였다.

사월의 시공간을 정리해보자. 사월에 자연에서는 반드시 꽃을 활짝 피워야 한다. 그렇게 하는 이유는 午月에 열매맺기 위함이다. 이런 조건에 맞출 수 있는 에너지는 오로지 癸水의 발산에너지 뿐이다. 壬水는 응축에너지로 꽃이 피는 것을 방해하기 때문에 적절하게 사용하기 힘들다. 다만, 사주팔자에 화기가 탱천할 경우 壬水도 증발되면서 癸水화 되기에 활용은 가능하다.

8 午月의 時空間

午月에 이르면 丙火의 분산작용이 극에 달하여 丁火 수렴작용으로 변하기 시작한다. 꽃으로 비유하면, 巳月에 활짝 피었던 꽃은 지고 열매를 맺는 시공간이다. 이런 時空間에서 가장 필요로 하는 에너지는 무엇일까? 巳月에는 癸水의 발산에너지가 필요한 반면에 壬水의 응축에너지와는 어울리지 않았다. 午月에 이르면 자연에서는 열매를 맺기 시작한다. 이때 열매 맺게 해주는 것은 유일하게 丁火, 午火로 중력에너지다.

중력은 지구에 존재하는 육체와 물질을 만들어내는 에너지요 다른 표현으로는 **수렴에너지**다. 만약 이런 에너지가 없다면 물질이나 육체를 단단하게 뭉치지 못하기에 세상은 물질이 없고 오로지 보이지 않는 氣로만 존재한다. 丁午가 있기에 지구 위에서 열매가 맺힌다.

이런 시공간에서 癸水의 발산에너지는 작용력을 상실한다. 癸水는 巳月에 발산작용으로 열기를 올리다가 丙火의 에너지가 강력해지는 시점에 癸水의 역할을 丙火에게 넘겨주고 쓰임을 마감한다.

따라서 午月에 이르면 수렴작용을 시작하는 丁火 때문에 癸水의 발산에너지는 가치를 잃는다. 癸水가 존재했던 이유는 乙을 키우기 위해서인데 巳月에 꽃피고 午月에 열매 맺을 때 수렴에너지를 활용하는 상황에서 癸水의 작용은 쓸모가 없다.

따라서 午月에는 병화의 분산작용 그리고 정화의 수렴작용과 조화를 이루어 열매를 단단하게 하고 열매의 부피를 키울 수 있게 해주는 에너지가 필요하다. 이런 작용을 해줄 수 있는 것은 유일하게 壬水로 응축해주는 것이다. 즉, 壬水로 丁火의 수렴작용을 촉진하면서 열매가 점점 단단해지도록 유도한다. 다만 午月에 壬水는 겨울처럼 응축작용이 강한 것이 아니라 정화의 수렴작용을 도울 뿐이다.

다른 각도에서 살펴보자. 만약 午月에 성장이 무력해지는 木氣를 보충해주면 木을 직업으로 활용하니 교육, 공직 혹은 木을 재물로 활용한다. 大運 흐름이 午未申, 酉戌亥子丑의 경우는 午火의 수렴 에너지로 金물질을 단단하게 만들기에 사업이나 金물상에 어울리는 금융, 검경, 의료와 같은 직업에 종사한다.

乾命			
時	日	月	年
戊	己	丙	壬
辰	酉	午	午

陰/平 : 1942년 5월 12일 8시

74	64	54	44	34	24	14	04
甲	癸	壬	辛	庚	己	戊	丁
寅	丑	子	亥	戌	酉	申	未

己土가 午月에 태어나 시절을 잃었고, 월주는 丙午로 매우 조열한 시공간이니 목기를 키워서 열매 맺을 수 없다. 다행하게도 壬午年으로 壬水가 응축작용을 통하여 오월의 시공간에 필요한 에너지를 공급하고 大運이 金水로 흘러간다.

집안은 부유했지만 중학교 때부터 직접 돈을 벌어 학교를 다녔으며, 자신의 힘으로 대학 두 곳을 졸업했다. 직업은 만화가며, 이혼하였으나 경제적으로는 넉넉하고 젊었을 때 그려 놓았던 만화가 다시 인기를 얻고 있다.

乾命　　　陰/平 : 1944년 5월 10일 8시

時	日	月	年
庚	乙	庚	甲
辰	丑	午	申

82	72	62	52	42	32	22	12	02
己	戊	丁	丙	乙	甲	癸	壬	辛
卯	寅	丑	子	亥	戌	酉	申	未

　　乙이 午月에 태어나고 壬水가 없지만 金이 너무 많아 乙을 구속하는 느낌이다. 기혼자로 대학 졸업 후 직장생활 하다가 사업하였으나, 乙亥大運 망하여 丙子大運에도 힘들게 살았으며 기공관련 활동도 하였는데 丙戌年 여름에 갑자기 집에서 사망했다. 壬水가 적절하게 배합되지 않았기에 午火에 달구어진 수많은 금들은 乙의 활동을 극도로 방해한다. 이런 이유로 사업에 망하고 갑자기 육체에 문제가 생겨 급사했다.

乾命　　　陰/平 : 1962년 5월 9일 4시

時	日	月	年
丙	己	丙	壬
寅	卯	午	寅

89	79	69	59	49	39	29	19	09
乙	甲	癸	壬	辛	庚	己	戊	丁
卯	寅	丑	子	亥	戌	酉	申	未

　　己土가 午月에 태어나 쓰임을 잃었지만, 壬水가 있기에 午火의 수렴작용을 돕는다. 부친과의 인연이 좋으며 혜택을 많이 받았다. 대기업 보험회사에서 부장으로 근무하다 현재는 외국계 보험회사 임원으로 활동 중이다.

乾命　　　陰/閏 : 1982년 4월 23일 18시

時	日	月	年
辛	戊	丙	壬
酉	辰	午	戌

76	66	56	46	36	26	16	06
甲	癸	壬	辛	庚	己	戊	丁
寅	丑	子	亥	戌	酉	申	未

午月에 壬水가 년에 드러나고, 丙辛 合하여 보이지 않게 水氣를 만든다. 또 辛酉의 완벽한 기술과 丙火의 화려한 빛의 분사를 통하여 세상에 명성을 알린다. 丙辛 合은 辛酉의 뛰어난 재주를 丙火로 비추어 두각을 나타낸다. 국제적 피아니스트 랑랑의 사주팔자다.

乾命　　　陰/平 : 1967년 5월 21일 20시

時	日	月	年
壬	癸	丙	丁
戌	亥	午	未

87	77	67	57	47	37	27	17	07
丁	戊	己	庚	辛	壬	癸	甲	乙
酉	戌	亥	子	丑	寅	卯	辰	巳

丁未 丙午로 水氣가 상당히 마른 상태인데, 癸亥, 壬으로 水氣가 넉넉하다. 십신으로 살피면 年月에 丁未, 丙午로 큰 財星을 가지고 태어났으나 부옥빈인의 구조다. 그러나 亥水와 壬水가 일지에서 드러나고, 年과 時에서 丁壬 合이 이루어지니 그 영향이 상당히 크다. 地藏干1에서 설명한 것처럼 丁壬 合은 전문기술로 젊어서부터 작은 돈으로 선물에 투자하여 수십억 재물을 축적하고 대운이 木水로 흐르니 현재 재산이 200억대다.

乾命　　　　　陰/平 : 1903년 5월 24일 0시

時	日	月	年
壬	戊	戊	癸
子	寅	午	卯

86	76	66	56	46	36	26	16	06
己	庚	辛	壬	癸	甲	乙	丙	丁
酉	戌	亥	子	丑	寅	卯	辰	巳

　이 구조는 年과 月에서 戊癸 합하여 火氣를 만들어 굉장히 조열한데 시주가 壬子로 오월에 필요한 에너지를 보충하기에 말년에 발전함을 암시한다. 戊癸 합으로 印星을 얻을 수 있고 조열하니 무관으로 활동하여 1950년 이후 대만 군대의 고위직에 올랐다. 그 후에 총통부 국책고문 등을 역임하였고 1995년 사망하였다.

乾命　　　　　陰/平 : 1963년 5월 2일 18시

時	日	月	年
丁	丙	戊	癸
酉	申	午	卯

85	75	65	55	45	35	25	15	05
己	庚	辛	壬	癸	甲	乙	丙	丁
酉	戌	亥	子	丑	寅	卯	辰	巳

　午月의 시공간에 壬水가 필요함에도 없고 年과 月에서 戊癸 합하여 열기만 올리기에 戊癸 합작용이 좋지 않다. 합이 年과 月에서 이루어지니 작용범위가 협소하여 활용도가 크지 않다. 계수가 있지만 戊癸 합으로 가치가 상실되니 쓰임이 적절하지 않다. 섬유를 하다가 운전하는데, 평생 이룬 것 없이 평범하게 살아간다. 위 사주팔자와 비교해 큰 차이를 보이는 이유는 바로 壬水때문이다.

坤命　　　　　陰/平 : 1984년 5월 19일 5시

時	日	月	年
甲	癸	庚	甲
寅	未	午	子

84	74	64	54	44	34	24	14	04
辛	壬	癸	甲	乙	丙	丁	戊	己
酉	戌	亥	子	丑	寅	卯	辰	巳

　전문대를 졸업한 여명으로, 키가 168센티에 美人으로 일없이 지내다 乙酉年 결혼, 丙戌年 딸 낳고 남편폭력으로 가출 한 후, 丙戌年 이혼한 여명으로 스튜어디스 지망생이었다. 이 구조는 午月에 子水는 있으나 午未 합으로 子午 沖 하기에 子水가 상할 수밖에 없다. 일간 癸水는 월지와 일지 午未 슴으로 강해진 중력에너지 때문에 발산에너지를 적극적으로 활용하지 못하고 힘들어한다. 따라서 일지 未土로부터 도망갈 수밖에 없다. 丙戌년 寅午戌 삼합을 이루고 병화까지 계수를 증발시키니 견디지 못하고 이혼했다.

坤命　　　　　陰/平 : 1968년 6월 4일 20시

時	日	月	年
丙	庚	戊	戊
戌	午	午	申

87	77	67	57	47	37	27	17	07
己	庚	辛	壬	癸	甲	乙	丙	丁
酉	戌	亥	子	丑	寅	卯	辰	巳

　午月에 戊申, 戊午로 메마른 땅이다. 또, 丙火에 午火 戌土로 조열함이 극에 달했다. 庚이 戊土위에서 열매를 키워가는 상황인데 문제는 水氣가 전혀 없으니 말라 시들고 타죽어 가는 모습이다. 大運 흐름 또한 조열함을 해소하지 못한다. 甲戌年에 정신병에 걸렸고 남편도 무능하다.

坤命　　　　陰/閏 : 1963년 4월 29일 16시

時	日	月	年
壬	甲	戊	癸
申	午	午	卯

85	75	65	55	45	35	25	15	05
丁	丙	乙	甲	癸	壬	辛	庚	己
卯	寅	丑	子	亥	戌	酉	申	未

戊癸 合하여 화기만 증폭하니 조열하고 오월의 시공간이 원하는 壬水가 연월일에는 없지만 다행하게 시주에 壬申이다. 그러나 사주가 전체적으로 熱氣가 너무 강하고 또 壬申은 말년에 사용가능하기에 말년 이전에는 좋지 않다. 辛酉大運 戊寅年에 심장병에 걸렸다. 辛酉대운에 화기에 뜨거워진 辛酉가 甲과 卯를 찌르면 午火 심장으로 가는 피의 흐름에 문제가 생겨서 심장병에 걸린다.

坤命　　　　陰/平 : 1977년 4월 24일 12시

時	日	月	年
戊	戊	丙	丁
午	戌	午	巳

89	79	69	59	49	39	29	19	09
乙	甲	癸	壬	辛	庚	己	戊	丁
卯	寅	丑	子	亥	戌	酉	申	未

화기만 탱천한 상황이다. 간도 나쁘고, 신장도 나쁘며 면역력이 매우 약하여 甲戌年에 중병에 걸렸으나 丙子年 가을에 약을 복용하고 호전되기 시작하였다. 반드시 있어야할 水氣가 없으니 모든 것이 사막처럼 변해버린다.

乾命　　　　陰/平 : 1953년 5월 5일 6시

時	日	月	年
癸	丁	戊	癸
卯	酉	午	巳

82	72	62	52	42	32	22	12	02
己	庚	辛	壬	癸	甲	乙	丙	丁
酉	戌	亥	子	丑	寅	卯	辰	巳

丁火가 午月에 태어났는데 壬水가 없고 戊土가 癸水를 합하여 火氣를 만들어낸다. 大運도 丁巳, 丙辰이니 초년 흐름이 좋지 않다. 無학력자로 매우 힘들게 성장하고, 甲寅大運까지 힘들게 살다가 癸丑大運에서야 運을 만나니, 丙子年 면장에 당선되고 대형 내화공장을 운영하면서 사업이 발전하여, 癸未年에 재산이 20억 정도에 이르렀다.

乾命　　　　陰/平 : 1939년 5월 3일 4시

時	日	月	年
壬	丁	庚	己
寅	亥	午	卯

84	74	64	54	44	34	24	14	04
辛	壬	癸	甲	乙	丙	丁	戊	己
酉	戌	亥	子	丑	寅	卯	辰	巳

午月에 태어난 丁火인데 年月에 水氣가 전혀 없지만 庚午 月이니 水氣를 품을 수 있는 물탱크 庚金을 가졌다. 또, 日支 亥水, 時干 壬水로 드러났고, 大運이 乙丑부터 水氣로 흘러간다. 대만 정치가로 2007년 丁亥年 국민당 주석에 올랐다.

坤命				陰/平 : 1974년 5월 2일 4시								
時	日	月	年	84	74	64	54	44	34	24	14	04
甲	癸	庚	甲	辛	壬	癸	甲	乙	丙	丁	戊	己
寅	巳	午	寅	酉	戌	亥	子	丑	寅	卯	辰	巳

年과 月에 水氣가 전혀 없다. 중학교를 졸업한 후 일을 시작했으며, 戊辰大運 丙子年 결혼하고 甲申年 이혼했다. 乙酉年 동거를 시작하고 丙戌年에 여러 남자와 동시에 교제하였다.

坤命				陰/平 : 1975년 5월 15일 8시								
時	日	月	年	84	74	64	54	44	34	24	14	04
壬	辛	壬	乙	辛	庚	己	戊	丁	丙	乙	甲	癸
辰	丑	午	卯	卯	寅	丑	子	亥	戌	酉	申	未

壬午 月이고 大運 흐름도 좋으며 時에 壬辰으로 壬水가 두 개로 넉넉하다. 부유한 집에서 태어나고, 공부도 잘했다. 대학원을 졸업하고 외국기업에서 일하고 있다.

坤命				陰/平 : 1958년 5월 16일 8시								
時	日	月	年	88	78	68	58	48	38	28	18	08
庚	庚	戊	戊	己	庚	辛	壬	癸	甲	乙	丙	丁
辰	辰	午	戌	酉	戌	亥	子	丑	寅	卯	辰	巳

이 구조는 年과 月에 壬水가 없고 大運도 초년에 火運으로 흐른다. 中年이후 大運이 水氣로 흐르니 현재 수산물 시장에서 꽃게를 10여년이상 판매하였고 많은 재산을 모았다.

坤命　　　陰/平 : 1979년 6월 14일 12시 30분

時	日	月	年
壬	乙	庚	己
午	亥	午	未

81	71	61	51	41	31	21	11	01
己	戊	丁	丙	乙	甲	癸	壬	辛
卯	寅	丑	子	亥	戌	酉	申	未

　年과 月에 火氣가 강하고 水氣가 없으나 乙日干이니 시공간이 적절하고 일지와 時干에 亥와 壬이 있고 大運도 金水로 흐른다. 다만, 水氣가 年과 月에는 없으니 아쉽다. 키가 170에 건강하고 날씬한 몸매의 소유자로 광주에서 대학졸업 후 영어강사로 일했다. 亥水가 좋은 역할 하는 구조이기에 戊子年에 외국인과 외국에서 결혼했다.

　午月의 시공간을 정리해보자. 午月에 자연에서는 반드시 열매를 맺어야만 한다. 그렇게 하는 이유는 酉月에 열매를 완성하여 수확하기 위함이다. 따라서 열매 맺기 위해서는 丁火의 수렴에너지를 응축에너지로 촉진해줄 수 있는 것은 오직 壬水 뿐이다.

9 未月의 時空間

위에서 辰戌丑未에 대해 상세하게 설명한 것처럼, 未土의 두 가지 핵심은 지장간에 丁乙己가 있어 丁火를 地支로 내리면 午火요, 乙은 卯이니 卯午 破 작용이 일어나며 卯木이 자신의 에너지를 급속하게 午에게 빼앗긴다. 또 다른 문제는 未月에 과일의 성장이 완료되고 더운 날씨 때문에 水氣가 부족하고 가뭄이 든다. 또 午中 丁火가 午月에 수렴작용을 시작하여 未月에 수렴작용, 열매 맺는 작용은 더욱 강해진다. 未月의 시공간에서 丙火도 여전히 분산작용을 강하게 하므로 복잡한 시공간으로 보충해야 할 것이 많다.

첫째 卯午 破를 해결하고자 卯木의 에너지를 보충해야 하기에 木氣가 필요한데 大運 흐름으로 살피면 寅卯辰이다. 둘째 癸水는 병화 때문에 무한분산 되었다가 수렴작용을 시작했고 壬水는 응축작용을 시작한지 얼마 지나지 않아 그 작용력은 무력하다.

따라서 未月에는 壬癸의 도움이 모두 필요한데 壬水는 丁火의 수렴작용을 응축작용으로 돌리기 위해서 필요하고, 癸水는 寅卯辰 月처럼 온기를 올리려는 역할이 아니라 金氣를 만들어 가는 과정에 金의 틀 안에 수기를 채워주어야 한다.

열매에 비유하면, 과일이 익어가는 과정에 과일 속에 수기를 채워야 당도 높은 과일이 되는 것과 같은 이치다. 분명한 점은 未月에 丁火가 午月부터 수렴작용을 시작하기에 癸水보다 壬水의 쓰임이 훨 더 좋다. 발산과 분산하는 시공간이 아니라 열매를 딱딱하게 만들고자 수렴, 응축하는 것에 집중해야하는 시공간이기 때문이다.

壬水는 午月의 시공간을 만나면 무력하다. 따라서 壬水가 응축작용을 할 수 있을까라는 의심을 할 수밖에 없다. 마치 巳月에 地支가 午巳巳卯로 이루어져 있는데 癸水가 年이나 月에 하나 밖에 없는 구조들이 발전하는 이유를 이해하기 힘들 것이다.

巳月의 시공간에서는 癸水가 무력하게 드러난 것을 원한다. 꽃을 피우는 과정에 수렴이나 응축에너지를 강하게 사용하면 꽃을 활짝 피우지 못한다. 또 癸水의 발산에너지 또한 성장을 위주로 하는 시공간이 아니라 육양으로 꽃을 활짝 펼치는 丙火에너지를 필요로 하므로 무력한 상태를 원한다.

분명한 것은 亥月, 子月에는 丁火나 丙火 하나로 역할을 충분히 하고 巳月, 午月에는 癸水나 壬水 하나로 시공간에 맞는 역할을 충실하게 할 수 있다. 겨울에 추워야 하고 여름에 더워야 하므로 더우면 무조건 시원하고, 추우면 무조건 따뜻해야 한다는 논리는 맞지 않다. 더운 여름에는 타죽지 않을 정도의 적절한 水氣만 필요하고, 추운 겨울에는 얼어 죽지 않을 만큼의 적절한 火氣만 필요하며 그것이 자연의 의지다.

인간은 무조건 자연의 의지에 따를 수밖에 없다. 겨울에 따뜻하면 뿌리내리지 못하고 모든 뿌리가 밖을 향하며, 여름에 차가우면 꽃피고 열매 맺지 못한다. 따라서 조후를 이해함에 인간이 원하는 조후로 판단하는 것은 문제다. 반드시 자연이 원하는 조후를 기준으로 판단해야만 한다.

乾命

時	日	月	年
丙	丁	丁	癸
午	巳	巳	卯

癸水가 年에 있고 무기력해 보인다. 이런 판단은 강약으로 사주를 판단하는 방법이지만 시공간 개념이 전혀 없기에 잘못 판단하기 쉽다.

癸水는 巳月에 이르면 병화처럼 무한 분산한다. 癸水가 地支에서 수기를 만나면 오히려 무거워진다. 사화 六陽의 시공간에서 에너지를 적극적으로 분산해야 하는데 癸水가 무거우면 분산하는 역할을 적절하게 하지 못하고 이에 따라 꽃은 활짝 펴지 못한다. 달리 표현하면 시공간에서 요구하는 행위를 적절하게 하지 못하면 문제가 생긴다. 따라서 時空間에서 요구하는 조건에 적합한 행위를 해야만 순응하는 것이다. 午月의 상황도 함께 살펴보자.

乾命

時	日	月	年
丙	己	丙	壬
寅	卯	午	寅

강약으로 판단하면, 壬水가 地支에 根이 전혀 없어서 굉장히 무기력한 재성이라고 판단할 것이다. 그러나 午月의 시공간을 고려하면 전혀 그렇지 않다. 午月에는 壬水가 무기력하기에 힘을 적절하게 발휘할 수도 없고 발휘할 필요도 없는 시공간이다.

午月에는 막 수렴작용을 시작하였으니, 아직 壬水의 응축에너지가 생기기도 전이고 또 응축에너지가 강하면 壬水의 작용으로 여름에 과일들이 심하게 상할 것이다. 地藏干에서 이런 이치를 명확하게 설명해 준다. 申月에 가서야 壬水는 生地를 얻는다. 午火의 수렴작용에 작은 도움만으로 충분한 역할을 하는 것이다.

未月에 이르면 亥卯未 三合운동이 완성되니, 상승작용과 좌우로 펼치는 운동하는 木氣는 午月부터 성장세를 조절당하며, 未月에 과일의 成長이 마감된다. 따라서 성장을 주관하는 癸水의 발산작용이 필요한 시기가 아니고 결실을 준비하는 壬水의 응축작용이 필요한 時空間이다. 다만, 未月의 壬水도 무력한 상황이기에 壬水 하나로는 未月의 조열함을 해결하지 못한다. 따라서 未月에는 癸水, 壬水, 丑土등 강한 水氣를 원하기에 너무 많을 정도의 水氣가 이 아니면 흉하지 않다.

坤命

時	日	月	年
庚	丁	己	戊
子	酉	未	子

陰/平 : 1948년 6월 5일 00시

81	71	61	51	41	31	21	11	01
庚	辛	壬	癸	甲	乙	丙	丁	戊
戌	亥	子	丑	寅	卯	辰	巳	午

부동산 250억, 동산 280억 재산가인 여명으로 甲寅大運에 부동산으로 엄청나게 재산을 축적했다. 이 구조는 천간에서 식신생재의 구조요 地支에서 그 틀을 깨지 않는다. 또 子酉 破로 37세 이후 화기에 뜨거워진 酉金 씨종자를 子水에 부풀려서 폭발적으로 재물을 모은다. 大運이 未月의 부족한 木氣와 水氣를 보충하였다.

乾命　　　　　陰/平 : 1969년 5월 25일 15시

時	日	月	年
癸	乙	辛	己
未	酉	未	酉

81	71	61	51	41	31	21	11	01
壬	癸	甲	乙	丙	丁	戊	己	庚
戌	亥	子	丑	寅	卯	辰	巳	午

未月 乙日干으로 財生殺 구조다. 癸水가 時에 있지만 강하지는 못하다. 다만 大運이 木火로 흘러 자신의 능력을 적절하게 발휘할 수 있는 시공간을 얻었다. 대학원을 졸업하고 대기업에서 근무한다. 부인은 壬子年生이요, 외아들이며 부모님과 함께 살고 있다.

乾命　　　　　陰/平 : 1968년 6월 29일 20시

時	日	月	年
丙	乙	己	戊
戌	未	未	申

84	74	64	54	44	34	24	14	04
戊	丁	丙	乙	甲	癸	壬	辛	庚
辰	卯	寅	丑	子	亥	戌	酉	申

乙日干이 未月의 시공간을 만났는데 水氣가 申속의 壬水 뿐이지만 大運이 金水로 흘러 대학원을 졸업하고 학원을 운영하는데 癸亥 대운에 강한 水氣를 만나고 천간에서 乙癸戊 조합을 이루니 발전하는 운이라 丙戌年에 학원사업 규모를 확장했다.

乾命

時	日	月	年
己	丙	辛	甲
亥	寅	未	辰

乾命

時	日	月	年
丙	丙	辛	甲
申	寅	未	辰

大運

67	57	47	37	27	17	07
戊	丁	丙	乙	甲	癸	壬
寅	丑	子	亥	戌	酉	申

상기 두 사주의 경우, 壬水나 亥水를 가진 쪽이 훨씬 편한 구조다. 己亥時 生은 초년부터 고생하지 않고 수의사가 되었으며, 金水로 大運 흐름도 좋다. 丙申時에 태어난 남성은 자영업 하면서 살아가는데 2007年 당시에 결혼도 못하고 있었다.

乾命

時	日	月	年
己	戊	辛	己
未	子	未	未

陰/平 : 1979년 6월 27일 14시

84	74	64	54	44	34	24	14	04
壬	癸	甲	乙	丙	丁	戊	己	庚
戌	亥	子	丑	寅	卯	辰	巳	午

子水가 너무 무력하지만 大運이 木運으로 흘러 미월의 시공간에서 필요한 에너지를 약간은 보충해준다. 丁亥年 당시에 군인이었고 2005年에 결혼했다. 전문대 자동차 정비공학과를 다니다, 방통대 영문과에 재학 중이었다. 水氣가 너무 부족하여 비염과 이명으로 고생하고 있다.

乾命			
時	日	月	年
丁	庚	己	戊
亥	午	未	辰

陰/平 : 1928년 6월 13일 22시

83	73	63	53	43	33	23	13	03
戊	丁	丙	乙	甲	癸	壬	辛	庚
辰	卯	寅	丑	子	亥	戌	酉	申

未月에 庚日干이 乙庚 合하고 時支 亥水가 未月의 시공간에서 필요한 水氣를 보충한다. 大運도 庚申, 辛酉로 흐르니 미토에 담겨진 수많은 목기들을 乙庚 합하여 庚 열매가 완성되고 壬戌大運 부터 庚 열매 내부에 水氣를 채운다.

사주팔자 원국에서 火氣로 강하게 庚金 열매의 부피를 확장한 상태이니 水氣만 채우면 당도 높은 과일로 완성된다. 재물 복이 더욱 커진 이유는 亥水가 天干에 드러나지 않고 地支에만 있기 때문이다. 만약 壬水가 天干으로 드러나면 노출된 水氣로 재물 복이 두텁지 않다.

乾命			
時	日	月	年
己	乙	乙	辛
卯	未	未	亥

陰/閏 : 1971년 5월 17일 6시

81	71	61	51	41	31	21	11	01
丙	丁	戊	己	庚	辛	壬	癸	甲
戌	亥	子	丑	寅	卯	辰	巳	午

未月에 乙인데, 乙未, 乙未로 未土가 두 개이니 수기가 더욱 절실하게 필요하다. 다행히 年支 亥水가 있어 강하지는 않지만 亥未로 미월에 필요한 水氣를 보충하고 운에서 寅卯辰으로 미토에 생기를 보충하면서 土木조합을 이루니 건축업으로 현재 20억 정도의 재산을 모았다. 이 구조에는 乙己, 己卯, 卯未조합이 많은데 모두 건

축업 물상이다.

坤命

時	日	月	年
庚	丙	己	戊
寅	午	未	戌

陰/平 : 1958년 6월 12일 4시

86	76	66	56	46	36	26	16	06
庚	辛	壬	癸	甲	乙	丙	丁	戊
戌	亥	子	丑	寅	卯	辰	巳	午

丙火가 未月에 태어나 시공간은 적절하다. 조열한 구조이므로 부모덕은 없고 자신의 뛰어난 두뇌를 활용하면서 살아간다. 비겁과 식상이 강하니 세력을 형성하는 능력이 뛰어나고, 베푸는 성정을 가졌기에 인맥형성에 뛰어나다. 財星이 天干에 庚으로 노출되고 무기력해 보이지만 未月에서 시간에 있는 庚으로 넘어가는 과정에 乙庚 합하고 丙火로 그 열매를 확장한다.

사주의 方向은 상관생재로 단일한 구조요, 地支에서 천간의 구조를 적절하게 유지해준다. 木大運을 만나면 강한 土들을 소통하고, 未土에 生氣를 보충하면서 계속 乙庚 합하여 열매로 만들어낸다. 다만 水氣가 전혀 없는 단점이 있기에 현재 십억 이상 정도의 재산을 모았다.

坤命

時	日	月	年
乙	戊	辛	甲
卯	辰	未	辰

陰/平 : 1964년 6월 10일 6시

83	73	63	53	43	33	23	13	03
壬	癸	甲	乙	丙	丁	戊	己	庚
戌	亥	子	丑	寅	卯	辰	巳	午

未月인데 壬水나 亥水는 없고, 말라버린 辰土 속에 癸水만이 암

장되어 있으며, 大運도 火木으로 흐른다. 따라서 좋은 흐름은 아니기에 이혼하고 신장이 좋지 못하며 미용제품을 취급하면서 살아간다.

乾命

時	日	月	年
庚	己	乙	丙
午	巳	未	辰

陰/平 : 1976년 6월 20일 12시

87	77	67	57	47	37	27	17	07
甲	癸	壬	辛	庚	己	戊	丁	丙
辰	卯	寅	丑	子	亥	戌	酉	申

未月에 태어나고 辰土까지 있으니 수기가 몹시 필요한데 다행히 大運은 金水의 흐름이다. 己土가 미월에 태어났기에 쓰임이 별로 없지만 大運이 도우니 외과의사로 일하다 전업하여 의료관리 업에 종사한다. 水運으로 흐를 때는 辰土가 있으니 水氣를 받아줄 땅은 있는 구조다.

坤命

時	日	月	年
丙	丁	乙	丙
午	巳	未	寅

陰/平 : 1986년 6월 6일 12시

81	71	61	51	41	31	21	11	01
丙	丁	戊	己	庚	辛	壬	癸	甲
戌	亥	子	丑	寅	卯	辰	巳	午

未月에 水氣가 전혀 없다. 大運도 火木으로 흘러간다. 未月에 탱천한 화기는 반드시 金氣를 만나서 자신의 에너지를 활용해야 하는데 없으니 에너지를 내부에 축적했으나 활용하지 못한다. 달리 표현하면 힘은 넘치는데 힘을 쓸 곳이 없다. 미용실에서 일하며 이혼한 경력이 있는 남자와 결혼했으나 능력이 없다.

乾命

時	日	月	年
丁	癸	辛	己
巳	巳	未	酉

陰/平 : 1969년 6월 4일 10시

83	73	63	53	43	33	23	13	03
壬	癸	甲	乙	丙	丁	戊	己	庚
戌	亥	子	丑	寅	卯	辰	巳	午

未月에 火氣는 탱천한 상황에서 巳酉 合으로 金氣를 만들어내는 에너지는 있으나, 水氣가 전혀 없고 大運이 火木으로 흘러 水氣가 더욱 절실하게 필요하다. 강한 火氣에 증발한 癸水는 체성을 상실하고 계속 폭발적으로 팽창하니 생각들이 끝없이 이어진다. 발산에너지에 휘둘린 이 사람은 자신의 사고방식이 정상적이라 생각하지만 빅뱅과 같이 폭발하는 에너지에 영향을 받는다. 사기꾼으로 사기에 성공하면 돈을 물 쓰듯 써버리고 사기 치지 못하면 밥 먹고 살기도 힘든 생활을 이어간다.

乾命

時	日	月	年
戊	戊	癸	乙
午	子	未	巳

陰/平 : 1965년 7월 6일 12시

88	78	68	58	48	38	28	18	08
甲	乙	丙	丁	戊	己	庚	辛	壬
戌	亥	子	丑	寅	卯	辰	巳	午

癸未 月이나 癸水가 미약하고 일지 子水도 子午 冲과 子未 조합으로 상하면서 未土의 마른 땅을 적시기엔 역부족이다. 未月에 壬水는 없고 癸와 子만 있으니 적절한 작용을 못하고 마른다. 비록 년과 월에서 癸乙 조합으로 乙을 키우려고 해도 未月이니 성장이 완료된 乙에게 癸水를 공급해도 성장하지 못하고 곰팡이만 피운다. 戊土는 癸水와 합하고, 일지 子水와 합하여 재물을 탐하는 욕망이

강하다. 2000年 庚辰年 마약판매로 체포되어, 2001年 辛巳年 무기 징역을 선고 받았다.

坤命　　　　　陰/平 : 1915년 6월 25일 4시

時	日	月	年
甲	戊	癸	乙
寅	辰	未	卯

46	36	26	16	06
戊	丁	丙	乙	甲
子	亥	戌	酉	申

여러 번 결혼한 여명으로 癸未月 戊土가 충분한 水氣를 필요로 하는데 癸水뿐이니 무기력하다. 地支에 木氣가 너무 강하기에 수많은 木氣들은 水氣를 원할 수밖에 없고 戊土에게 水氣를 달라고 독촉하지만 水氣가 없는 무토는 견디지 못하고 이혼하기를 반복한다. 팔자에 남편성이 많으니 이런 문제를 반복하면서도 결혼할 수밖에 없고 이혼을 반복한다.

坤命　　　　　陰/平 : 1981년 6월 18일 10시

時	日	月	年
丁	戊	乙	辛
巳	戌	未	酉

46	36	26	16	06
庚	己	戊	丁	丙
子	亥	戌	酉	申

20세 이전에 남편이 사망하였다. 未月 乙이 水氣가 전혀 없는 상태로 노출되었는데 년주 辛酉가 乙을 찌르니 16-23세 사이에 만난 남편은 단명하기 쉽다. 일지를 기준으로 살펴도 戌未 刑하니 불안정하고 乙이 戊土에서 묘지를 만나니 일지 안방으로 남편이 들어오는 것을 싫어한다. 이것이 남편의 단명원인이다.

坤命　　　　陰/平 : 1971년 6월 11일 12시

時	日	月	年
戊	戊	乙	辛
午	午	未	亥

82	72	62	52	42	32	22	12	02
甲	癸	壬	辛	庚	己	戊	丁	丙
辰	卯	寅	丑	子	亥	戌	酉	申

丙戌年에 남편이 중령으로 진급했고 부부 금슬은 좋은데 10년 동안 아이가 생기지 않아 여러 방면으로 시도해봤지만 효과가 없었다. 未月에 충분한 수기가 필요한데 다행하게 년지에 亥水가 있고 大運이 金水로 흐른다. 따라서 남편은 중령으로 진급했지만 일주와 시주에서 午午로 자식을 생산할 수 있는 子水 정액이 말라 임신하기 힘든 것이다.

坤命

時	日	月	年
壬	戊	辛	己
戌	辰	未	酉

丁	丙	乙	甲	癸	壬
丑	子	亥	戌	酉	申

남편 덕은 없고, 자식 덕만 있다는 사주다. 癸酉大運에는 길운이라 남편이 출세하고, 자식도 얻었으나 甲戌大運에 남편을 잃었다. 그 뒤 수절하여 자식교육에만 힘써 丙子大運에 아들이 과거급제하여 요직에 오르고 자신도 수봉되었다. 大運도 金水이고, 壬戌로 사주팔자에 水氣가 있음에도 남편을 잃었다.

이렇게 未月은 반드시 강한 수기가 필요하다. 여자의 金大運은 木을 수렴하는 흐름이다. 金으로 흐르는 여명의 경우, 木이 상하면서 남편의 현달이 어렵거나, 남편의 육체에 질병이 생기기 쉽다. 직업으로는 상관생재로 흐르는바 현대의 경우에는 주로 재물을 추구한다. 만약 대운이 木氣로 흐르면 木의 성장을 추구하기에 교육, 공직, 직장인으로 살아간다. 이 구조의 단점은 살성이 강한 辰戌未 조합이다.

坤命　　　　　　　陰/平 : 1976년 6월 29일 10시

時	日	月	年	88	78	68	58	48	38	28	18	08
丁	戊	乙	丙	丙	丁	戊	己	庚	辛	壬	癸	甲
巳	寅	未	辰	戌	亥	子	丑	寅	卯	辰	巳	午

키 172에 여배우 뺨치는 美人이지만, 10세 이전 3명의 학원선생으로부터 수없이 많은 성추행을 당한 과거경험 때문에 악몽에 시달리며 연애도 못하고 지낸다. 이 구조도 水氣가 매우 부족한데 목기는 盛하여 戊에게 水氣를 달라고 요구한다. 이런 구조에서 드러나는 물상이 바로 성추행 당하거나, 강간당하는 물상으로 발현된다. 大運도 화목으로 흐르니 戊土의 땅은 더욱 마르고 水氣가 부족하여 성장이 불가능해진 수많은 木氣 남자들은 戊土를 찌르기 시작한다. 格局으로 未月에 乙 正官이 透하여 丙火 인성으로 官印上生 하니 좋은 팔자라고 해봐야 아무런 의미가 없다. 자연의 이치 그대로 나무들은 젖고 습한 땅에서 적절하게 성장하는 것이다. 마른 땅에서 살아가는 나무들은 유일하게 水氣를 품은 戊土에게 물을 공급해줄 것을 요구하고 만약 물을 내놓지 않으면 구타, 폭력, 남편사망, 강간, 남편 가출, 남편외도, 위암, 교통사고 등과 같은 물상으로 발현된다.

乾命　　　　　陰/平 : 1960년 6월 26일 0시

時	日	月	年
壬	戊	癸	庚
子	申	未	子

86	76	66	56	46	36	26	16	06
壬	辛	庚	己	戊	丁	丙	乙	甲
辰	卯	寅	丑	子	亥	戌	酉	申

未月에 癸와 子가 있고, 庚까지 드러났는데도 어려서 힘들게 살았다. 그러나 丙戌大運부터 갑자기 대발하여 재벌이 되었다. 이 구조는 時에 壬子로 강한 수기를 보충하였다. 또, 天干에서 庚金이 계수의 물탱크 역할을 해주며, 일지 申이 申子로 수기의 원천이 되어준다. 미월에 수많은 목기를 일지 신금으로 乙庚 합하고 병화로 그 열매를 확장하는 시기인 丙戌대운에 갑자기 대발했다. 未月에 水氣가 많고 庚의 도움까지 받으니 水氣가 넉넉하기에 재벌이 된 것이다. 이렇게 未月은 水氣가 강함을 기뻐한다.

乾命　　　　　陰/閏 : 1930년 6월 2일 20시

時	日	月	年
壬	戊	癸	庚
戌	寅	未	午

55	45	35	25	15	05
己	戊	丁	丙	乙	甲
丑	子	亥	戌	酉	申

乙酉大運에 이공계 대학교를 지원하고, 학업성적이 우수했다. 丙戌大運에 업무에 시달리고 힘든 시기였다. 丁亥大運은 未月에 수기를 보충하는 좋은 시기이기에 제약회사 간부로 승진하고 좋은 날이 많았다. 하지만 불행하게 모함으로 44세 癸丑年 癸丑 月에 자살했다. 丁大運 세운에서 癸丑 年이 오니 정확하게 丁癸壬 組合을 이루고 육체와 물질을 만드는 중력에너지 丁火는 壬癸 저승사자들에게

체성을 잃어버리기에 자살했다.

乾命　　　　　陰/平 : 1970년 6월 24일 20시

時	日	月	年
壬	戊	癸	庚
戌	申	未	戌

83	73	63	53	43	33	23	13	03
壬	辛	庚	己	戊	丁	丙	乙	甲
辰	卯	寅	丑	子	亥	戌	酉	申

위 사주보다 조금 더 좋아 보인다. 丁亥大運 己丑年 당시에 직장생활에 적응하지 못하고 힘들어 했다. 그만큼 강한 水氣가 필요한 계절이 未月이다. 己丑年에 丑戌未 三刑이 동하여 불안정한 세운이다. 또 己丑년은 巳酉丑 삼합운동을 끝낸 공간이기에 그 땅에서 벗어나기를 원하기에 직장을 그만두려는 욕망이 강해지고 갈등을 느낀다.

乾命　　　　　陰/平 : 1968년 7월 3일 2시

時	日	月	年
癸	戊	己	戊
丑	戌	未	申

83	73	63	53	43	33	23	13	03
戊	丁	丙	乙	甲	癸	壬	辛	庚
辰	卯	寅	丑	子	亥	戌	酉	申

未月인데 水氣가 충분하지 않다. 사주원국 구조도 많은 土들이 세를 이루어서 時에 있는 癸水를 탐하며 戊癸 合과 丑戌 刑으로 두 개의 간지가 合과 刑으로 이루어져 전형적인 사기꾼이자 소매치기다.

乾命

時	日	月	年
甲	戊	己	癸
寅	寅	未	卯

壬	癸	甲	乙	丙	丁	戊
子	丑	寅	卯	辰	巳	午

貴格으로 南方大運에서 권위를 얻었다. 年에 癸水가 있고 癸卯干支이니 일간 무토와 乙癸戊 조합을 이루어 공직팔자다. 이 구조는 己未, 戊가 세를 이루었는데 전체적으로 木도 많다. 수기를 보충하지 못하지만 未月에 약해지는 木氣를 보충하는 運으로 흘러 공직에서 발전했다. 다만 水氣가 부족한 상태에서 木이 너무 많아 病이니 중년이후에 질병에 시달릴 가능성이 높다.

坤命

陰/平 : 1928년 6월 11일 4시

時	日	月	年
甲	戊	己	戊
寅	辰	未	辰

67	57	47	37	27	17	07
壬	癸	甲	乙	丙	丁	戊
子	丑	寅	卯	辰	巳	午

전주대학 총장까지 지냈으나, 壬子大運 己卯年 자궁암 말기로 죽음을 눈앞에 두고 있었다. 위 사주와 이 사주는 모두 運이 木으로 흐른 경우로 운의 方向을 살펴야 한다. 未月에 목을 보충할 경우는 木을 키우는 것을 우선하기 때문에 교육, 공직 물상에 어울린다. 木氣는 강하고 성장에 필요한 水氣가 부족하니 水氣를 쫓아 학업에 집중하여 공직, 교육 쪽으로 삶의 方向을 결정해야 길하다. 만약, 金水가 많거나 대운이 금수로 흐르면 주로 사업으로 발전한다.

乾命

時	日	月	年
癸	戊	己	癸
亥	辰	未	丑

　　연해자평에 소개된 사주인데 日柱가 강하고 財星도 강하니 甲寅, 乙卯大運에 재관쌍미로 발전했다. 마찬가지로 이 구조도 金이 약하지만 수기는 크게 부족하지 않다. 또 運도 木으로 흐르니 水木으로 토를 다듬어 쓰는 구조다. 토목을 직접적인 물상으로 활용하면 건축, 건설이요 생명체 목을 토 위에 기르면 교육과 공직에 어울린다.

乾命

時	日	月	年
癸	戊	己	戊
亥	子	未	辰

　　大運이 金水木으로 흘러서 발전했다는 中國人이다. 년과 월에 수기가 매우 부족하지만 일시에서 水氣가 넉넉하다. 大運이 金水로 흐르면 미토 속의 갑을을 활용하여 수확하기 때문에 교육, 공직보다는 물질을 추구하여 장사나 사업을 원하는 흐름이다.

乾命

時	日	月	年
癸	戊	己	戊
丑	申	未	寅

陰/平 : 1938년 6월 18일 2시

88	78	68	58	48	38	28	18	08
戊	丁	丙	乙	甲	癸	壬	辛	庚
辰	卯	寅	丑	子	亥	戌	酉	申

癸亥大運 丁巳年과 癸亥年에 재물을 낭비했다. 이 구조는 丁癸 沖이 동하면 부도나거나 몸이 상하는 문제가 발생한다. 또 天干에서 수많은 토들이 癸水 하나를 다투는데 원국 地支 흐름이 좋고 大運 이 金水로 흐르기에 장사나 사업으로 방향을 잡는다.

乾命

時	日	月	年
丙	甲	乙	丙
子	寅	未	子

陰/平 : 1936년 6월 13일 0시

82	72	62	52	42	32	22	12	02
甲	癸	壬	辛	庚	己	戊	丁	丙
辰	卯	寅	丑	子	亥	戌	酉	申

유복자로 출생하여 戊戌大運 辛丑年 사법고시에 합격하였으나 발령을 받지 못했다. 변호사로 개업하여 큰돈을 벌고 부동산에 투자하여 큰 재물을 모았다. 처는 현숙하고 슬하에 1男 2女를 두었다. 乙未 月인데 大運이 金水로 甲이 적절한 시공간을 만나 경쟁우위다. 그러나 辛丑大運 壬申年 국회의원에 출마하여 낙선하고, 61歲 丙子 年에도 낙선하여 재산손실이 많았다. 운을 살필 때 무조건 용신을 정한 후, 길흉을 판단하지만 사업과, 국회의원은 전혀 다르다. 국회의원에 당선하기 위해서는 반드시 지지세력이 필요한데 辛丑대운은 지지자들이 乙辛 沖으로 모이지 않는다.

甲이 辛을 만나면 十神으로 正官이지만 甲辛 조합은 기본적으로 좋은 관계가 아니다. 甲은 辛을 보면 지나온 과거를 만나 퇴보하는 것과 같다. 年時에 子子로 水氣가 있고, 大運이 金水로 흘러 未月 의 부족한 水氣를 채워주기에 재물로 방향을 잡았다. 따라서 명예, 공직을 추구하지 않았다면 인생이 평탄했을 것이나 운에서 오는 욕망에 벗어나지 못하고 얻지 못할 명예를 추구하다 재산을 탕진했다.

乾命　　　　　陰/平 : 1974년 6월 9일 2시

時	日	月	年
乙	己	辛	甲
丑	巳	未	寅

84	74	64	54	44	34	24	14	04
庚	己	戊	丁	丙	乙	甲	癸	壬
辰	卯	寅	丑	子	亥	戌	酉	申

未月에 태어나 넉넉한 수기가 없는데 그마나 大運이 金水로 흐르면서 부족한 水氣를 공급한다. 대학을 졸업하고 제약회사에서 근무한다.

未月의 시공간을 정리해보자. 未月에는 열매의 크기가 완성되어 申月부터 결실을 준비한다. 또 午月, 未月을 지나는 과정에 과일이 커져 많은 水氣를 필요로 하는데 수렴작용으로 열매를 맺었기에 발산에너지 癸水가 필요한 것이 아니라 응축에너지 壬水와 亥水가 넉넉하게 필요한 시공간이다.

만약 寅卯辰 대운으로 흐르면 미토에 목기를 보충하여 주로 교육, 공직, 직장인으로 발전하고 만약 金水대운으로 흐르면 미토 속의 甲乙을 수확하려는 욕망 때문에 장사나 사업을 원한다.

10 申月의 時空間

申月에 이르면, 申속의 庚이 祿地를 만나고 壬水는 生地를 만난다. 즉, 응축에너지 壬水는 동했고, 庚 열매는 자신의 에너지를 명확하게 드러낸 時空間이다. 아직 여름을 지나는 과정이기에 庚 열매를 익혀야 酉月에 알갱이가 크고 당도 높은 과일을 얻을 수 있다. 이런 시공간에서 壬水가 生地로 기운이 동했다는 의미는 庚 물탱크 안에 壬水를 채워 넣으려는 것이지만 壬水의 氣運이 막 생겨난 것에 불과하기에 절대로 많은 水氣를 필요로 하지 않는다.

다른 의미로 巳午未 月에 공기 중에 분산되었던 水氣를 申月부터 수렴으로 하강하게 만들어 땅속으로 水氣를 모은다. 즉, 봄과 여름에 공기 중에 수기의 분산작용으로 꽃피우고 열매 맺어 성장했으니 가을에는 수렴작용으로 결실 맺고, 겨울에 씨종자를 수기에 풀어서 생명체를 만들겠다는 의미다.

午月부터 수렴작용을 시작했으니 水氣는 지속적으로 수렴의 기세를 확장해왔지만 午未 月에는 수렴의 기세가 강할 수도 없고 강해도 안 된다. 그 이유는 午未 月에는 여전히 분산작용을 통하여 성장활동을 해주고 酉月에 이르러야 비로소 열매를 수확하여 수렴작용을 마감하기 때문이다.

즉, 酉月에 결실 맺기 전까지는 丁火의 수렴작용이 계속 필요하다. 따라서 丁火가 酉月전에 수렴작용을 강하게 해버린다면 열매는 부피

를 확장하지 못하기에 申月에도 여전히 丙火로 부피를 확장하고 丁
火로 부분적으로 딱딱하게 경화작용 해주면서 한편으로 부피를 키우
고, 한편으로 딱딱하게 만들고 과일 내부에 일부의 水氣를 채워야
한다.

乾命　　　　　陰/平 : 1967년 7월 10일 6시

時	日	月	年
辛	辛	戊	丁
卯	亥	申	未

82	72	62	52	42	32	22	12	02
己	庚	辛	壬	癸	甲	乙	丙	丁
亥	子	丑	寅	卯	辰	巳	午	未

申月의 시공간인데 丙火가 없고 戊申 월주다. 다만, 丁未年이니
丙火 대신 丁火를 얻어 庚 열매의 부피를 확장하지 못하고 오히려
딱딱하게 수렴한다. 다만 大運이 초년부터 강하게 분산의 기세 巳午
未로 흐르면서 申 열매의 부피를 확장하여 단단하게 익혀간다.

또 다른 특징으로 天干에서 丁辛壬 조합을 이루었다. 년에서 丁
火가 日干 辛에게 열기를 공급하고 辛이 亥水에 풀어져 時支의 卯
로 드러나니 시공간 흐름이 매우 좋다. 또 地支만 따로 살펴보아도
年支 未속에 있는 甲乙이 월지 申과 乙庚 합하고, 亥水에 풀어진
후 卯로 드러나니 年月日時 흐름이 아름답다. 재산이 200억대에 이
른다.

乾命　　　　　陰/平 : 1971년 7월 11일 22시

時	日	月	年
癸	戊	丙	辛
亥	子	申	亥

87	77	67	57	47	37	27	17	07
丁	戊	己	庚	辛	壬	癸	甲	乙
亥	子	丑	寅	卯	辰	巳	午	未

申月에 태어나 月干에 丙火가 있으나, 年上 辛과 丙辛 합하고 水氣가 너무 강해 申에 채워지는 물의 양이 너무 많다. 열매에 水氣가 넘쳐 썩을 수도 있다는 뜻이다.

이 사주팔자에서 가장 좋은 干支는 丙申으로 이 시기에 발전한다. 大運이 乙未, 甲午, 癸巳 火運으로 흐르니 24세에서 27세에 많은 돈이 물처럼 쏟아져 들어오니 재산이 200억 가까이 되었다가 壬辰 大運 丙火가 상하니 더 이상 발전하지 못하고 십년동안 재산이 많이 줄었다.

坤命

時	日	月	年
丁	乙	丙	辛
亥	丑	申	亥

陰/平 : 1971년 6월 18일 22시

90	08	70	60	50	40	30	20	10
乙	甲	癸	壬	辛	庚	己	戊	丁
巳	辰	卯	寅	丑	子	亥	戌	酉

乙日干이 丙申 月에 태어나고 年月에서 丙辛 합하니 공부와 인연이 깊다. 원국에 水氣가 강한데, 大運도 金水로 흐르니 물질보다는 내면을 추구하는 흐름이다. 天干에 辛丁壬 組合이 구성되어 좋고 丙申, 乙丑으로 자신의 사상을 잘 드러내며 명예를 드높이는 구조다. 이화여대 사학과를 졸업하고, 美國에서 영어교육 대학원을 졸업한 후, 현재 영어 학원 강사다. 부모덕이 좋으며 가문도 좋은 집안이다. 아버지가 고급 공무원 출신이다.

坤命　　　　陰/平 : 1962년 8월 9일 18시

時	日	月	年
辛	戊	戊	壬
酉	申	申	寅

90	80	70	60	50	40	30	20	10
己	庚	辛	壬	癸	甲	乙	丙	丁
亥	子	丑	寅	卯	辰	巳	午	未

申月에 戊申월주로 壬水도 년으로 드러났고 食傷이 혼잡한 구조다. 목욕탕에서 일하는 여명이다. 申月에 가장 필요한 丙火가 없고 시주가 辛酉 時로 丙火가 운에서 오더라도 丙辛합하여 분산작용을 하지 못하고 金氣가 혼잡하여 탁하다.

乾命　　　　陰/平 : 1968년 7월 22일 22시

時	日	月	年
辛	丁	庚	戊
亥	巳	申	申

87	77	67	57	47	37	27	17	07
己	戊	丁	丙	乙	甲	癸	壬	辛
巳	辰	卯	寅	丑	子	亥	戌	酉

庚申월이기에 강한 火氣가 필요하지만 년과 월에 없고 大運도 초년부터 金水 運으로만 흐르니 월지의 시공간에서 원하는 조건과 전혀 부합하지 않는다. 丁火가 강한 庚申 월주를 만나 재물에 욕심이 강하기에 이것저것 벌이지만 성공하지 못하고 직업이 없어서 부인의 경제활동으로 살아간다. 일지 巳火가 년과 월에 있는 많은 金들을 키우기에 부인 덕으로 살아가는 것이다.

丁火는 수렴에너지로 열매를 단단하게 만들어 크기를 줄여 수확할 수는 있어도 庚申월에 매달린 열매의 부피를 확장할 수 없다. 庚申월에는 반드시 丙火, 巳火의 분산에너지로 과일의 팽창을 원하는 것이지 딱딱하게 만드는 것을 원하지 않는다. 이런 이유로 時空間이 적절하지 않은 丁火일간은 열매를 수확하고자 동분서주해도 성공하지 못하고 일지 巳火 속의 丙火 부인 도움으로 살아간다. 이렇게 月支의 時空間에서 요구하는 에너지가 무엇인가에 따라 삶의 질이 결정된다.

乾命

陰/閏 : 1960년 6월 23일 12시

時	日	月	年
壬	乙	甲	庚
午	亥	申	子

87	77	67	57	47	37	27	17	07
癸	壬	辛	庚	己	戊	丁	丙	乙
巳	辰	卯	寅	丑	子	亥	戌	酉

甲申 月에 태어나고 원국에 水氣가 너무 강하다. 大運도 水運으로 흐르니 申月의 시공간에서 원하는 조건을 맞추지 못한다. 다만 時支에 午火가 있으니 조금의 도움을 받는다. 대운이 金水로 흐르니 을의 좌우로 펼치는 에너지가 활발하지 못하고 무거우니 매우 성실하고 관리부서에서 일한다.

乾命

陰/平 : 1965년 8월 4일 4시

時	日	月	年
庚	丙	甲	乙
寅	辰	申	巳

87	77	67	57	47	37	27	17	07
乙	丙	丁	戊	己	庚	辛	壬	癸
亥	子	丑	寅	卯	辰	巳	午	未

甲申月에 태어났는데 年支에서 巳申 合해주니 丙火가 申 열매를 키워준다. 따라서 조상 음덕이 좋고 大運이 초년부터 火運으로 흘러 申 열매를 확장해주니 재산은 20억 정도로 대학교수이며 박사 학위를 받았다.

乾命　　　　陰/平 : 1957년 7월 26일 18시

時	日	月	年
乙	乙	戊	丁
酉	丑	申	酉

84	74	64	54	44	34	24	14	04
己	庚	辛	壬	癸	甲	乙	丙	丁
亥	子	丑	寅	卯	辰	巳	午	未

　　戊申月이지만 丙火대신 강한 酉金을 통제하는 丁火가 年에 드러 났고 金이 매우 많은 구조로 탁한데 다행히 大運이 火木으로 흐르 면서 申月의 시공간이 요구하는 조건을 충족한다. 또 월간에 戊土가 戊乙조합을 이루어서 사회적으로 안정적인 터전을 가졌기에 재산이 20억 정도다.

乾命　　　　陰/平 : 1954년 8월 6일 2시

時	日	月	年
己	辛	壬	甲
丑	酉	申	午

82	72	62	52	42	32	22	12	02
辛	庚	己	戊	丁	丙	乙	甲	癸
巳	辰	卯	寅	丑	子	亥	戌	酉

　　辛日 申月에 태어나 丙火대신 壬水가 드러났고 年支에 午火가 있다. 따라서 병화가 필요한 시공간에 임수가 드러나 좋지 않아 보이지만 壬水 에너지를 줄여주는 甲이 年에 드러나 甲午로 干支를 세웠다. 辛이 壬水에서 자신의 씨종자를 퍼트리고 壬水는 甲을 통하여 자신의 정체성을 발현한다. 甲이 년에 있으니 일간의 영향력이 년에 이른다. 년지 午火는 월지 申과 일지 酉에 열기를 가하고 뜨거워진 금들이 월간 壬水에 풀어지고 년으로 흐른다.

　　이 구조는 大運이 비록 水運으로 흘렀으나 甲午의 공덕이 크다. 중년으로 흐를 때 대운에서 강한 수기를 만나니 오화에 자극받은 금들이 수기에 풀어져 한순간 재물을 축적한다. 丁辛壬 조합의 변형으로 재산이 200억에 이른다. 이 구조에서 申月과 辛酉日은 申酉戌 金氣이지만 원하는 흐름은 전혀 다르다. 申月은 丙火를 원하지만, 酉金은 水氣를 원하니 方向이 정반대다.

坤命

時	日	月	年
戊	庚	戊	壬
寅	子	申	辰

陰/平 : 1952년 7월 2일 4시

84	74	64	54	44	34	24	14	04
己	庚	辛	壬	癸	甲	乙	丙	丁
亥	子	丑	寅	卯	辰	巳	午	未

庚 日干이 申月에 水氣가 너무 강하다. 월지에서 요구하는 시공간 조건인 丙火가 전혀 없고 水氣만 강하니 申 열매가 많은 水氣에 썩는다. 寅속에 丙火가 있지만 水氣가 너무 강하니 무기력하다. 정신병 환자다.

乾命

時	日	月	年
壬	庚	戊	壬
午	子	申	辰

陰/平 : 1952년 7월 2일 12시

85	75	65	55	45	35	25	15	05
丁	丙	乙	甲	癸	壬	辛	庚	己
巳	辰	卯	寅	丑	子	亥	戌	酉

이 구조와 위 사주와 차이점은 時支에 午火가 있어 火氣가 약간 더 강하다. 乾命이기에 여자와는 다르지만 申月에 태어나 水氣가 너무 강한 것이 문제며 大運도 金水로 흐른다. 초등학교를 졸업하고 염색 일을 했는데 癸 大運에 戊癸 合으로 월간에서 火氣를 만들어 크게 발전하다가 丑 大運에 완전히 망해 남의 사업장에서 신세지며 살아간다. 丑 대운에 子丑 합으로 午火가 역할을 하지 못하면서 망

했다. 申子辰 삼합과 子午 冲으로 큰아들이 뇌성마비다.

坤命　　　　陰/平 : 1960년 7월 10일 18시

時	日	月	年
丁	辛	甲	庚
酉	卯	申	子

87	77	67	57	47	37	27	17	07
乙	丙	丁	戊	己	庚	辛	壬	癸
亥	子	丑	寅	卯	辰	巳	午	未

甲申 月에 태어나고 火氣가 전혀 없다. 丁火가 時에 있으니 그나마 다행인데 문제는 辛입장에서 삶의 터전과 같은 甲을 강한 金들이 삼각형 구조를 이루어 공격하고 卯木은 卯申 合, 卯酉 冲으로 合, 冲이 공존하니 정신병 환자이다.

乾命　　　　陰/平 : 1944년 6월 28일 14시

時	日	月	年
丁	壬	壬	甲
未	子	申	申

87	77	67	57	47	37	27	17	07
辛	庚	己	戊	丁	丙	乙	甲	癸
巳	辰	卯	寅	丑	子	亥	戌	酉

壬申월로 水氣가 많으니 월지의 시공간 조건을 맞추지 못했다. 시주가 丁未로 좋은 듯하지만 丁壬합, 子未 조합으로 천간과 지지의 뜻이 상반된다. 丙子大運 庚午年에 차사고로 사망하였다. 午未합에 子水가 상하면서 마르면 강한 庚이 午火에 뜨거워진 후 甲庚 冲하여 생기가 상한다.

乾命　　　　陰/平 : 1967년 7월 6일 20시

時	日	月	年
庚	丁	戊	丁
戌	未	申	未

81	71	61	51	41	31	21	11	01
己	庚	辛	壬	癸	甲	乙	丙	丁
亥	子	丑	寅	卯	辰	巳	午	未

申月의 시공간에 필요한 丙火대신 丁火가 많다. 大運이 火木으로 흐른다. 사주팔자에 水氣가 없으니 굉장히 말라 보인다. 丁未, 丙午, 乙巳大運을 지나는 동안 가난한 집에서 태어나 고등학교 졸업 후, 戊辰年에 세무서에 들어가 일하며 수입이 좋았다.

甲辰大運에 크게 발전하였으나, 甲申年에 교통사고 당했다. 辰戌未 組合이 만나고, 天干에 水氣가 없는 상태에서 甲戊庚 組合이 이루어지면 대부분 육체가 상한다.

坤命　　　　陰/平 : 1973년 8월 12일 4시

時	日	月	年
壬	丁	庚	癸
寅	未	申	丑

90	80	70	60	50	40	30	20	10	0
庚	己	戊	丁	丙	乙	甲	癸	壬	辛
午	巳	辰	卯	寅	丑	子	亥	戌	酉

年月에 火氣가 전혀 없고, 大運도 金水로 흘러 좋지 않다. 壬戌大運 甲戌年 결혼하고 몇 년 후 남편이 외도하여 이혼하고 癸亥大運 음란한 생활하였다. 甲子大運 甲申年에 아들이 폐병으로 사망하였다. 평생 힘들게 살아간다.

乾命　　　　　陰/平 : 1962년 7월 18일 6시

時	日	月	年
癸	丁	戊	壬
卯	亥	申	寅

87	77	67	57	47	37	27	17	07
丁	丙	乙	甲	癸	壬	辛	庚	己
巳	辰	卯	寅	丑	子	亥	戌	酉

水氣가 너무 강하다. 大運도 水運이니 좋지 않으며, 天干에서 丁壬癸 조합이다. 庚戌大運 前까지 힘들게 살았고, 庚戌大運 癸亥年 강도짓하다 구속 되었다. 辛亥大運 매우 가난하게 살았고, 壬子大運 庚辰年부터 癸未年까지 자주 구속되었다.

乾命　　　　　陰/平 : 1965년 7월 30일 10시

時	日	月	年
乙	壬	甲	乙
巳	子	申	巳

86	76	66	56	46	36	26	16	06
乙	丙	丁	戊	己	庚	辛	壬	癸
亥	子	丑	寅	卯	辰	巳	午	未

년지 巳火가 申月의 시공간에서 필요한 조건인 화기를 충족했다. 또 대운이 화목으로 흐르고 시주가 乙巳로 화기가 넉넉하다. 년지에서 시지로의 흐름이 巳申子巳로 매끄럽다. 미술대학교를 졸업하고 고등학교 교감까지 승진하였으며 庚辰大運 학교를 옮겨서 근무했다.

乾命　　　　　陰/平 : 1940년 7월 14일 6시

時	日	月	年
癸	壬	甲	庚
卯	辰	申	辰

87	77	67	57	47	37	27	17	07
癸	壬	辛	庚	己	戊	丁	丙	乙
巳	辰	卯	寅	丑	子	亥	戌	酉

신월에 태어났음에도 水氣가 강하고 화기가 전혀 없는데 大運도

水運으로 흐른다. 평생 이루는 일 없이 힘들게 살아간다.

坤命　　　　　　陰/平 : 1963년 7월 9일 6시

時	日	月	年
癸	壬	庚	癸
卯	寅	申	卯

84	74	64	54	44	34	24	14	04
己	戊	丁	丙	乙	甲	癸	壬	辛
巳	辰	卯	寅	丑	子	亥	戌	酉

전체가 강한 金水를 木으로 설하며 大運도 金水로 흐르니 대학원을 졸업하고 문교부에서 일한다. 이 구조에서 가장 좋은 점은 비록 화기가 뚜렷하지는 않지만 寅申 冲으로 寅 속의 火氣를 활용할 수 있다는 것이다.

坤命　　　　　　陰/平 : 1961년 7월 28일 10시

時	日	月	年
丁	癸	丙	辛
巳	卯	申	丑

81	71	61	51	41	31	21	11	01
乙	甲	癸	壬	辛	庚	己	戊	丁
巳	辰	卯	寅	丑	子	亥	戌	酉

월주가 丙申, 시주가 丁巳로 火氣가 충분하여 金을 키우고 大運에서 열매 속에 水氣를 채운다. 재산이 수십억에 이르는 회사 사장이다. 부모는 모두 공직자요, 남편도 학력이 높으며 사업에 많은 도움을 준다.

11 酉月의 時空間

酉月에 이르면 申月에서 이어져온 열매의 경화작용이 완성된다. 丁火로 단단해지기 시작한 열매가 酉月에 완벽한 열매로 떨어진다. 酉에는 庚과 辛이 있는데 庚이 경화작용을 지속하여 辛열매로 완성된다. 申月과 酉月의 시공간 상황을 비교해보자.

申月은 申속의 庚이 성장완료 상태가 아니기에 丙火로 열매의 외형을 더 확장하면서 단단하게 해야 한다. 이 과정에 丙火는 巳午未月에 비해 분산에너지가 약해지고 丁火는 午未申月을 지나면서 수렴에너지가 점점 강해진다. 즉, 丙火의 부피를 키우는 역할과, 내실을 다지는 丁火 에너지의 작용력에 큰 변화가 생기는 곳이 申月이다.

酉月에 이르면, 丙火의 분산에너지는 열매의 부피를 확장할 필요가 없어지면서 무력해진다. 분산에너지와는 상대적으로 임수의 응축에너지는 강해지기 시작한다. 申月에 壬水가 장생하고, 酉月에 壬水가 응축의 기세를 확장한다.

따라서 공기 중에 분산되었던 水氣는 하강하고, 나뭇가지에 있던 水氣도 하강을 시작하여 건조해지고 가지 끝에 매달려있던 열매들은 중력을 견디지 못하고 땅으로 떨어져 분리된다. 이런 작용은 모두 丁火의 수렴에너지가 酉月에 극대화되어 열매를 완성한 것이다. 따라서 酉月에는 수렴작용으로 열매가 땅에 떨어져 수확하였기에 丁火의 작용도 점점 약해지기 시작한다.

다만, 戌月에 이르러도 丁火가 辛에게 열기를 공급하고 亥月에

丁壬 合하여 辛 씨종자가 亥水에 풀어져 甲으로 물형을 바꾸기 시작한다. 이런 작용이 끝나면 丁火는 子月부터 발산에너지 癸水가 활동하는 시공간에서 쓰임을 잃고 丑月에 巳酉丑 三合운동을 마감한다.

이렇게 酉月의 상황은 丁火가 강한 에너지로 辛의 경화작용을 완성하여 열매 맺는데 씨종자 辛이 원하는 조건은 무엇일까? 辛 씨종자가 할 일이 무엇인가를 이해하면 酉月의 時空間에서 원하는 조건이 무엇인가를 이해한다.

오행의 陰陽은 상이한 方向性을 가지고 있다. 天干에서 丙火는 분산에너지 작용이고, 丁火는 수렴에너지 작용이다. 동일한 火오행임에도 運動方向은 전혀 다르다. 地支의 상황도 동일한데 巳火는 六陽으로 빛을 분산한다면 午火는 一陰이 생겨나 빛을 수렴하여 열로 바꾸기 시작한다. 동일한 火氣임에도 巳火와 午火는 에너지 특징이 전혀 다르다.

자연에서 원하는 申月은 丙火 빛을 더욱 강하게 분산하여 마지막으로 열매를 잘 익게 한다면, 酉月에는 씨종자가 水氣에 풀어지는 것을 바란다. 명리로는 金生水 관계요, 또 다른 표현으로는 水生金이다.

이 의미는 水氣는 金이 있으면 金을 풀어 새로운 木으로 바꾸지만 만약 金이 없다면 水氣로서의 쓰임을 얻지 못하고 흘러가는 물에 불과하다. 방탕, 방황, 방랑, 떠도는 속성만을 갖는다. 이 부분을 좀 더 자세하게 살펴보고자 적천수 왕쇠 편의 예문을 몇 개 올려본다. 적천수 설명은 時空論과 차이가 있으니 예문을 자연의 이치에 입각하여 상황을 분석해보자.

乾命

時	日	月	年
癸	戊	辛	壬
丑	子	亥	辰

戊	丁	丙	乙	甲	癸	壬
午	巳	辰	卯	寅	丑	子

적천수에서 설명하기를, 甲寅과 乙卯大運에 干支가 모두 木일때는 명리가 모두 따랐으나, 丙 大運으로 바뀌자 형처극자하고 파모가 많았고 丁丑大運에 病으로 죽었다고 하였다.

이 사주팔자를 時空論으로 이해해보자. 대부분의 글자는 水氣로 할 수 있는 일은 사주에 있는 辛金 씨종자를 풀어서 부드럽게 만든 후 새로운 생명체인 木으로 바꾸는 것이다. 辛은 壬水와 癸水가 많기에 쉽게 자신의 체성을 변화시킨다. 이 과정은 金水木의 흐름이고 씨종자가 물형을 완벽하게 바꾸는 시기는 甲寅과 乙卯大運이기에 발전했으나, 丙 大運에 사주팔자에서 가장 필요한 辛이 丙辛 合으로 묶여서 수기에 풀어지지 못하니 갑자기 할 일이 없어진 수기들은 그 성정이 난폭해진다.

時	日	月	年
壬	戊	甲	癸
子	子	子	酉

적천수에서 설명하기를, 癸亥大運을 평안하게 보내고, 壬戌大運 가업이 망했으나, 辛酉 庚申大運에 때를 만나 크게 돈을 벌었는데, 己未大運에 수만금을 잃고 未大運에 죽었다.

癸酉年의 酉金이 수많은 水氣에 풀어져 甲으로 월간에 결과물을 얻었지만 甲子로 너무 일찍 月에 드러났다. 두 번째 문제는 酉金이 地支에서 수많은 水기에 풀어지느라 무력하다. 이 상황에서 과연 무엇을 원하는지 살펴보자. 두 가지 方向을 모두 원하는데, 첫 째는 甲寅, 乙卯로 木의 결과물을 얻을 수 있고, 또 강한 金을 제공하여 수기에 풀어지는 작용이 더욱 활발하게 해주는 것이다. 이 구조는 두 번째에 해당하는 것으로 수많은 水氣에 강한 金氣를 공급하여 水氣가 쓰임을 얻으며 木氣를 계속 만들어낼 수 있기에 辛酉, 庚申 대운에 돈을 크게 벌었다.

時	日	月	年
庚	庚	己	壬
辰	子	酉	申

적천수에서 설명하기를, 亥大運에 학교에 들어가고 壬子大運에 좋았고 癸丑, 甲寅, 乙卯大運 매우 좋았다고 설명하였다.

이 구조는 金이 충분하다. 水氣가 부족한 구조이기에 水氣運을 보충하면 많은 金들은 수기에 풀어져 새로운 목기를 만들어낸다. 이런 이유로 水木 大運에 大發했다.

時	日	月	年
辛	壬	辛	壬
丑	子	亥	寅

적천수에서 설명하기를, 甲寅大運에 청운의 뜻이 따라주어 시문에

재능이 뛰어났고, 乙卯大運 벼슬길이 순탄했으나, 丙大運에 죽었다고 한다. 이 구조도 마찬가지다. 辛金이 많은 水氣를 통하여 木으로 연결된다. 따라서 水木運에는 발전하였다가 丙大運에 가장 중요한 역할을 하는 辛金 씨종자가 丙辛 合으로 묶이면서 할 일이 없어진 水氣들이 분탕질하기 시작한다.

時	日	月	年
庚	壬	癸	癸
子	子	亥	亥

적천수에서 설명하기를, 辛酉, 庚申大運 매우 좋은 運이었으나 己未大運으로 바뀌자 妻子를 극하고, 가업이 파했으며 戊午大運에 가난과 우울증으로 죽었다고 한다.

이 구조도 동일한 원리에 입각하여 살펴보자. 金은 매우 약하고 水氣가 태왕하다. 따라서 水氣가 쓰임을 얻으려면 金氣를 강하게 보충하여 木을 만들도록 하는 것이다.

따라서 辛酉, 庚申大運에 발전한 것이며 己未大運이 오면 水氣의 흐름에 문제가 생기고 木氣를 만들어내지 못하여 사주팔자의 쓰임을 상실하였다.

이것이 적천수 쇠왕 편에서 설명한 내용이지만 자연의 이치로 살펴보면 金水木 관계를 설명한 것에 불과하다. 그렇다면 왜 적천수는 자연의 이치를 이해하지 못하고 종격과 같은 논리로 몰고 갔을까?

그 것은 生剋으로만 우주, 자연, 사주팔자를 살폈기 때문이다. 金은 水를 만나야 쓰임을 얻고, 水도 金이 있어야 할 일이 생기며 결론적으로 얻고자 하는 것은 木氣다. 酉月 예문들을 추가적으로 살펴보자.

乾命

時	日	月	年
乙	己	丁	辛
亥	未	酉	亥

陰/平 : 1971년 8월 13일 22시 30분

87	77	67	57	47	37	27	17	07
戊	己	庚	辛	壬	癸	甲	乙	丙
子	丑	寅	卯	辰	巳	午	未	申

年月의 丁酉亥 組合으로 부모덕이 좋고, 부모가 재산은 많았으나 부친은 바람둥이였다. 용인대 태권도 부를 졸업, 丁亥年까지 태권도 학원을 운영했는데, 바람피워 부인이 학원을 팔아버렸다. 이 후 다시 학원생 어머니와 3년간 바람을 피우다 중단하더니 丁亥年부터 다시 바람나 그 여자와 동거중이다. 모친이 후처로 들어와 이복형제가 있다. 戊子年 당시 부친이 위함에 걸려 사경을 헤매고 있었다.

이 구조는 酉月에 水氣가 年時에 있으니 좋은데 己未로 일지 未土의 쓰임이 좋지 못하다. 이것이 바람이라는 성향으로 드러난 것이다. 또 다른 관점으로는 丁火와 未土가 酉金에 열기를 가하면 유금은 해수에 들어가 풀어지기 시작하는데 이런 물상이 성욕이다. 이런 이유로 부친은 바람둥이였고 자신도 두 개의 亥水를 찾아가니 수시로 외도하는 것이다.

乾命

時	日	月	年
癸	壬	癸	己
卯	辰	酉	酉

陰/平 : 1969년 8월 3일 6시

82	72	62	52	42	32	22	12	02
甲	乙	丙	丁	戊	己	庚	辛	壬
子	丑	寅	卯	辰	巳	午	未	申

癸未年 30억 부도내고 甲申年 부정수표 문제로 구속되었다. 壬水가 癸酉 月에 태어나 癸壬癸로 세력이 강하여 년에 있는 己土와 대적하기에 국가에서 통제당할 일이 있음을 암시한다.

己巳大運 년의 국가궁위의 己土가 수많은 수기들을 통제하기에 구속되었다. 부정수표 문제로 구속된 이유는 月과 日이 酉辰 조합으로 酉金이 辰土에 들어가니 감옥의 상이다. 나름 큰돈을 만지는 이유는 대운에서 火氣가 金氣에 열기를 가하고 자극받은 金氣가 水氣를 만나 부풀려졌기 때문이다.

정리하면 酉丑, 酉丑辰, 酉辰, 巳酉辰과 같은 조합들은 씨종자가 水氣에 부풀려지면서 도박, 투기, 한탕주의 성정이 강해지기에 사기, 강도짓하다 재산을 빼앗기고 감옥에 들어간다. 특히 이 사주는 대운 흐름이 巳午未로 흘러 癸壬癸가 경쟁적으로 재물을 탐하다가 문제가 생겼다.

乾命

時	日	月	年
乙	庚	乙	乙
酉	寅	酉	巳

陰/平 : 1965년 9월 9일 18시

88	78	68	58	48	38	28	18	08
丙	丁	戊	己	庚	辛	壬	癸	甲
子	丑	寅	卯	辰	巳	午	未	申

酉月임에도 水氣가 전혀 없고, 大運도 火運으로 흘렀다. 木手로 미혼이고 丁亥年에 결혼을 원하는 상황이었다. 키도 크고 미남이지만, 현재까지 어렵게 살고, 결혼 못하는 이유는 바로 水氣가 없기 때문이다. 火氣에 자극받은 金氣에 둘러싸인 甲乙 여성들은 이 남자가 가진 殺氣가 두려워 접근하지 못한다. 이 남자는 자신이 가진

殺氣를 금속으로 木氣를 깎는 것으로 해결하려 하지만 水氣가 전혀 없으니 해소하기 어렵다.

乾命

陰/平 : 1974년 8월 18일 11시

時	日	月	年
乙	丁	癸	甲
巳	丑	酉	寅

81	71	61	51	41	31	21	11	01
壬	辛	庚	己	戊	丁	丙	乙	甲
午	巳	辰	卯	寅	丑	子	亥	戌

2008年 戊子年 상황으로, 대학을 졸업하고 판사로 재직하며 미혼이었다. 癸酉 月이요 大運이 水運으로 흐른다. 酉月의 시공간에서 원하는 조건을 적절하게 갖추어 발전한다. 또 년주에 丁火가 가장 좋아하는 甲寅이 있어 도움을 받는다.

乾命

陰/平 : 1975년 8월 21일 16시

時	日	月	年
甲	乙	乙	乙
申	亥	酉	卯

86	76	66	56	46	36	26	16	06
丙	丁	戊	己	庚	辛	壬	癸	甲
子	丑	寅	卯	辰	巳	午	未	申

2008年 戊子年 상황으로 대학을 졸업, 검찰공무원이며 미혼이었다. 일지에 亥水가 있으니 酉金이 일지에 풀어진다. 또 시간에 甲이 있으니 金水木으로 흐름이 좋지만 時支의 申때문에 흐름이 막혔다. 따라서 時支 궁위 54-60세 시기에 삶에 기복이 생길 것임을 암시한다.

乾命			
時	日	月	年
癸	戊	己	丁
亥	子	酉	未

陰/平 : 1967년 8월 18일 22시

84	74	64	54	44	34	24	14	04
庚	辛	壬	癸	甲	乙	丙	丁	戊
子	丑	寅	卯	辰	巳	午	未	申

　　酉月에 태어나 子水가 일지에 있고 癸亥시주로 水氣가 강하다. 酉金은 씨종자요, 금전으로 종자돈이다. 酉金 종자돈이 子酉 破로 순간적으로 부풀려져 큰돈을 모은다. 子酉 破가 좋은 작용을 해주기에 수백억 재산가다. 특히 좋은 점은 년에서 정화가 유금을 뜨겁게 열기를 가하면 유금은 수기에 풀어져 폭발적으로 부풀려지는데 이런 흐름이 丁辛壬 조합이다.

乾命			
時	日	月	年
丙	壬	辛	戊
午	子	酉	戌

陰/平 : 1958년 8월 20일 12시

82	72	62	52	42	32	22	12	02
庚	己	戊	丁	丙	乙	甲	癸	壬
午	巳	辰	卯	寅	丑	子	亥	戌

　　辛酉月 壬日이기에 酉金을 子水에 풀어내고 大運도 水運으로 흘러 부풀려진다. 재산이 1400억에 이른다. 이렇게 큰 재물을 모은 이유는 두 가지로 丙辛 합을 통하여 水氣를 만들고, 辛酉가 丙午 화기에 자극받아서 계속 水氣에 풀어지기 때문이다. 다만, 말년에 흐름이 역류하고 壬子, 丙午가 직접만나 충돌하는 과정에 순탄하지 않다.

乾命   陰/平 : 1968년 8월 11일 18시

時	日	月	年
乙	乙	辛	戊
酉	巳	酉	申

81	71	61	51	41	31	21	11	01
庚	己	戊	丁	丙	乙	甲	癸	壬
午	巳	辰	卯	寅	丑	子	亥	戌

   乙이 辛酉 月에 태어났으나 水氣가 전무하며, 일지에 巳火가 있으니 큰 그릇은 어렵다. 운전수인데 외모는 좋아서 사장 이미지를 풍기는데 금으로 목을 조각하였기 때문이다.

乾命   陰/平 : 1956년 8월 10일 4시

時	日	月	年
丙	甲	丁	丙
寅	申	酉	申

68	58	48	38	28	18	08
甲	癸	壬	辛	庚	己	戊
辰	卯	寅	丑	子	亥	戌

   초년에 집안형편이 좋지 않아 학업도 포기하고 일찍 기술을 배웠다. 20代 후반에 결혼했고 그때까지도 경제적으로 어려웠는데 33세부터 자동차 관련 일을 하면서 공장 수주일이 잘되어 지금은 수십억 재산가다. 庚子大運의 子運부터 水運을 만나 子酉破로 금기가 수기에 풀어지는 시기에 크게 발전했다.

乾命   陰/平 : 1931년 8월 28일 14시

時	日	月	年
丁	丁	丁	辛
未	酉	酉	未

86	76	66	56	46	36	26	16	06
戊	己	庚	辛	壬	癸	甲	乙	丙
子	丑	寅	卯	辰	巳	午	未	申

   酉金이 水氣를 전혀 만나지 못했고 大運도 火氣로 흘러 흐름이 좋지 않다. 농사를 짓는데 성격이 나쁘며 계산적이며 평생 무능

력하게 살아간다.

坤命 | 陰/平 : 1952년 8월 9일 8시

時	日	月	年
壬	丙	己	壬
辰	子	酉	辰

86	76	66	56	46	36	26	16	06
庚	辛	壬	癸	甲	乙	丙	丁	戊
子	丑	寅	卯	辰	巳	午	未	申

酉月에 己土가 天干에 드러났다. 비록 일지에 子水가 있지만 丙日干이고 壬壬 두 개가 天干에 드러났고 子辰으로 水氣를 만드니 병화가 체성을 유지하기 힘들다. 월지 酉金 입장에서 살피면 씨종자는 하나인데 水氣는 너무 많아서 체성을 유지하기 힘들다. 년과 월에 火氣가 전혀 없기 때문에 유일한 火氣 병화로 빛을 방사하여 쓰임을 얻으려 하지만 酉月에는 병화 분산에너지가 필요한 시공간이 아니기 때문에 발전은 힘들다. 농사를 짓는다.

乾命 | 陰/平 : 1982년 8월 21일 6시

時	日	月	年
乙	癸	己	壬
卯	亥	酉	戌

81	71	61	51	41	31	21	11	01
戊	丁	丙	乙	甲	癸	壬	辛	庚
午	巳	辰	卯	寅	丑	子	亥	戌

己酉月인데 壬水와 亥水로 水氣를 갖추었다. 다만 癸일간이 酉月에 亥水까지 있으니 시공간이 적절하지는 않지만 다행하게 시주가 乙卯로 金水木으로 흐름은 좋다. 군대에서 관리업무를 했다가 나중에 물류회사에서 관리자로 일하는데 박력 있는 성격이다.

乾命 陰/平 : 1978년 8월 8일 4시

時	日	月	年
戊	乙	辛	戊
寅	亥	酉	午

89	79	69	59	49	39	29	19	09
庚	己	戊	丁	丙	乙	甲	癸	壬
午	巳	辰	卯	寅	丑	子	亥	戌

辛酉 月에 태어나 일지에 亥水가 있으며 大運도 水運으로 흐른다. 위 사주는 연월일시가 戊酉亥卯로 흐름이 매끄럽지 않지만 이 사주는 午酉亥寅으로 흐름이 바르다. 午火에서 酉로, 다시 亥로 흐르면서 결과적으로 寅을 내놓는다. 또 辛酉 씨종자가 자신의 존재가치를 드러낼 수 있는 무대 戊土가 年에 있으니 좋고 乙일간도 시간에 안정적인 터전 戊土를 가졌다. 재산이 20억 정도다.

坤命 陰/平 : 1952년 8월 15일 10시

時	日	月	年
乙	壬	己	壬
巳	午	酉	辰

88	78	68	58	48	38	28	18	08
庚	辛	壬	癸	甲	乙	丙	丁	戊
子	丑	寅	卯	辰	巳	午	未	申

1996년 乙巳大運 丙子年 당뇨병이 발병했다. 己酉 月에 壬辰, 壬午로 水氣는 있지만 열기가 있어 탁한 수기로 변했다. 대운흐름도 계속 열기 가득하여 생명수와 같은 壬水가 변질되면서 당뇨가 발생했다.

乾命　　　　陰/平 : 1962년 8월 19일 10시

時	日	月	年
丁	戊	己	壬
巳	午	酉	寅

87	77	67	57	47	37	27	17	07
戊	丁	丙	乙	甲	癸	壬	辛	庚
午	巳	辰	卯	寅	丑	子	亥	戌

己酉 月에 火氣도 강한 구조다. 丙子年 당뇨병에 걸렸다. 화기에 자극받아 뜨거워진 酉金을 풀어줄 亥水, 癸水, 子水가 없고, 壬水는 강한 화토에 탁해졌다.

坤命　　　　陰/平 : 1967년 8월 11일 18시

時	日	月	年
戊	辛	己	丁
戌	巳	酉	未

88	78	68	58	48	38	28	18	08
戊	丁	丙	乙	甲	癸	壬	辛	庚
午	巳	辰	卯	寅	丑	子	亥	戌

이 구조도 유사하다. 사주팔자에 水氣가 전혀 없고 酉金이 火氣에 달구어져 수기를 필요로 함에도 없다. 따라서 전체적으로 조열한데 운에서 水氣를 만나 탁수로 변하니 甲戌年 당뇨병에 걸렸다.

乾命　　　　陰/平 : 1950년 8월 27일 12시

時	日	月	年
甲	丙	乙	庚
午	子	酉	寅

81	71	61	51	41	31	21	11	01
甲	癸	壬	辛	庚	己	戊	丁	丙
午	巳	辰	卯	寅	丑	子	亥	戌

臺灣의 팍스콘 기업을 창립한 유명한 기업가 곽 대명 사주다. 酉月에 일지에 子水요 大運이 水, 木으로 흐른다. 酉金이 子水에 부풀려져 큰 재물이 한순간 모여든다. 또 乙庚 합하고 丙火가 그 열

매를 키우니 물질에 지대한 흥미를 갖는다.

乾命　　　　　　陰/平 : 1883년 9월 8일 22시

時	日	月	年
丁	乙	辛	癸
亥	酉	酉	未

70	60	50	40	30	20	10
甲	乙	丙	丁	戊	己	庚
寅	卯	辰	巳	午	未	申

중국군벌 국민혁명군 총사령을 지낸 염석산 사주다. 이 구조는 酉月에 癸水가 年에, 亥水가 時支에 있고 大運은 火木으로 흐른다. 丁火가 酉에게 적절하게 火氣를 공급하고 水氣로 부풀려진다. 다만 酉酉 복음으로 탁하고, 癸水와 亥水로 탁하다. 또 方向이 혼란스럽다. 癸水와 丁火사이에서 갈등하는 구조다. 다만, 날카로운 신유의 殺氣를 정화로 통제하고 水氣로 적절하게 풀어내기에 군벌로 성공했다.

乾命　　　　　　陰/平 : 1880년 8월 7일 16시

時	日	月	年
庚	癸	乙	庚
申	卯	酉	辰

79	69	59	49	39	29	19	09
癸	壬	辛	庚	己	戊	丁	丙
巳	辰	卯	寅	丑	子	亥	戌

乙酉 月인데 일간 癸水를 제외하고는 水氣가 없다. 따라서 월지의 시공간에서 원하는 조건을 오로지 일간이 맞출 수밖에 없다. 다행히 大運이 水, 木으로 흘러 보충한다. 乙庚 합물상으로 은행가요 부유했다.

乾命			
時	日	月	年
辛	乙	辛	癸
巳	丑	酉	酉

陰/平 : 1873년 7월 19일 10시

61	51	41	31	21	11	01
甲	乙	丙	丁	戊	己	庚
寅	卯	辰	巳	午	未	申

辛酉 月에 乙일간인데 年에 癸水가 있고 地支에서 巳酉丑 三合을 이루고 火 大運으로 흘렀다. 癸水가 年에서 辛酉의 날카로움을 풀어내니 국가관련 인물임이 분명하다. 火 大運으로 흐르기에 生剋으로 살피면 食神으로 편관을 다루는 運이다. 염석산 구조와 유사하다.

용신의 논리대로 제살하는 구조요 食神이 용신이라는 논리로만 살피면 이해하지 못한다. 즉, 癸水가 火氣에 상하니 좋지 않은 사주라거나, 대운 흐름이 좋아서 火를 용신으로 사용하는 팔자라는 이분법적 방법으로는 이해하지 못한다.

이 구조는 水火의 쓰임이 모두 필요하다. 火氣에 자극받은 辛酉가 水氣를 갖지 못하면 乙을 찔러 단명할 수밖에 없다. 일지 丑土는 많은 金들을 담고, 날카로움을 상쇄하는 중요한 역할을 한다. 城長과 내각 총리를 지냈다.

坤命			
時	日	月	年
丁	丁	丁	辛
未	酉	酉	酉

陰/平 : 1981년 8월 19일 14시

87	77	67	57	47	37	27	17	07
丙	乙	甲	癸	壬	辛	庚	己	戊
午	巳	辰	卯	寅	丑	子	亥	戌

酉金이 강한데 다행하게 水大運으로 흐른다. 중국의 유명 여배우 판 빙빙 사주다. 丁火와 酉의 관계가 명확하게 설정되었다. 부족한 것은 水氣로 大運에서 맞추어 발전하는 것이다.

乾命

時	日	月	年
甲	己	丁	辛
戌	亥	酉	酉

陰/平 : 1921년 9월 3일 20시

88	78	68	58	48	38	28	18	08
戊	己	庚	辛	壬	癸	甲	乙	丙
子	丑	寅	卯	辰	巳	午	未	申

부유한 부친으로부터 많은 유산을 받았고 재투자하여 더욱 불렸다. 교수로 재직하다 정치에도 입문하여 차관을 역임했다. 酉月에 태어나고 丁火가 酉金에 열기를 가하여 亥水에 들어가 丁壬 合으로 木氣를 만드는 흐름이다. 亥속의 甲이 時에 드러나고 甲己 合으로 일간과 합하니 재물, 명예 복이 모두 좋다.

乾命

時	日	月	年
辛	戊	丁	丙
酉	申	酉	子

陰/平 : 1936년 8월 8일 18시

85	75	65	55	45	35	25	15	05
丙	乙	甲	癸	壬	辛	庚	己	戊
午	巳	辰	卯	寅	丑	子	亥	戌

25세 庚 大運에 官界에 진출, 점차 승진하여 10년동안 총리실 국장을 거쳐 제 6공화국에 크게 발전했다. 55세 癸卯大運 庚午年에 장관이 되었다. 상기 사주와 가장 큰 차이점은 상기 사주는 亥水가 일지에 있고, 이 사주는 子水가 년지에 있다.

酉金이 丁火의 熱氣를 받아 亥水에 丁壬 合하지 못하고 子酉 破

로 年支에 이르니 자신이 취하는 재물이 아니라 국가를 위해 자신의 능력을 활용하는 공직팔자다. 子酉 破 혹은 辛丁壬 組合이 어느 궁위에서 이루어지는가에 따라 財福, 官福에 차이를 보인다.

12 戌月의 時空間

戌月의 時空間을 이해해보자. 戌月에는 酉金이 戌土에 들어가지만 酉金 씨종자가 땅에 떨어지고 그 위에 낙엽이 덮여진 후, 내부에서 열기를 만들고 외부에서는 기온이 하강하여 서리 내리고 습기를 조성한다.

이렇게 하는 이유는 亥月의 時空間에서 씨종자 酉金이 얼어 죽지 않도록 하려는 것으로 이때는 酉金을 戌土에서 뜨겁게 달구어 亥月에 적절한 온기로 丁壬 合하여 목기로 물형을 바꾸어야 한다.

자연의 순환과정은 굉장히 치밀하게 이루어지는데, 酉月에 극대화된 丁火의 반발로 壬癸, 亥子를 필요로 하는 반면, 戌月에는 丁火의 작용은 점점 줄어들기 시작하지만 亥月까지는 열기를 공급해야만 한다. 만약 열기가 없다면 亥月에 辛이 甲으로 물형을 바꾸지 못한다.

따라서 戌月의 시공간에 절실하게 필요한 것은 火氣로 마치 겨울을 지나기 전에 마련한 화로와 같고 만약 불씨를 지키지 못하면 겨울에 동사하는 이치다. 따라서 술월의 시공간에서 간절하게 요구하는 것은 불씨를 지닌 난로를 따뜻하게 유지하는 것이다.

乾命　　　　　　陰/平 : 1919년 8월 24일 18시

時	日	月	年
己	壬	甲	己
酉	寅	戌	未

84	74	64	54	44	34	24	14	04
乙	丙	丁	戊	己	庚	辛	壬	癸
丑	寅	卯	辰	巳	午	未	申	酉

戌月에 태어나고, 己未, 寅으로 火氣가 강한데 大運까지 巳午未로 흘렀다. 戌月의 시공간에서 필요한 조건을 맞추니 中國의 부주석까지 올라갔던 조 자양 사주다. 극 신약으로 보이는 이 구조가 왜 좋은지 이해하기 힘들지만 戌月의 時空間을 이해하면 이유가 명확해진다.

乾命　　　　　　陰/平 : 1975년 9월 15일 1시

時	日	月	年
壬	戊	丙	乙
子	戌	戌	卯

83	73	63	53	43	33	23	13	03
丁	戊	己	庚	辛	壬	癸	甲	乙
丑	寅	卯	辰	巳	午	未	申	酉

戌月에 水氣가 시주에 壬子로 강하다. 매우 조열한 것처럼 보이지만 水氣가 강할수록 그릇이 작아진다. 다행한 것은 대운 흐름이 화운으로 흐른다. 이 과정에 강해보이는 壬子는 火氣에 증발되면서 무력해지고 戌月의 시공간을 보충해주는 역할로 바뀐다. 마치 사우나 실에서 약간의 수기가 열기를 증폭하는 작용과 같다. 고려대를 졸업하고 행정고시에 합격하여 통일부 4급 공무원으로 근무한다. 丁亥年까지 미혼이었다.

坤命			
時	日	月	年
癸	壬	戊	丙
卯	寅	戌	午

陰/平 : 1966년 8월 26일 6시

81	71	61	51	41	31	21	11	01
己	庚	辛	壬	癸	甲	乙	丙	丁
丑	寅	卯	辰	巳	午	未	申	酉

戊戌 月로 관살이 너무 강하고 大運이 火運으로 흐르니 흉한 팔자라 간주하겠지만 戌月이기에 火氣가 강한 것이 절대 흉이 아니며 戊癸 合으로 또 火氣를 만들어낸다. 다만 편관이 너무 강해 결혼에는 문제가 있다. 대학을 졸업하고 섬유관련 유통 사업한다. 사업하기 전에는 회사에서 팀장으로 유능한 직원이었다. 甲申年에 사업을 시작하여서 조금씩 발전했다. 성격은 매우 급하고 자신감에 차 있다.

乾命			
時	日	月	年
庚	己	庚	丁
午	巳	戌	亥

陰/平 : 1887년 9월 15일 12시

82	72	62	52	42	32	22	12	02
辛	壬	癸	甲	乙	丙	丁	戊	己
丑	寅	卯	辰	巳	午	未	申	酉

戌月에 태어나 丁戌巳午로 火氣가 매우 강하다. 아울러 大運의 흐름 또한 巳午未로 강하게 흘러 中國 국민당정부 총통에 오르고 후에 臺灣 총통이 되었다. 이 구조를 누가 좋다고 할 것인가? 天干에 傷官이 두 개나 드러난 傷官佩印의 구조라 볼 것이다. 상관패인 구조가 대통령할 정도로 대단한 그릇인가?

순수한 자연의 이치로 살펴보면, 戌月의 시공간에 넉넉한 화기를 가졌고 대운의 흐름도 강한 火氣로 채워주었다. 年支 亥水는 전체적으로 강한 火氣를 조절해주는 역할이다. 예로 사우나 실에서 약간의

水氣를 가하면 熱氣가 더욱 증폭되는 이치와 같다. 만약 이 구조에서 亥水가 없다면 총통이 될 수 없다. 강해서도 안 되고 없어서도 안 되는 것이 水氣의 상황이다.

乾命 陰/平 : 1901년 9월 28일 6시

時	日	月	年
己	庚	戊	辛
卯	寅	戌	丑

89	79	69	59	49	39	29	19	09
己	庚	辛	壬	癸	甲	乙	丙	丁
丑	寅	卯	辰	巳	午	未	申	酉

戊戌月에 태어나고 寅戌卯로 木火의 세가 강하다. 大運도 계속 南東方으로 흘러가 발전했다. 中國에서 주요한 역할을 담당하는 군사정치가 서 향전 팔자다. 이 구조는 壬대신 丑 속의 癸水가 중요한 역할 한다. 만약 亥水가 天干에 壬水로 드러나면 그릇이 작아진다.

乾命 陰/閏 : 1957년 8월 17일 22시

時	日	月	年
丁	乙	庚	丁
亥	卯	戌	酉

81	71	61	51	41	31	21	11	01
辛	壬	癸	甲	乙	丙	丁	戊	己
丑	寅	卯	辰	巳	午	未	申	酉

현직 판사다. 丁未大運에 고시에 합격하였는데 격국으로 분석하면 식신제살 구조라 할 것이다. 위에서 설명한 것처럼 亥水가 약하고 大運이 火氣로 강하게 흐른다. 다만 판사에 머무는 것은 乙卯 日이요, 酉金이 卯戌 合을 상하게 한다. 즉, 卯戌 合으로 火氣를 강하게 만들면 좋은데 酉金이 방해하는 단점이 있다.

乾命　　　　陰/平 : 1922년 9월 10일 2시

時	日	月	年
丁	庚	庚	壬
丑	午	戌	戌

83	73	63	53	43	33	23	13	03
己	戊	丁	丙	乙	甲	癸	壬	辛
未	午	巳	辰	卯	寅	丑	子	亥

　　일제 때 日本 유명 Y대 철학과를 졸업하였고, 부친은 만주에서 갑부 사업가였다. 4男 6女중 장남으로 6.25 피난시절 모든 재산을 두고 월남하였다. 집안은 무일푼으로 어렵게 되고 부친은 동란 이후 사망했다. 이승만 정권 때, 장관자리를 원했으나 경찰청장 자리를 제의하여 거절하고, 이후 D대 학장을 역임하고 중년부터 운세가 좋지 않아 노년은 가난하게 살았다. 등산을 좋아했다. 이 구조는 水 大運으로 흘렀다. 초년에 불안정한 삶을 살 수밖에 없다. 壬水와 丑土가 있으니 戌月의 시공간에 水氣가 과하다.

乾命　　　　陰/平 : 1928년 9월 10일 6시

時	日	月	年
辛	丙	壬	戊
卯	申	戌	辰

85	75	65	55	45	35	25	15	05
辛	庚	己	戊	丁	丙	乙	甲	癸
未	午	巳	辰	卯	寅	丑	子	亥

　　壬戌 月로 좋지 않으나 년의 戊土가 壬水를 통제하고 大運이 木火土로 흐르니 중국의 국무총리까지 오른 주 용기 사주다. 大運이 水氣로 흐르는 동안에는 발전이 더디다가 火運으로 흐르면서 두각을 나타내고 국무총리에 올랐다.

乾命　　　　　陰/平 : 1928년 9월 7일 20시

時	日	月	年
壬	癸	壬	戊
戌	巳	戌	辰

86	76	66	56	46	36	26	16	06
辛	庚	己	戊	丁	丙	乙	甲	癸
未	午	巳	辰	卯	寅	丑	子	亥

戌月에 壬水가 드러나고 戊土가 제압하는 구조며 大運도 木火土로 흘러간다. 발전하여 중국 총리에 올랐다. 이 구조는 壬壬辰으로 水氣가 강하다. 다른 특징은 壬戌月과 癸巳日의 경쟁 구조인데 大運이 卯辰巳午未로 흘러 癸水가 壬水를 항상 이기는 경쟁우위의 삶이다. 또 년간 戊土가 일간과 戊癸 합하면서 火氣를 만들어낸다. 이붕 총리 사주다. 만약 水氣가 地支에도 강했다면 총리에 오를 수 없었다.

乾命　　　　　陰/平 : 1942년 9월 14일 12시

時	日	月	年
庚	己	庚	壬
午	酉	戌	午

85	75	65	55	45	35	25	15	05
己	戊	丁	丙	乙	甲	癸	壬	辛
未	午	巳	辰	卯	寅	丑	子	亥

庚戌月에 壬午年으로 大運이 강하게 木火로 흘러 中國 군사가요, 장군이었다. 위의 구조들과 다른 점은 壬水가 年에 있다. 즉, 火氣가 필요한 四柱에 水氣 壬水가 年에 드러난 것이다. 다만, 壬午로 강하지는 않다. 이렇게 약간의 차이로 큰 차이를 보인다. 일지가 酉金으로 金이 너무 강한 것도 흠이요 大運이 水木火로 흘러 초년에 발전이 더디다.

乾命　　　　　陰/平 : 1907년 9월 30일 20시

時	日	月	年
庚	丁	庚	丁
子	巳	戌	未

88	78	68	58	48	38	28	18	08
辛	壬	癸	甲	乙	丙	丁	戊	己
丑	寅	卯	辰	巳	午	未	申	酉

庚戌月인데 火氣가 강하고 子水가 약하게 時支에 있다. 대학교수로 평생을 보냈다. 亥대신 子水가 있는 구조이니 亥水에 비해 그릇이 작아지는 것을 알 수 있다. 子水로 드러나는 것보다 辰土나 丑土로 있을 때, 오히려 훨씬 더 발전한다.

乾命　　　　　陰/平 : 1907년 9월 30일 20시

時	日	月	年
壬	戊	庚	丁
戌	午	戌	未

88	78	68	58	48	38	28	18	08
辛	壬	癸	甲	乙	丙	丁	戊	己
丑	寅	卯	辰	巳	午	未	申	酉

壬水가 時에 약하게 드러나고 火氣가 매우 강하다. 중국 불교협회 회장, 중국전협부주석에 올랐다. 이 구조는 亥水가 아니라 壬水로 時에 드러났고 年, 月에 水氣가 없고, 火氣만 가득하다. 이런 구조는 생기가 살기 어려워서 壬水를 원하니 물질이 아닌 종교, 명리, 철학으로 활용하였다.

坤命　　　　　陰/平 : 1974년 9월 4일 10시

時	日	月	年
乙	壬	甲	甲
巳	辰	戌	寅

83	73	63	53	43	33	23	13	03
乙	丙	丁	戊	己	庚	辛	壬	癸
丑	寅	卯	辰	巳	午	未	申	酉

戌月에 火氣가 강하고 大運도 火運으로 흘러간다. 중국 유명배우 조 우쉰 팔자다. 丙戌 月이 아니고 甲戌 月이다. 壬水日干이 甲을 통해 자신을 잘 드러내고 大運이 天干에서 水氣이니 예술가적 성향으로 자신을 잘 표현한다. 天干의 方向은 甲甲乙로 食傷을 사용하는 구조가 분명하다.

乾命　　　　　陰/平 : 1971년 8월 22일 18시

時	日	月	年
辛	壬	甲	辛
酉	辰	戌	亥

81	71	61	51	41	31	21	11	01
己	庚	辛	壬	癸	甲	乙	丙	丁
丑	寅	卯	辰	巳	午	未	申	酉

중국의 유명 기업가다. 戊戌月이요 亥水가 있고 辰土가 있으니 水氣가 강한 편이다. 中年에 대운이 강한 火運으로 흐르니 戌月의 시공간에 적절하다. 구조차이로 기업가로 재물을 추구한다.

乾命　　　　　陰/平 : 1964년 9월 10일 12시

時	日	月	年
丙	丁	甲	甲
午	酉	戌	辰

87	77	67	57	47	37	27	17	07
癸	壬	辛	庚	己	戊	丁	丙	乙
未	午	巳	辰	卯	寅	丑	子	亥

戌月에 火氣가 강하고 유일하게 辰土속에 癸水가 숨겨진 구조로 丁丑, 戊寅大運을 지나면서 타오바오를 설립하여 재벌이 되었다. 이 구조의 좋은 점은 丁 日干이 火氣가 강하고 天干에 印星으로 대부호 사주구조의 특징을 가졌다.

乾命　　　陰/平 : 1947년 9월 1일 6시

時	日	月	年
辛	丙	庚	丁
卯	寅	戌	亥

81	71	61	51	41	31	21	11	01
辛	壬	癸	甲	乙	丙	丁	戊	己
丑	寅	卯	辰	巳	午	未	申	酉

　戌月에 태어나고 火氣가 강하며 大運이 火運으로 흘렀다. 수천억 재산가로 부동산 개발상이다. 이 구조는 장개석 구조와 유사하다. 丁亥, 庚戌로 年月이요, 大運이 강한 火運으로만 흐른다.

　大運 흐름을 살펴보자. 초년에 금운으로 흐르면서 庚의 세를 크게 확장한 후 火 大運으로 흐를 때 金 열매의 부피를 부풀린 후 庚金열매 내부에 亥水로 水氣를 채운다. 마치 과일의 내부에 당도 높은 수기를 채우는 이치와 같다. 大運 흐름이 반대 경우를 살펴보자.

乾命　　　陰/平 : 1962년 10월 8일 6시

時	日	月	年
辛	丙	庚	壬
卯	午	戌	寅

81	71	61	51	41	31	21	11	01
己	戊	丁	丙	乙	甲	癸	壬	辛
未	午	巳	辰	卯	寅	丑	子	亥

　戌月에 大運 흐름이 반대인 경우다. 초년에 庚 열매 내부에 水氣를 가득 채운다. 이 의미는 庚 열매가 많은 수기에 썩는다. 그런 다음 庚金이 木으로 물형을 바꾼다. 庚金 열매가 쓸모가 없어져 인생 흐름이 전혀 다르다. 癸丑大運 丁丑年 직장을 그만두고 甲寅, 乙卯 大運 일자리 없이 살아간다.

乾命　　　　　　陰/平 : 1967년 9월 10일 16시

時	日	月	年
甲	庚	庚	丁
申	戌	戌	未

81	71	61	51	41	31	21	11	01
辛	壬	癸	甲	乙	丙	丁	戊	己
丑	寅	卯	辰	巳	午	未	申	酉

戌月에 태어나고 火氣가 강하며, 火 大運으로 흘렀다. 재산이 8,000억에 이른다. 이 구조의 특징은 申이 時支에 있고 申 속의 壬水가 극히 약하게 水氣를 공급한다. 己酉, 戊申 運에 庚열매의 크기를 확장하고, 火 大運에 庚 열매의 부피를 부풀린다. 庚庚으로 열매가 두 개요 庚金 열매를 받아줄 戌戌 무대를 가져 재물 복이 두텁다.

乾命　　　　　　陰/平 : 1955년 8월 30일 16시

時	日	月	年
壬	己	丙	乙
申	酉	戌	未

81	71	61	51	41	31	21	11	01
丁	戊	己	庚	辛	壬	癸	甲	乙
丑	寅	卯	辰	巳	午	未	申	酉

己 日干이 戌月에 태어나고, 大運이 巳午未로 흘러주었다. 丙戌 月이지만 大運 흐름이 애매하다. 다만, 年月에 乙未年 丙戌 月이니 년과 월의 구조는 좋아서 2004년 당시에 신문사 사장이었다.

坤命　　　　　　陰/平 : 1965년 10월 1일 8시

時	日	月	年
壬	辛	丙	乙
辰	亥	戌	巳

84	74	64	54	44	34	24	14	04
乙	甲	癸	壬	辛	庚	己	戊	丁
未	午	巳	辰	卯	寅	丑	子	亥

년과 월이 乙巳, 丙戌로 구조가 좋다. 다만 辛亥, 壬辰으로 水氣가 강한 편이고 大運도 水, 木으로 흘러간다. 이런 구조도 한의업으로 40억 정도의 재산가다.

乾命

時	日	月	年
戊	甲	戊	丙
辰	辰	戌	辰

陰/平 : 1916년 10월 8일 8시

81	71	61	51	41	31	21	11	01
丁	丙	乙	甲	癸	壬	辛	庚	己
未	午	巳	辰	卯	寅	丑	子	亥

어려서 水運에 부모덕이 없어 나무를 해다 팔아 생계를 이어갔다. 43세 寅運부터 발전하여 동대문시장 근처의 땅을 매입하면서 갑부가 되었다. 66세 火運에 국회의원에 당선되었으며 재선하였다. 이 구조도 大運이 초년에 水氣로 흐르니 발전하지 못하고 힘들게 살다가 癸卯大運에 戊癸 합으로 火氣를 만들고 卯戌 합으로 火氣를 확장하기에 발전하기 시작하여 성공한 삶을 살았다. 사주팔자의 형상으로 살피면 甲이 홀로 넓고 넓은 영토를 다스린다.

乾命

時	日	月	年
癸	辛	庚	壬
巳	亥	戌	午

陰/平 : 1942년 9월 16일 11시

84	74	64	54	44	34	24	14	04
己	戊	丁	丙	乙	甲	癸	壬	辛
未	午	巳	辰	卯	寅	丑	子	亥

금형 프레스 공장을 운영하고 자수성가했다. 재산은 50억 정도다. 이 구조도 상기 예문들과 동일한 흐름으로 水運에 좋지 않다가 火大運에 발전한다. 56세에 부인과 사별하였다.

乾命　　　　　　陰/平 : 1969년 9월 12일 2시

時	日	月	年
丁	庚	甲	己
丑	午	戌	酉

84	74	64	54	44	34	24	14	04
乙	丙	丁	戊	己	庚	辛	壬	癸
丑	寅	卯	辰	巳	午	未	申	酉

丑속에 癸水가 암장되어 있다. 大運이 강하지는 않지만 火運으로 흘렀다. 서울대를 졸업하였고 정보통신부 4급 공무원이다. 癸未年에 결혼했는데 1년 후 불화로 별거하다가 丙戌年에 재결합하여 살고 있다.

13 亥月의 時空間

亥月에 이르면 丁壬 合으로 辛 씨종자를 甲으로 물형을 바꿔주어야 봄에 새싹이 땅을 뚫고 오르기에 이 시공간에서 가장 필요로 하는 것은 丁火의 열기다. 만약, 열기가 없다면 亥水에서 갑으로 바뀔 수 없기 때문이다.

위에서 戌月의 時空間을 살펴본 것처럼 열기를 가득 저장한 후 亥月로 넘겨준 이유가 바로 辛金을 甲木으로 바꾸는 과정에 熱氣를 활용하기 때문이다. 따라서 亥月 지장간에 壬水가 祿地요, 甲이 長生으로 이 시공간에서 木氣가 동하는 것이다.

즉, 甲을 내놓을 수 있도록 준비하는 것이 亥月의 시공간에서 요구하는 행위이고 丙火는 六陰의 공간에서 亥水를 만나니 쓰임이 없고 열기도 제공하기 어려우니 반드시 丁火의 열기가 필요하다.

時空間에서 요구하는 것이 무엇이고 필요한 에너지를 년과 월에서 갖추었다면 발전하고, 정반대의 경우는 삶이 평탄하지 않다. 丁火가 없으면 丙火라도 있어야 한다는 판단은 잘못된 것이다.

丁火는 수렴에너지로 빛을 집적하여 열기를 모아서 제공하지만 丙火는 분산에너지요 빛을 넓은 시공간에 펼치는 작용이기에 무한 응축하는 亥月의 시공간에서는 활용하지 못한다. 만약 丁火는 없고 丙火가 있다면 시공간을 적절하게 맞춘 것이 아니기에 발전하기 쉽지 않다.

亥月의 시공간에서 재물 복이 두터우려면 사주팔자에 辛酉가 있어야 한다. 만약 辛이 없다면 申이라도 있어야 亥水가 水氣의 쓰임을 얻는다. 亥水의 시공간에서는 반드시 씨종자를 품어서 새로운 생명체 甲으로 물형을 변화하여 세상 밖으로 生氣를 드러내 펼쳐야한다. 이런 시공간을 生剋으로 표현하면 金生水, 水生木흐름이다.

乾命　　　　　　　　　陰/平 : 1898년 10월 9일 4시

時	日	月	年
丙	己	癸	戊
寅	丑	亥	戌

80	70	60	50	40	30	20	10
辛	庚	己	戊	丁	丙	乙	甲
未	午	巳	辰	卯	寅	丑	子

유명한 대학교수요, 시인이며 작가다. 이 구조는 戌亥로 戌속의 丁火가 있고, 年과 月에서 戊癸 合으로 火氣를 만든다. 또 地支의 구조도 戌亥丑寅 순서대로 흘러 아름답다.

즉, 戌속의 丁火와 辛金으로 亥水에서 丁壬 합하고, 丑에서 자라 寅으로 드러나 병화로 확장한다. 大運도 火運으로 흘러 壬甲丙 조합으로 오래도록 학업에 정진한다.

乾命　　　　　　　　　陰/平 : 1968年 9月 27日 時 모름

時	日	月	年
모름	辛	癸	戊
	卯	亥	申

86	76	66	56	46	36	26	16	06
壬	辛	庚	己	戊	丁	丙	乙	甲
申	未	午	巳	辰	卯	寅	丑	子

亥月에 戊癸 합하여 火氣를 만들고 大運이 水木火로 순차적으로 흐르며, 地支 구조도 申, 亥, 卯으로 시공간이 적절하게 흐르니 2012년 당시 중국 3위의 부자로 수조원의 재산가다.

乾命　　　　　陰/平 : 1958年 9月 29日 20시

時	日	月	年
戊	辛	癸	戊
戌	卯	亥	戌

89	79	69	59	49	39	29	19	09
壬	辛	庚	己	戊	丁	丙	乙	甲
申	未	午	巳	辰	卯	寅	丑	子

위 사주예문과 유사한데 차이점은 年支가 다르다. 金水木이 아니라 土水木 흐름이다. 출발에 차이가 있고, 시주가 戊戌로 土氣가 강하다. 48세 2005년 당시 철강업으로 700억 부자로 丙丁大運에 크게 발전하였다. 년과 월 戊亥의 흐름은 戌土 속에 있는 丁火가 辛에 열기를 가하고 戌亥의 지장간 내부에서 丁壬 합하여 辛의 물형을 亥水 속의 甲으로 바꾼 후 卯木과 합하여 일지에 담는다. 이것이 700억 정도의 재물을 축적하게 만든 이유다.

乾命　　　　　陰/平 : 1967년 10월 10일 0시

時	日	月	年
甲	己	辛	丁
子	卯	亥	未

81	71	61	51	41	31	21	11	01
壬	癸	甲	乙	丙	丁	戊	己	庚
寅	卯	辰	巳	午	未	申	酉	戌

亥月에 태어나고, 中年에 大運이 火運으로 흐른다. 2006년부터 사업이 발전하여 丙午大運에 재산이 200억에 이르렀다. 격국, 억부로 판단하면 좋은 구조가 아니라 할 것이다. 亥卯未 삼합하여 丁火가 살인상생 해주는 구조인데 甲까지 있으니 관살혼잡이요 子水도 있어 財多身弱이요, 辛金과 丁火가 함께 붙어 偏印을 도식하는 구조에 食神이 正, 偏官을 통제하지도 못한다.

자연의 순환과정을 시공간으로 살피면 얼마나 좋은 구조인가를 이해한다. 己日干이 亥月에 태어나 적절한 시공간을 얻었고 月支의 時空間에서 원하는 丁火가 年에 있으며 年支 未에 丁火 열기를 품었다. 즉, 亥水에 열기를 가하여 甲으로 물형을 바꾼다. 이 의미는 亥水와 甲을 얻어 재물, 명예복이 두텁다.

天干에서는 丁辛壬 조합을 이룬다. 丁火와 辛 그리고 亥水는 壬水와 같으니 아름다운 天干조합이다. 丁火가 辛金에 열을 가하고 辛金이 亥水에 들어가 발아하여 甲으로 물형을 바꾸고 일지 卯木에 이르니 재물을 순간적, 폭발적으로 내 안방에 축적하는 능력이 뛰어나다. 이 구조에서 辛이 두터우면 좋을 듯해도 그렇지 않다. 그 이유는 辛이 甲으로 물형을 바꾸는 과정이 힘들기 때문이다.

乾命　　　　　陰/平 : 1968년 9월 18일 6시

時	日	月	年	89	79	69	59	49	39	29	19	09
癸	壬	癸	戊	壬	辛	庚	己	戊	丁	丙	乙	甲
卯	午	亥	申	申	未	午	巳	辰	卯	寅	丑	子

亥月의 壬日干으로 天干에 水氣가 많지만 年과 月에서 戊癸 合으로 火氣를 만들며 大運도 木火運으로 흐른다. 대학원을 졸업하고, 금융과 부동산으로 수십억 재산을 축적했다. 地支가 申亥卯로 흐름이 좋은데 중간에 午火가 끼어 약간은 정체되는 느낌이다. 또, 水氣는 강한데 辛金이 없고 年支에 申으로 그릇에 차이가 생긴다. 亥月의 시공간에서 필요한 것은 완성된 씨종자 辛金이다.

乾命　　　　　陰/平 : 1962년 11월 3일 20시

時	日	月	年
戊	辛	辛	壬
戌	未	亥	寅

82	72	62	52	42	32	22	12	02
庚	己	戊	丁	丙	乙	甲	癸	壬
申	未	午	巳	辰	卯	寅	丑	子

亥月에 壬水도 天干에 드러나 水氣가 강하다. 大運이 木火로 흐르니 기술 관련업으로 재산이 20억 정도다. 辛亥로 辛을 亥水에 풀어서 年支의 寅으로 드러난다. 寅이 年支로 가기에 돈의 흐름이 年支 국가자리로 흘러간 것이다 다행히 寅이 일지에 있는 未土로 들어오기에 그 결과물을 내가 품어 재산이 20억 정도다. 다만, 年月에 丁火가 없으니 큰 발전은 어렵다. 辛壬 조합으로 기술로 활용했다.

乾命　　　　　陰/平 : 1957년 9월 30일 16시

時	日	月	年
戊	丁	辛	丁
申	酉	亥	酉

84	74	64	54	44	34	24	14	04
壬	癸	甲	乙	丙	丁	戊	己	庚
寅	卯	辰	巳	午	未	申	酉	戌

공무원으로 근무하다가 희귀금속 가공 사업을 시작해서 현재 수십억 재산가다. 丁辛壬 조합이 년과 월에서 이루어졌다. 亥月에 丁火가 辛에게 열기를 가하고, 辛이 亥水에 풀어진다. 다만, 地支에 金이 너무 많은 것이 문제다.

丁火가 가공해야할 금속이 너무 많은데 다행하게 亥속의 甲이 天干이나 地支에 드러나지 않아 상하지는 않았다. 丁火가 年과 日이고 大運에서 火運을 만나 많은 金氣들을 가공하는 금속 가공업으로 직업을 바꾸어 발전했다.

즉, 亥속의 甲을 재물로 취하지 못하고, 金이 너무 많아서 火로 金氣에 열기를 가하고 亥水에 풀어 재물을 순간적으로 부풀려 수십억 재산을 모았다.

乾命 陰/平 : 1958년 10월 26일 12시

時	日	月	年
丙	丁	癸	戊
午	巳	亥	戌

81	71	61	51	41	31	21	11	01
壬	辛	庚	己	戊	丁	丙	乙	甲
申	未	午	巳	辰	卯	寅	丑	子

大運이 東南方으로 흐르니, 1994年부터 발전하여 현재 100억대 재산가다. 年支와 月支가 戌亥로 강한 화기들이 戌土 속의 辛에게 열기를 가하고 亥水에 풀어진 후 甲을 만들어낸다. 甲이 천간에 드러나지 않아 상하지 않으며 대운이 중년에 寅卯辰으로 金水木 흐름이 바르다. 이렇게 화기가 강한 상태에서 년지와 월지에서 戌亥로 辛丁壬 組合을 이루어 발전했다.

乾命 陰/平 : 1979년 9월 26일 6시

時	日	月	年
辛	丙	乙	己
卯	戌	亥	未

82	72	62	52	42	32	22	12	02
丙	丁	戊	己	庚	辛	壬	癸	甲
寅	卯	辰	巳	午	未	申	酉	戌

己未年 亥月에 태어나고 大運이 癸酉, 壬申이다. 사기꾼으로 살아가며 매우 가난하다. 이 구조의 특징은 乙亥로 亥月에 甲을 품어야 하는데 오히려 乙이 月에 드러났다. 즉, 亥月이니 甲이 먼저 나오고 순서대로 乙이 나와야 하는데 月에 乙이 드러나 시공간 흐름이 적절하지 않다.

또 이 구조의 나쁜 점은, 亥水가 未土와 戌土 중간에 끼어 亥속의 甲을 압박하니 甲을 내놓기 어렵다. 이런 구조면 해수 속에서 성장하는 生氣 甲이 변질되어 상한다. 발현되는 물상은 육체질병, 사망, 정신문제 등이다. 己未 년이니 월간에 乙 대신 辛이 있었다면 丁辛壬 조합으로 바뀌어 좋은 구조가 되었을 것이다. 정신을 지배하는 亥水가 열기를 품은 토들에 상하니 사고방식이 정상적이지 못하다.

乾命

陰/平 : 1981년 10월 18일 22시

時	日	月	年
己	丙	己	辛
亥	申	亥	酉

82	72	62	52	42	32	22	12	02
庚	辛	壬	癸	甲	乙	丙	丁	戊
寅	卯	辰	巳	午	未	申	酉	戌

丙申大運 2008년 9월 사기 치다 잡혔다. 辛酉年 己亥月 丙申日로 년과 월에서 가장 필요로 하는 辛酉에 열기를 제공하는 丁火가 없고 또 甲이 나오더라도 좌우에 있는 金들에 상할 수밖에 없다. 따라서 甲이 편하게 나오지 못하니 발전하기 어렵다. 亥水에 甲이 성장한 후 일지에 寅木으로 드러났다면 시공간 흐름이 바르기에 전혀 다른 삶을 살았을 것이다.

乾命

陰/平 : 1936년 10월 19일 10시

時	日	月	年
丁	戊	己	丙
巳	午	亥	子

81	71	61	51	41	31	21	11	01
戊	丁	丙	乙	甲	癸	壬	辛	庚
申	未	午	巳	辰	卯	寅	丑	子

송 재 前대학총장의 사주다. 亥月이요 子水까지 있으니 水氣가

강한데 大運이 水木으로 흘러 원국의 火土와 조합을 이루어 木의 물상인 교육을 직업으로 택했다. 戊일주가 丁巳 時를 만나면 공부와 인연이 깊다. 亥속의 甲을 정신으로 활용하여 甲의 성장, 교육으로 발현하였다. 사주에 金氣가 전혀 없어 오로지 木氣의 성장만을 추구하기에 올바른 교육자가 분명하다. 만약 金氣와 섞였다면 재물도 함께 추구하여 탁해졌을 것이다.

乾命

陰/平 : 1977년 10월 14일 7시

時	日	月	年
己	乙	辛	丁
卯	酉	亥	巳

85	75	65	55	45	35	25	15	05
壬	癸	甲	乙	丙	丁	戊	己	庚
寅	卯	辰	巳	午	未	申	酉	戌

뒤죽박죽이다. 地支는 巳亥 冲, 卯酉 冲하고, 天干은 丁辛, 乙己로 전체가 沖剋 관계다. 하지만 자세히 살펴보면 丁辛亥 組合으로 年干, 月干, 月支에 이르는 흐름이 좋으니 대학원을 졸업하고 자동차회사 연구원으로 근무한다. 丁亥年 승진하였으며 당시 미혼이었다. 亥水에서 木氣運이 時支의 卯木으로 드러났으나 일지에서 冲해버리니 배우자 역할이 좋지 않다.

坤命

陰/平 : 1976년 9월 16일 18시 30분

時	日	月	年
辛	癸	己	丙
酉	亥	亥	辰

81	71	61	51	41	31	21	11	01
庚	辛	壬	癸	甲	乙	丙	丁	戊
寅	卯	辰	巳	午	未	申	酉	戌

亥月임에도 丁火가 없고 年에 丙火가 드러나고 辰亥조합이요, 亥酉로 時에 강한 酉金이 있으니 甲이 나올 방법이 없어 흐름이 좋지

않다. 어릴 때 실수로 떨어뜨려 뇌를 다쳐 지능이 약간 모자라고 눈도 몹시 나쁘다. 현대 의학이 아니면 장님이 될 정도로 심한데, 부친이 부자이기에 부친의 덕은 있다. 丙火가 너무 무력하여 눈이 나쁘다.

乾命　　　　陰/平 : 1975년 10월 9일 2시

時	日	月	年
己	辛	丁	乙
丑	酉	亥	卯

81	71	61	51	41	31	21	11	01
戊	己	庚	辛	壬	癸	甲	乙	丙
寅	卯	辰	巳	午	未	申	酉	戌

辛日 丁亥 月에 태어나 辛丁壬 組合이다. 또 年에서 乙卯를 얻으니 흐름이 金水木으로 년주를 향한다. 기세가 년에 모이면 국가를 위해 일하거나 해외를 의미하는데 대학원을 졸업하고 미국에서 치과의사로 활동한다.

― 時空論 끝.

地藏干 時空論

편저자 ▪ 자운 김 광용
　　　　www.xigong.co.kr
　　　　http://cafe.daum.net/sajuforbetterlife
　　　　http://blog.naver.com/fluorsparr
　　　　Tel : 010 8234 7519

펴낸곳 ▪ 시공명리학
표　지 ▪ 시공학

초판 발행 ▪ 2014. 8월. 8일.

출판등록 제 406-2020-000006호
경기도 파주시 탄현로 144-63 319동 102호
Email ▪ kvkimkvim@daum.net

잘못 만들어진 책은 교환해 드립니다.
저자의 동의하에 인지는 붙이지 않았습니다.

본서의 무단전제 또는 복제행위는 저작권법 제98조에 의거 민·형사상의 처벌을 받을 수 있습니다.